U0142984

電腦輔助測驗與評量

陳新豐　著

五南圖書出版公司 印行

自　序

　　資訊科技的發展與教育產業息息相關，相輔相成，如何利用資訊科技的優勢來協助實施教育測驗與評量是本書的撰寫初衷。本書共分為7章，各章內容幾乎都包括理論與實務二大部分，本書首先介紹測驗評量的基本理論，包括測量的理論、量尺的種類、測驗的理論、測驗的類別以及本書範例中所使用的相關統計軟體，其中也包括作者利用JAVA自行編製線上的JITAS試題與測驗分析軟體，第2章說明線上調查的理論以及如何利用Google表單及LimeSurvey線上調查系統來編製線上調查系統，接下來介紹線上測驗並且說明Flash程式設計的基本概念以及利用Flash實例來編製線上測驗，之後討論如何利用統計相關軟體來進行資料蒐集後的整理策略，包括資料的匯入、EXCEL分析工具箱、擷取資料、檢核資料、合併及轉置資料等，資料整理說明後，即開始說明試題及測驗分析，試題分析理論包括古典測驗理論及試題反應理論，古典測驗理論的試題分析包括二元計分以及多元計分，試題反應理論的試題分析則包括二元計分的單參數、雙參數以及三參數模式，多元計分的等級反應模式試題分析，並且利用EXCEL、SPSS、JITAS、R、BILOG、WINSTEPS、PARSCALE等多種不同的統計相關軟體來說明試題分析的步驟，至於測驗分析含括信度與效度分析，信度分析包括常模參照與效標參照測驗等二個部分的說明，效度則是包括內容效度、校標關聯效度以及建構效度等內容，本書最後一個章節則是說明問卷量表建立的步驟、如何利用SPSS統計軟體來進行量表分析及分析報表的解讀，最後還包括研究論文中如何撰寫研究工具的範例等。

　　本書在線上測驗編製、資料整理、試題分析、測驗分析以及量表編製的過程中，除了介紹相關理論之外，尚會搭配一些相關的分析軟體加以說明，所有的範例資料檔請至作者教學網站（http://cat.nptu.edu.tw）中自行下載參考。

本書是以實務及理論兼容的方式來介紹電腦輔助測驗與評量，可以有效提升對於修習測驗與評量、學習評量、電腦輔助測驗與評量、數位化測驗與評量相關課程中學生資料分析與解讀的能力，理論與實務互相地搭配，更能有效地驗證測驗與評量的相關理論，各級學校教師若需要對學習成就測驗進行試題與測驗分析，亦可以得到相當具體的協助，並根據分析結果來改善教學以及提高學生的學習成效，當然本書也適合目前進行數位評量的研究學者探討如何進行資料的整理與分析報告、數位評量系統的建置等。不過囿於個人知識能力有限，書中必有不少偏失及謬誤之處，願就教於先進學者，若蒙不吝指正，筆者必虛心學習，並於日後補正。

　　本書的完成要感謝的人相當多，尤其是鼓勵並支持我在研究中一直前進的師長前輩。感謝五南圖書出版公司主編陳念祖先生以及編輯李敏華小姐對於本書的諸多協助，並慨允出版本書。

　　最後，要感謝我的家人，寫書期間所給予的包容與體諒，使我無後顧之憂，而能夠全心地撰寫此書。

陳新豐　謹識
2016年7月於國立屏東大學教育學系

目　錄

第一章 測驗評量概論

測驗評量與資訊科技之發展趨勢有著密不可分的關係，誠如余民寧（2011）就指出，目前測驗評量的未來發展趨勢包括評量多元化及個別化、理論數學化與施測電腦化等，因此測驗未來在施測與評量上愈來愈需要依賴電腦的協助，目前國際上調查資料庫中的PISA以及PIRLS都陸陸續續將施測的環境轉移至數位的環境中，ERA以及e-PIRLS都是在數位的環境中來蒐集學習者的反應資料。本章是《電腦輔助測驗與評量》一書中的第一章，將先從電腦輔助測驗評量中，測驗評量的相關理論加以說明，分別包括測量理論、測驗理論、測驗類別、測驗評量中重要的名詞以及實施電腦輔助測驗與評量相關軟體等部分，加以說明如下。

壹、測量理論

測量是教育測驗與學習評量之中相當重要的機制，測量可以了解受試者在整個評量過程中的表現情形，教學與學習者了解評量的結果與學習之間的關係之後，便可以針對評量結果提出相對應的回饋，以發揮評量的功能。因此如何有效地評量，便是在教育測驗與學習評量中需要加以了解的重要工作項目，以下將針對測量的相關理論、測量的尺度以及測量的相關工具做介紹與說明。

一、測量概論

科學量化研究主要是面對實際社會所產生的議題，蒐集相關文獻，針對研究問題進行實徵的研究，利用資料蒐集與分析的過程中，形成研究結果與結論，其中科學量化研究的簡單模式可以具體表徵如圖1-1所示。

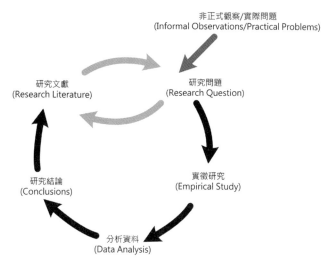

圖1-1 科學量化研究的簡單模式

資料來源：Price(2012).*Research Methods in Psychology: Core Concepts and Skills*(p.14).Flat World Knowledge.

　　科學量化研究中，資料蒐集與分析需要藉由研究工具來量化研究資料，將研究資料量尺化的歷程即為測量，因此測量的主要意涵在於運用一套符號系統去描述某個被觀察對象的某個屬性的過程，其中符號系統具有多元呈現的樣式，度量化（scaling）所代表的是以數字的形式去呈現某個屬性的數量，至於分類（classification）則是談及以分類的模式，去界定被觀察對象的某個屬性或特質是屬於何種類型。

　　測量的特性包括客觀性（objectivity）、數量性（quantification）、溝通性（communication）及科學的類推性（scientific generalization）。客觀性指的是測量本身應該不受測量者主觀因素而影響其測量的結果，同時測量的過程應該要有具體的步驟與操作方法，以提供他人的檢驗；另外，數量性指測量的功能在於提供具體數據來描述研究者或資料蒐集者所關心測量的現象，將所蒐集的資料加以數量化；至於溝通性則是討論測量過程中所產出的具有特定格式以及具體明確的指標與數據中，可以提供給所有的讀者作為參考與比較的歷程；科學的類推所代表的是在標準化的測量中，測量需要協助研究者客觀、具體的去探討社會現象或心理屬性，達

到類推至相關領域及情境的程度，使測量結果效益最大化。

　　測量的基礎在於處理資料的變異性，代表相關的數值或是屬性即是變項，社會科學研究中的變項即是代表會變動的值，亦即變項是數字的分派或值的符號（Kerlinger & Lee, 2000）。變項是一群相關的值或者屬性的集合體，變項與屬性均代表社會科學中的概念，以下將依變項的種類，簡單說明如下。

　　變項中若陳述變項之間的因果關係時，可以將變項分為自變項以及依變項；若是表現變項之間的有限性，則是可以分為間斷變項以及連續變項；若以變項所代表的分析性時，則可分為類別變項以及連續變項；若是表現變項的操縱程度，則可以分類為主動變項與屬性變項。

　　另外，若是變項代表的是個體本就存在的特徵，實驗者無法改變的特徵值，例如：性別、智力，此變項稱為機體變項，亦稱為屬性變項。變項中若研究者或資料蒐集中無法操縱或測量，但可從推論中得知其存在的變項稱為中介變項。社會科學研究中自變項與依變項之間的關係，並非只是單純的刺激與反應之間的關係，其中尚有若干不能直接且相當難以觀察、控制或測量的變項，這些變項可能對成果產生重要的影響，而這些重要的變項可以稱之為中介變項，例如：焦慮、疲勞、動機等皆常常被視為中介變項。

　　測量是將測驗結果量化的歷程，測驗結果要能順利地與受試者溝通，即需要精準且有效率的測量，以下將說明目前最常被使用測量的尺度。

二、測量的量尺

　　Stevens（1946）提出測量的量尺主要分成四種尺度，分別是名義（nominal）、次序（ordinal）、等距（interval）以及等比（ratio）量尺，以下將說明這四種尺度所代表的意涵及其使用的時機。

（一）名義量尺

　　名義量尺（nominal scale）所代表的意涵是資料本身的用途只具作為辨識事物或表示類別的特性。名義量尺的資料無法排序，性別即是一種名義量尺，因為性別中的男女只是代表人類性別種類的符號而已，並沒有大

小、前後的屬性。

（二）次序量尺

次序量尺（ordinal scale）所代表的是變項資料具有名義變項的特質，而且可以利用數值來表示事物或類別間之大小、高低、次序等特性的量尺。班級比賽的名次即是一種次序量尺，它代表著班級比賽結果中排名的次序。

（三）等距量尺

等距量尺（interval scale）代表的是變項資料具有名義變項和次序變項的特質，而且還可以利用數值的計算來表示出兩事物或類別間差異量的大小。天氣中的溫度量尺即是一種等距量尺，溫度中10度與11度的差異量，以及20度與21度的差異量都是1度，而且這1度的單位是相同的，都是與溫度上升1度時，溫度計水銀汞的刻度相同。

（四）等比量尺

等比量尺（ratio scale）代表的是變項資料具有名義變項、次序變項和等距變項的特質，除了可以利用數值計算和表示出兩事物或類別間差異量大小之外，尚且具有相對比率的特性。體重即是一種等比的測量尺度，當一個物體40公斤時，其重量是20公斤重的2倍。

教育測驗與評量中，測量量尺的正確使用是一個相當重要的原則，尤其是在測驗的解釋與分析中，不同測量量尺的分數代表不同的結果及屬性，若是需要比較時，更要特別注意其測驗所使用的量尺是否相同，因為不同量尺下的測驗結果通常是無法進行比較，以免產生錯誤的解釋結果。

三、測量工具

測量的工具若依教學目標加以分類，可分為認知成就測驗、情意態度測驗以及技能測驗，以下將說明常見的認知成就測驗以及情意態度測驗等測量工具。

（一）成就測驗

測驗中常見的題型包括選擇反應以及建構反應題型，選擇反應題型又稱為客觀題型，建構反應題型又被稱為論文題型、補充題型，以下針對這

二種題型加以介紹及說明。

1.選擇反應題型

選擇題型包括：（1）是非題；（2）選擇題；（3）配合題；（4）解釋性習題等，選擇反應題型是由提供的選項中選出較為適當的答案者，對於知識的評量客觀性較佳，選擇反應題型評分客觀、作答與計分方便快速，但是不易設計。

2.建構反應題型

建構反應題型又稱為補充題型，包括：（1）填充題；（2）申論題等，其中申論題又可分為：（1）限制反應的論文題（簡答題）；（2）擴散反應的論文題（問答題）。建構反應題型需由題目所提供的說明中，自行提出適當的答案，計分上較易受主觀影響、作答與計分較為費時，但較容易設計。

（二）態度量表

以下依照常見的態度量表，說明如下。

1.李克特量表

李克特量表（Likert Scale）是屬於最常用的評分加總式量表，屬同一構念的這些題目是用加總方式來計分，單獨或個別題目是無意義的。它是由美國社會心理學家李克特於1932年在原有的總加量表基礎上改進而成的，該量表由一組陳述組成，例如：「非常同意」、「同意」、「不一定」、「不同意」、「非常不同意」等五種回答，計分為1，2，3，4，5，每位被調查者的態度總分就是對各個題目回答所得分數的加總，這一總分可說明他的態度強弱或是在這一量表上的不同狀態。

2.塞斯通量表

塞斯通量表（Thurstone Scale）是一個較早期發展的態度量表，是Thurstone於1929年提出的，稱之為塞斯通量表。這個方法首先蒐集一系列有關研究態度的陳述或題目，而後邀請一些評判者將這些陳述按照最不贊同到最贊同方向分成幾類，經過淘汰、篩選，形成一套大約20條意義明確的陳述，由表示最不贊同到最贊同，要求參加態度測量的人在這些陳述中標註所同意的陳述，所標註陳述的平均量表值就是在這一問題上的態度分

數，塞斯通量表法提出了在贊同或不贊同的層次上來測量態度的方法，這種作法迄今仍是多數量表的基本特點，但是由於這個方法複雜、費時和不方便，目前較少研究者會採用塞斯通量表。李克特量表形式上與塞斯通量表相似，都要求受試者對一組與測量主題有關陳述語句發表自己的看法，它們的區別是，塞斯通量表只要求受試者選出同意的陳述語句；而李克特量表要求受試者對每一個與態度有關的陳述語句表明同意或不同意的程度。另外，塞斯通量表中有關態度的語句，依有利和不利的程度都有一個確定的決斷值；而李克特量表僅僅需要對態度語句劃分是有利還是不利，以便事後進行資料分析處理。

3.高特曼量表

高特曼量表（Guttmann Scale）是一種累積量表，由單向且具有同一性質的題目所構成，題目由弱到強連續性排序（你喝酒嗎、每天多於1瓶、每天超過2瓶、無時無刻不能不喝酒），題目間的關係或排列方式有次序可循，在高特曼量表中，一個人對第二項目表示贊成時，也同時表示贊成第一項目。

4.語意差別法

語意差別法（semantic differenation）是測量概念意涵的標準量化程序，每一個概念由一組意義相反之形容詞組成的5點或7點量尺加以評量，每一個概念都需要用到一系列雙極端形容詞量尺，通常至少必須包含10至15個量尺，其反應可以採取幾種分析方式，如果進行量化處理，可以將各量尺的評分轉換為1到7或－3到＋3（7點）的數字，任何兩種概念的整體相似性取決於它們在得知它們對個人而言所具有的意涵。

5.強迫選擇法

強迫選擇法（forced choice question）是績效評估的幾種常用工具之一，強迫選擇表一般由10至20個組別構成，每組又由2或4個行為描述項目組成，在每組4個行為描述中，要求評定者分別選擇一個最能描述和一個最不能描述被評者行為表現的題目，強迫選擇法用來描述員工的語句中並不直接包含明顯的積極或消極內容，受試者並不知道評量結果到底是高還

是低或是中等，這就避免了趨中傾向、嚴格或寬鬆變化等評量誤差。

貳、測驗理論

　　心理計量學的產生，乃是心理學者企圖將心理學發展成為一門量化的理性科學，目前測驗理論上的發展主要有三個派典，分別為古典測驗理論（CTT）、類推性理論（GT）以及試題反應理論（IRT）。其中古典測驗理論主要是Gulliksen（1987）首先提出（Classical Test Theory, CTT）。古典測驗理論的假設中受試者所獲得的觀察分數為受試者真正潛在的能力及誤差值之和（X=T+E）。另外，Cronbach、Gleser、Nanda與Rajaratnam（1972）提出類推性理論（Generalizability Theory, GT）。新型的試題反應理論（Item Response Theory, IRT）主要是Lord（1980）提出，試題反應理論被提出的當時，丹麥學者Rasch亦提出與試題反應理論異曲同工的Rasch模式，而試題反應理論在目前測驗理論的發展與實施中，所扮演的角色日益加深且加廣，以下將分別就這三個測驗理論加以說明。

一、古典測驗理論

　　古典測驗理論首先由Gulliksen（1987）所提出，古典測驗理論又被稱為古典的信度理論（classical reliability theory），主要的假設為受試者由測驗與評量所獲得的觀察分數（observed score）是真實分數（true score）與誤差分數（error score）總和（X=T+E），因此又稱為真分數理論（true score theory）或者是真分數模式（true score model）。古典測驗理論是建立在上述這種真實分數模式及其假設的基礎上，針對測驗資料間的實證關係，進行系統性解釋的一門學問。

二、類推性理論

　　類推性理論通常被視為古典測驗理論的延伸，其應用是透過變異數分析程序來達成。真實評量中的檔案以及實作評量的信度與客觀性的評量有很大的不同，而針對真實評量這類型評量的信度，傳統檢驗客觀式測驗信

度的方法是否適用，產生質疑的聲浪。以信度而言，傳統檢驗信度的方法以重測、複本、內部一致性以及Hoyt等方法為主，但以實作評量這種真實性評量，除了有受試者能力因素的考量外，尚需考慮到評分者、作業性質以及其他的相關影響因素，所以針對真實性評量的信度而言，心理計量學家所關心的包括學生在不同作業間表現的類推性、不同評分者對於相同學生表現的評分一致性，以及是否有其他來源會影響表現分數的一致性。因此，類推性理論成為估計此類評量結果信度的方法。

類推性理論架構的主要概念，包括可觀察全域、類推全域、類推性研究設計（G-Study）與決策性研究設計（D-Study）。類推性理論中之G-Study的目的是協助設計一個有充分類推性之D-Study，在進行D-Study前應先針對其所使用之測量方法進行G-Study，也就是要先得到所蒐集資料是否具有可類推性證據之後，才能提高D-Study研究結果之類推性。

三、試題反應理論

試題反應理論與古典測驗理論相較是屬於新型的測驗理論，其中試題反應理論的模式就是以數學符號表示受試能力與試題難度、鑑別度及猜測等參數間的關係。同時，試題反應理論的假定是屬於強假定（strong assumption），不同於古典測驗的弱假定（weak assumption）。雖然在試題反應理論中的測驗資料很難完全符合單向度的假定，但試題反應理論允許某種程度的違反假定，因此存在許多優勢。以下就應用試題反應理論所應符合的基本假設說明（De Ayala, 2008; Hambleton & Swaminathan, 1985）。試題反應理論的基本假設包括：（1）單向度（unidimensionality）；（2）局部獨立（local independent）；（3）試題特徵曲線（item characteristic curve）；（4）非速度測驗（speedness）；（5）參數的不變性（parameter invariance）。

電腦化適性測驗（Computerized Adaptive Testing, CAT）中題庫的建置以及發展的理論基礎即是試題反應理論，電腦化適性測驗主要討論的要素有6大項，分別是：（1）模式的選擇；（2）題庫；（3）初始題的選擇；（4）選題方法；（5）計分方法；（6）中止標準。電腦化適性測

驗目前在理論與實務上皆達到相當成熟的地步，電腦化適性測驗的理論基礎—試題反應理論相關議題中，主要有以下幾項：（1）多向度的試題反應理論（Multidimensional Item Response Theory, MIRT）；（2）試題等化（item equating）；（3）試題連結（item linking）；（4）試題差異功能（Difference Item Function, DIF）；（5）多階段的電腦化適性測驗（Multistage Computerized Adaptive Testing, MCAT）；（6）試題曝光率的控制（item exposure control）等。這些議題目前在試題反應理論以及電腦化適性測驗的理論與應用中，持續都有研究者進行相關研究。

參、測驗類別

測驗的種類非常繁多，而且依照分類方式的不同而有不同的測驗名稱，以下即簡略說明各種測驗的分類。

一、教學流程

基本教學模式（General Model of Instruction, GMI）最早是由美國教育心理學者Glaser（1962）所提出，認為所有的教學活動都包括四個基本要素，分別為：（1）分析教學目標；（2）診斷起點行為；（3）設計教學流程；（4）教學評量，由此可以了解教學評量所扮演的角色即是在教學活動中提供適切的回饋給予學生以及老師。若是將學習活動分為教學前、中、後的階段時，不同階段的測驗類型則為教學前的安置性測驗、教學中的形成性及診斷性測驗、教學後的總結性測驗。

（一）安置性測驗

安置性測驗的測驗功能主要是測量學生學習前是否具備有必要的基本技巧，並且確定是否已達到課程目標的準備程度。

（二）形成性測驗

形成性測驗主要的測驗目的在於提供教師與學生學習進步的回饋訊息，能夠及時進行補救教學。

（三）診斷性測驗

　　診斷性測驗的主要目的在於找出學生學習時，困難的情形及其可能的原因，以利於進行事後的補教教學。

（四）總結性測驗

　　總結性評量主要的測驗目的在於教學結束時，提供學生成績等第或確認學生學習的精熟程度。

二、結果解釋

　　測驗的分類中，若是依測驗結果的解釋向度上，可將測驗分為常模參照測驗以及效標參照測驗。

（一）常模參照測驗

　　常模參照測驗（Norm-Referenced Test, NRT），所指的是測驗結果根據分數在團體中的相對位置加以解釋的測驗，例如：小明英文測驗的百分等級為90，代表在100個人的團體中，小明的英文成績超越了90個人。此種測驗的主要目的，是在區分學生之間的成就水準，故適合於行政上做決策用，例如：分組編班或鑑定能力等。但是，此種測驗往往無法確知學生已經學會哪些、尚未學會哪些。多數的標準化成就測驗和性向測驗，在測驗結果的解釋上都是屬於常模參照。詳細地說，常模參照測驗的平均答對率大約是50%；參照的對象是以其他學生的表現為參照點；內容涵蓋層面則包括較多、較廣的目標，因為包括較多的目標，在內容的完整性方面每個目標也許僅包括1-2個試題，整體的完整性較不足；分數的變異較大；在試題的編製方面，常模參照測驗因為考慮到試題的鑑別程度，所以太容易或者太難的試題會被刪除，只保留難易適中的題目或者是誘答力良好的試題；常模參照測驗需要以明確界定的團體來作解釋；並且在結果的報告方面大部分是以百分等級或是標準分數為主。

（二）效標參照測驗

　　效標參照測驗（Criterion-Referenced Test, CRT），又稱標準參照測驗，測驗結果是根據教學前所擬訂的規準，而加以解釋的測驗類型。因此，效標參照測驗主要目的在於想要了解學生能做什麼，強調學習者個人所能與不能完成的學習結果，了解學生的學習結果是否精熟，比較的是教

師設定的精熟標準，而不是和他人比較，例如：小蓉可以正確地寫出26個英文字母，即是一種效標參照測驗的解釋結果。所以，效標參照測驗具有了解學生的學習是否存在困難，詳細地說明，效標參照測驗的平均答對率大約是在80%左右；參照的對象是以預定的精熟標準為參照基準；內容涵蓋層面則包括較少的目標，也因此內容的完整性較佳，每個目標會包括多個試題；分數的變異性方面則較小；在試題的編製方面主要是能代表預期行為的內容，並確認是否能夠產生較為相關的反應；在結果的報告方面則大部分為類別分數，例如：「失敗」或者「成功」，「及格」或者「不及格」，「優」「良」「可」「中」「劣」等類別性的代表分數為主。

三、施測人數

測驗分類中，若依施測人數，可以將測驗分為個別測驗及團體測驗。

（一）個別測驗

個別測驗是在同一時間，只能實施於一個人的測驗。例如：電腦化識字量表、比西量表、魏氏兒童智力量表，就是屬於個別測驗，其優點為施測者有充分的機會和受試者建立友善關係，並觀察其反應情形，故藉此深入了解受試者的反應理由，在教育上具有診斷的價值。但其缺點為費事費時、實施不易、難以大量應用，但在資訊科技的協助之下，個別測驗的發展有更寬廣的發揮空間（陳新豐，2002）。

（二）團體測驗

團體測驗是一種在同一時間內，可以同時實施於多人的測驗，例如：陸軍普通分類測驗（Army General Classification Test, AGCT）、閱讀理解困難篩選測驗、中文閱讀理解測驗等。一般而言，團體測驗也可以採用個別方式實施，其優點為經濟簡單，花費較少，缺點則為犧牲個別測驗所具有的友善關係，富有情感的情境和臨床觀察的優點，而當人數愈多時，此種犧牲的程度愈大。

四、編製流程

測驗的分類中，依測驗編製流程的嚴謹程度，測驗可以分為標準化測

驗、實驗性測驗以及教師自編測驗，三個測驗主要的分別在於測驗編製流程上有所差異。

（一）標準化測驗

標準化測驗適用的對象主要為一般的大眾，由測驗專家依照嚴謹的測驗編製流程，經過預試、正式施測以及參數重複校正的過程編製而成，具有良好的信度與效度指標，標準化測驗的類推性是在這三種測驗中表現最好的。

（二）實驗性測驗

實驗測驗是根據教育研究的目的及需求，針對特定班級或受試者編製而成的測驗，目的在於蒐集實驗研究設計中所需資料而有的測驗，這類測驗在其他情境下通常不適用。

（三）教師自編測驗

教師自編測驗往往是因為教師為了適合目前任教的班級所量身訂製的測驗，其類推性較為不足，往往不適用於其他班級或群體。

五、受試反應

測驗的分類中，若依受試者反應的型態，可以分為最大表現測驗以及典型表現測驗。

（一）最大表現測驗

最大表現測驗（Maximum Performance Test, MPT）旨在測量個人的最佳反應或最大成就，亦即可用於判斷個人能力的最佳表現行為，例如：智力測驗、性向測驗、成就測驗等皆屬於最大表現測驗。最大表現測驗中，假定所有的受試者都有相同而強烈的動機，測量當個人盡最大能力發揮時，其表現的程度如何，亦即能做什麼，這是最大表現測驗結果所要測量的。但是，因為個人動機不強、注意力缺乏，或是其他因素，會使表現出來的程度在其真實能力之下，因此，最大表現測驗的分數中，至少會有先天能力、實際能力和動機三項決定因素。

（二）典型表現測驗

典型表現測驗（Typical Performance Test, TPT）旨在測驗個人的典型

行為，亦即在正常的情境下，個人通常所表現的行為如何，典型表現測驗主要是在測驗判斷個人在自然狀態下的表現，強調個人具有代表性的表現而非最佳的表現，例如：人格測驗、興趣測驗、態度測驗與人格適應測驗等都是屬於典型表現測驗，而典型表現測驗即是在測量這種典型的態度行為，在這些測驗中，須假定所有的受試者都很誠實回答問題，但事實上，通常會有偽飾作答現象，故典型表現的測量較為困難，典型表現中，並沒有所謂好的分數，其所獲分數通常只是代表個人在正常情況下的行為表現。

六、教學目標

學校教育目標一般包括三大領域，即認知領或（cognitive domain）、動作技能領域（psychomotor domain）和情意領域（affective domain）。這些教學目標即是教師在教學之後，預期學生的學習結果或應有的行為表現，教育測驗依照教學目標的不同而加以設計的測驗，可分為認知測驗、情意測驗以及技能測驗。

（一）認知測驗

認知測驗的內容，主要包括：知識／記憶、理解、應用、分析、綜合及評鑑／創造等認知層次，例如：國小學童中文閱讀理解測驗以及中文年級認字量表等皆屬於認知測驗。

（二）情意測驗

情意測驗是以接受／注意、反應、價值觀、組織及品格化等內涵為主，是關於個人態度、價值觀、興趣、鑑賞、動機、情緒、人格等特質的測驗，例如：國小學生生活適應量表以及國小兒童自我概念量表等皆屬於情意測驗。

（三）技能測驗

技能測驗的內涵是以知覺、準備、模仿、機械學習、複雜反應及創作等技能發展的層次為主，例如：醫學臨床技能測驗、技術士檢定測驗等皆屬於技能測驗。

七、測驗型式

測驗的分類中若是以測驗型式來加以分類，可以分為固定選項測驗（Fixed-Choice Test, FCT）以及複雜表現測驗（Complex-Performance Test, CPT）。

（一）固定選項測驗

固定選項測驗是針對知識、技能表現的有效測驗，亦即學生從既有的選項中選擇問題的答案，例如：選擇題、是非題等選擇題型，具有學生短時間能夠回答大量問題、計分客觀、高信度與高成本效益等優點。

（二）複雜表現測驗

複雜表現測驗是在測量學生於情境脈絡中的表現與學生本身正確評估問題間的關係，亦即測量學生在建構反應或者複雜作業中的反應情形，其目的在於改善固定選項測驗過於強調事實性知識與較低認知層次的缺失，複雜表現測驗所強調的是分析學生的複雜表現，例如：專題報告、論文測驗、口頭報告等測驗工具即是屬於複雜表現測驗。

肆、重要名詞

教育測驗與評量中有許多專有名詞讓初學者容易混淆，導致對於教育測驗與評量中的許多概念有所誤解，以下針對測驗與評量中四個常被混淆的專有名詞加以解釋及說明其意涵，此四個專有名詞分別是測驗（test）、測量（measurement）、評量（assessment）及評估（evaluation）。

測驗、測量、評量與評估往往會被大家誤認為是同義詞，其實它們之間並非完全相同，當然廣義上來說可以把它們視為相同，但狹義上而言，它們之間是有很明顯的差異存在（Optiz, Rubin, & Erekson, 2011）。

測驗（test）是提供評估證據的一種方法，亦即測驗是為實施作業的內容，測驗是一種科學工具，可用來評量受試者的表現。測量（measurement）是一種量尺化的歷程，測驗工具編製完成後，由測驗工

具施測後，蒐集受試者的表現資料，並將其量尺化的過程即為測量，簡單地說，測量是用數字來描述受試者表現情形的過程。評量（assessment）是要求學生在測驗中回答知識與技能的問題，與獲得量化分數之間的歷程。評估（evaluation）是一種主觀的價值判斷，評估是根據某項標準，然後針對測量所得的量化數字進行解釋及價值上的判斷。

伍、相關軟體

　　資訊科技的蓬勃發展，直接或間接地都對於教育產生重大的影響，教育測驗與學習評量的發展更是與資訊科技的應用有著密切的關係，尤其是講求速度的資訊環境，可以協助測驗與評量的解釋及時地回饋給受試者本身。電腦化測驗與數位學習、文教事業相關產業的關係密切，筆試是長久以來在評量學習或選才方式中最廣為採用的方式，但是隨著資訊科技的快速發展，電腦化測驗在測驗編製、評量結果的回饋等方面，提供了更多樣化且豐富訊息的回饋資料，因此，在這個資訊發展的時代中，藉由資訊科技來提升評量的品質是一個必然的趨勢，以下將說明協助分析與解釋測驗評量結果的相關應用軟體。

一、SPSS

　　SPSS統計套裝軟體，早期的全名為Statistical Package for Social Science，是「社會科學」常用之統計套裝分析軟體，SPSS可以將問卷調查的資料進行分析處理，因此只要熟悉SPSS的操作便能迅速進行資料的處理。因為目前SPSS的用戶已經不再侷限於社會科學領域的使用者，SPSS更名為Statistical Products and Services Solution（統計產品及服務之解決方案）。1968年，發展出最早的SPSS軟體版本，當時的產品稱為SPSSx版。1984年，SPSS公司推出了在DOS上統計分析軟體的PC版本（SPSS/PC+）。後來又相繼推出了Windows和Mac OS X等作業平台上的版本。2009年SPSS公司發表PASW（Predictive Analytics Suite Workstation）版本18.0，目前SPSS公司已被IBM收購，最新的版本是2013年的22.0版，正式

名稱爲IBM SPSS Statistics。

　　SPSS所提供的分析策略及方法多元細緻，應用的層面廣泛，SPSS的統計分析軟體版本中，是以模組來組合，不同的分析策略需要不同的分析模組，目前專業版SPSS的分析模組主要分爲Base、Advanced Statistics、Custom Tables、Regression、Categories、Data Preparation、Decision Trees、Forecasting以及Missing Values等，本書示範的版本是SPSS21.0版，操作介面如下圖所示。

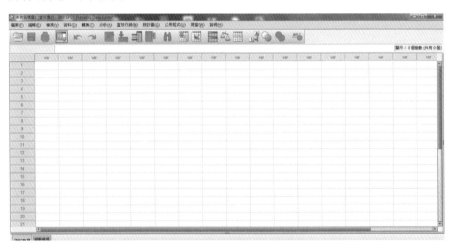

二、EXCEL

　　EXCEL軟體包含於微軟公司開發的OFFICE系列軟體，是一套使用上相當方便、功能完整的試算表軟體，其中在統計部分包含一些統計相關程式套件，對於簡單的統計分析可以很快上手，很適合剛接觸統計者、解決簡易統計分析或者是計算測驗的評量中資料的筆數較少時使用。

　　本書示範的版本是EXCEL2010版，操作介面如下圖所示，軟體的使用特色中，主要爲一般使用者容易取得該軟體（OFFICE）且熟悉其操作介面，EXCEL具備基礎的統計分析功能，符合一般需求的使用者，並且製作簡單的統計圖表非常方便。

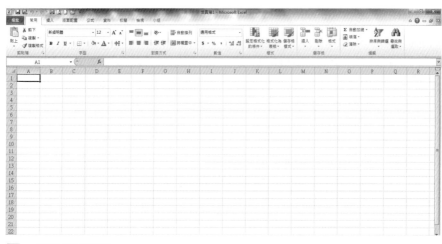

三、WINSTEPS

　　WINSTEPS是具有分析試題反應理論功能的分析軟體，試題反應理論廣泛地應用於教育測驗與評量的相關領域，例如：GRE、TOEFL、基本學力測驗等測驗，近年來也擴展應用到各科學領域的測驗評量，WINSTEPS藉由簡單的資料建置作業來進行Rasch模式的分析，使用者熟悉操作的流程後，就可以容易地與其他軟體互相配合。

　　WINSTEPS可以分析的試題型態，包括二元計分、等第反應（graded response model）、部分分數（partial credit model）以及評定量表（rating-scale model）等模式的Rasch模型分析。

　　WINSTEPS提供教育版軟體（MINSTEPS）免費下載使用。另外，免費下載的版本還有DOS版的BIGSTEPS，本書示範的版本是WINSTEPS 3.74.0版，操作介面如上圖所示。

四、BILOG

　　BILOG是二元試題邏輯對數（logistic）模式試題和測驗的分析軟體，適用於二元計分試題中傳統及試題反應理論的試題分析。由於BILOG同時兼具傳統及試題反應理論之題目分析功能，使用者的功能選擇很多，可同時分析多個分測驗，是一個很好的試題目及測驗分析軟體。BILOG尚且可進行多群體（multiple group）之差別試題功能（Differential Item Function，DIF）的分析，本書示範的版本是BILOG-MG 3.0版，操作介面如下圖所示。

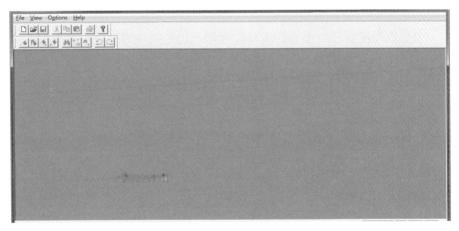

五、PARSCALE

　　PARSCALE是多元計分試題邏輯對數模式的試題與測驗的分析軟體，適用於多元計分試題的傳統及試題反應理論的試題分析。由於PARSCALE同時兼具傳統及多種不同模式，其中可分析的模式包括等第反應模式（graded response model）、部分分數模式（partial credit model）以及評定量表模式（rating-scale model）等模式的試題反應理論之試題分析。而且使用者可以同時分析多個分測驗，尚可進行多群體之差別試題功能的分

析,本書示範的版本是PARSCALE 4.1版,操作介面如下圖所示。

六、R

R是處理統計資料與圖形資料的軟體,也是物件導向的設計軟體,它是一個開放性的免費軟體,並於近幾年,R變得愈來愈受到歡迎,主要的原因應該是其為免費軟體、而且能自由地在網路上下載、又可在多種的作業平台下使用、網路上有許多免費的參考資源等緣故。

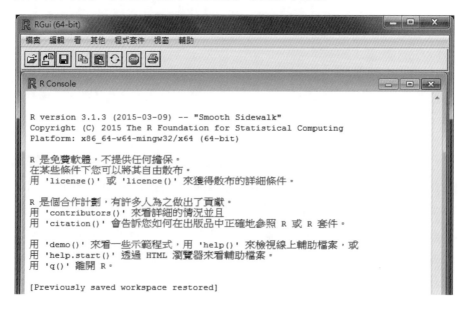

R與S-Plus有高度的相容性，並且具有相同程序上的環境，不同的地方是R僅能使用語法來加以執行（有些額外的模組提供視窗的環境，例如：Rstudio），而S-Plus則是可以同時執行視窗指令以及語法。本書示範的R版本是3.1.3版，操作介面如上頁圖所示。

七、JITAS

JITAS（Java for Item and Test Analysis Software）是一套網路版本的試題與測驗分析的軟體，開發的軟體是屬於自由軟體的JAVA，因此使用者無論是使用Microsoft的IE、Google的Chrome、Firefox或者是MAC的Safari等瀏覽器，只要系統安裝JAVA，JITAS即可順利執行，作業系統平台中無論Windows、Mac OS X或者是類UNIX的系統平台皆可使用，具有跨平台的特性，使用者只要準備分析的資料檔，不需要用安裝任何軟體，在有瀏覽器的電腦上即可直接進行試題與測驗分析，相當地方便。因爲JITAS是網路的應用軟體，所以每次要執行JITAS前，請先開啓網址「http://cat.nptu.edu.tw/JWS/wtest/」，即會出現JITAS分析軟體的主要頁面，輸入資料後即可開始進行試題與測驗的分析，操作介面如下圖所示。

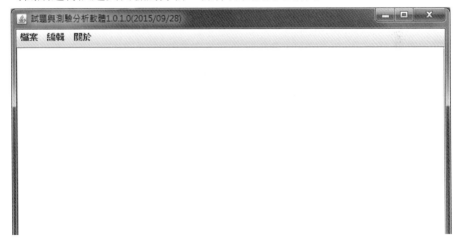

綜合上述從測量理論、測驗理論、類別以及測驗與評量重要名詞說明中可以了解，測驗與評量是一種綜合性的活動，包括測量上的量尺以及使用的工具，所採用的測驗理論以及測驗工具的類別，最後對於測驗結果的

解釋上,每個環節都需要詳細地規劃,才能讓測驗與評量的運用及解釋達到最佳且適切的境界。

自我評量

01.請討論目前測驗與評量的發展趨勢與資訊科技發展之相關情形。

02.測量的特性包括哪些項目?

03.請說明測量量尺的種類及意涵為何?

04.請說明試題反應理論目前熱門的議題為何?

05.請比較常模參照與效標參照測驗的異同。

06.請比較測驗、測量、評量與評估等四個測驗評量常見名詞的相異處。

第二章　線上調查製作

本章主要說明電腦輔助測驗與評量中線上調查的理論及實務，以下將從線上調查意涵、線上調查系統等二部分加以說明，其中線上調查系統係以線上國小高年級學童閱讀行為問卷的編製為範例，並且同時介紹Google表單以及LimeSurvey等二個線上調查問卷編製系統，依序說明如下。

壹、線上調查意涵

資訊科技發達的現在，網路相關研究影響了各個學術領域的研究，當然，教育研究也因為網路相關研究，開啟了另一個嶄新的視野，網路調查或者是線上調查皆是網路中教育研究方法的實踐。運用線上調查來進行教育研究時，研究者需要先了解該主題是否適宜以網路調查方式進行，若適合的話，才決定需要採用線上調查研究的類型，線上調查的研究不但重視研究倫理精神的實踐，更結合資訊科技的技術，落實在問卷設計以及實施的技術上。但是線上調查並非毫無限制，進行線上調查研究時，特別需要在研究樣本、問卷回收以及資料蒐集環境的控制等議題上審慎考慮。

線上調查係透過網路作為資料蒐集媒介的問卷調查，依問卷呈現的方式，可以分為：（1）電子郵件調查；（2）線上調查；（3）快顯式調查；（4）混合調查；（5）下載式調查；（6）公布欄調查等（魏曼伊，2008）。

線上調查或者是網路調查與傳統問卷調查的比較中，許多專家學者的研究結果並不一致（余民寧、李仁豪，2006；周子敬，2006；陳新豐，2005；Berrens, Bohara, Jenkins-Smith, Silva, & Weimer, 2003）。在問卷的回收率方面，Berrens等人（2003）以線上與傳統郵寄問卷調查並行方式進行研究，結果顯示線上調查的回收率較低，並且線上回答者的社會人口結構與傳統問卷有所不同。余民寧、李仁豪（2006）的研究指出，線上調查與傳統紙筆問卷，紙筆問卷的回收率較高。周子敬（2006）的研究中指出，線上問卷與傳統問卷施測其回收樣本，並無顯著性差異。陳新豐（2005）發現成就測驗的調查中，參數估計上難度在紙筆與線上是沒有明顯差異，但是在試題參數估計的穩定性中，施測樣本人數因素有決定性的

貢獻。

　　由上可知，線上調查雖然與目前的資訊科技發展互相呼應，但並非適用於各種教育研究，亦不可能取代傳統的優良問卷，線上調查雖然可以快速地利用各種網路媒介來加以蒐集資料，但究其本質，編製者仍然需有嚴謹的問卷設計技術，以下將開始說明線上調查的實作步驟。

貳、線上調查系統

　　線上調查系統在許多網路公司都提供實務上的應用，使用者只要是該系統的用戶，都可以免費使用，例如：Google表單、國家圖書館之碩博士論文網、SurveyMonkey、LimeSurvey等，其中的功能大同小異，以下將以Google表單以及LimeSurvey等二種系統來說明線上調查問卷之編製。

一、Google表單

　　Google 表單是相當實用的工具，編製者只要透過幾個簡單步驟，就能輕鬆地規劃活動調查、製作問卷、編製考題，或者是蒐集其他資訊，其中可透過 Google 雲端硬碟或任何現成的試算表來建立表單，並蒐集回應資料，說明如下。

（一）透過「雲端硬碟」建立表單

　　Google 雲端硬碟中可以使用表單製作問卷、編製考題或者是蒐集資訊等，主要有以下幾個步驟。

　　1.登入「雲端硬碟」

Google

只要一個帳戶，所有 Google 服務暢行無阻。

登入帳戶繼續使用 Google 雲端硬碟

輸入您的電子郵件

下一步

需要協助嗎？

建立帳戶

只要一個 Google 帳戶，即可使用 Google 其他豐富服務

Google雲端硬碟的網址是 drive.google.com，若未登入Google的相關服務中，會出現登入畫面（如上圖），若已登入則會直接進入雲端硬碟。

2.選擇新增表單

下圖是網路硬碟的畫面，點選左上方的「新增」，將滑鼠游標停留在「更多」上方，接著會出現選擇「Google 表單」的畫面。

請點選Google雲端硬碟中「新增」→「Google表單」，如下圖所示。

3.產生新建表單

產生Google表單後，此時編製者就可以在表單範本中加入任何問題，也可以加入標題並將表單分頁，自行設計表單架構等，如下頁圖所示，接

下來要說明的是如何利用Google的試算表來製作表單。

（二）透過 Google 試算表建立表單

　　以下是說明如何透過Google 試算表來建立Google表單，即使用Google表單製作問卷、編製考題或者蒐集資訊的問卷等，操作步驟說明如下。

1.新增Google試算表

　　請在Google雲端硬碟中點選「新增」→「Google試算表」來開啟Google試算表。

2.插入表單

　　請在試算表中依序點選「插入」→「表單」。

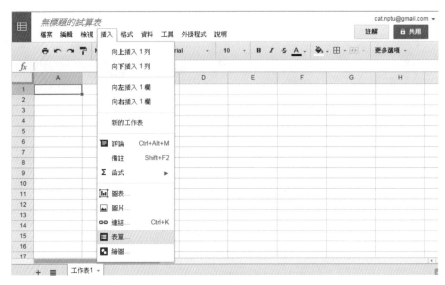

　　這時網頁最上方會顯示訊息，提醒已經建立新表單，並且出現開始編輯Google表單的畫面，此時可在左上角輸入表單的名稱，例如：「閱讀行為」，如下圖所示。

　　輸入完表單名稱後，若要回到表單的主畫面可以點選表單名稱右邊的箭頭「→」，或者亦可以開始新增問題、新增標題與說明、新增圖片、新增影片或者是新增區段等Google表單的編輯工作，以下即開始說明Google表單的標題及說明的編輯工作。

（三）編輯表單標題及說明

新建表單之後，請先建立問卷的標題以及檔名。首先，請在表單說明的上方輸入問卷的標題，以本範例為例，請輸入「國小高年級學童閱讀行為線上調查問卷」在表單的標題以及檔名，如下圖所示。

日後即可在Google雲端硬碟中利用此檔名來編輯量表，接下來可以在問卷的標題下方輸入表單的說明，如下圖所示。

以下將以「國小高年級學童閱讀行為調查問卷」的內容來作為線上調查問卷系統的範例。

範例 2-1 國小高年級學童閱讀行為調查問卷

以下的範例是國小高年級學童的閱讀行為問卷，而根據下列量表，將每題分數相加，所得的總分就是閱讀行為指數，問卷題目類型為李克特五

點量表，分別是：（1）非常不符合0分；（2）少部分符合1分；（3）一半符合2分；（4）非常符合3 分，以下為量表的內容。

1. 我經常閱讀課外書。
2. 看書是我最常打發時間的方法。
3. 我喜歡去圖書館看書或查資料。
4. 我喜歡去逛書局或去圖書館。
5. 空閒時，我會閱讀各種書籍。
6. 老師沒有指定的書，我也會閱讀。
7. 我喜歡在家裏閱讀。
8. 只要有空，我就會拿書來看。
9. 不需要父母的催促，我會自己閱讀書籍。
10. 同學向我推薦一本書時，我會找來閱讀。
11. 我常會用我的零用錢買我想看的書。
12. 我在空閒時，常會閱讀各種書籍。
13. 我很喜歡看書，因為可以獲得很多知識。
14. 閱讀對我而言是一件愉快的事。
15. 我覺得閱讀是一件重要的事。
16. 我喜歡閱讀各種類型的讀物。
17. 多讀書可以讓我更聰明。
18. 閱讀課外書對我來說是一件很痛苦的事。
19. 我從不主動閱讀課外書籍。
20. 我覺得在下課時間閱讀課外書是最無聊的活動。
21. 我覺得閱讀不太有用。

（四）新增和編輯問題

表單建好後，就可以開始加入問卷的問題，如果要讓表單有架構層次，可以加入區段標題和分頁符號。

1.新增問題、標題和分頁符號

以下將從新增問題、區段標題、圖片、影片等四個部分，分別加以說明如下。

（1）新增問題

如果要在表單中加入問題，請按一下「新增問題」按鈕，然後選擇下列問題類型。

- 簡答 — 作答者只需簡答一行文字。
- 段落 — 作答者須詳答，可允許多行文字的回答。
- 單選 — 作答者必須從多個選項中選擇一個答案。
- 核取方塊 — 作答者可勾選所有適合的選項，沒有限制。
- 下拉式選單 — 作答者可從下拉式選單中選取一個選項。
- 線性刻度 — 作答者必須按照級數（例如：1到5）評比某個項目。
- 單選方格 — 作答者必須在表格中，每一列選取一個選項。
- 日期 — 作答者必須使用日曆選擇器輸入日期。
- 時間 — 作答者必須輸入時間。

按一下「新增問題」按鈕（ ⊕ ）時，系統一開始會提供預設的問題類型：「單選」。如果想在加入問題後更改問題類型，請在「作答方式」選單中選擇其他類型（簡答、段落、單選、核取方塊、下拉式選單、線性刻度、單選方格、日期、時間）。

選取問題類型後，接下來可以輸入問題的回應選項，如果想解釋說明所列述問題的意思，可以在「詳細介紹」欄位中加入說明，若要出現詳細介紹的欄位，可以點選問題右下角更多顯示選項中的詳細介紹。如要避免作答者漏答，請將問題右下角的必填選項開啟，若要刪除此問題，則是可以點選垃圾筒的圖示，若是要複製問題，則請點選複製問題的圖示即可，相關圖示及說明如下圖所示。

表單的所有問題或者是階段完成後想要預覽表單編輯的成果可以點選右上角的預覽圖示，如下圖從右數起的第2個圖示。

點選預覽的圖示按鈕後，即可看到表單編輯的成果，如下圖所示。

（2）新增區段標題

調查問卷往往會有許多分量表組成，例如：國小高年級學童閱讀行為調查問卷即有「基本資料」以及「閱讀行為」等2個分量表，因此如果想將表單劃分成多個區段，方便編製者閱讀和填寫，請新增區段標題，在Google表單的編製中，請在問題編製右側的圖示中點選新層區段的圖示按鈕（ ▬ ），結果如下圖所示。

　　編製者可以為每個區段標題加上標題和區段說明，國小高年級學童閱讀行為線上調查問卷分為二個部分，第一部分是基本資料，第二部分則是閱讀行為問卷，此時即可加上二個區段標題，分別是基本資料以及閱讀行為問卷，如下圖所示。

　　編輯區段時，若需要切換編輯與檢視模式，可點選右上角（ ˅˄ ）圖示，另外若點選更多（ ⋮ ）圖示則是具有複製區段、刪除區段、與上一區段合併等3個編輯功能。

　　（3）新增圖片

　　如果要在表單中新增圖片，請點選右側新增圖片（ ▣ ）按鈕，即會出現下圖，Google表單插入圖片的來源有上傳、拍攝快照、使用網址上傳、相簿、Google雲端硬碟以及搜尋等6種方式，其中搜尋可以利用Google等搜尋引擎將搜尋結果的圖片直接選用，相當方便。

下圖為點選「搜尋」後，輸入關鍵字「閱讀行為」，出現搜尋結果並選取圖片後，再點選左下角的「選取」按鈕即完成圖片的選擇。

選取圖片完成後，即可輸入圖片標題，並設定滑鼠游標移至圖片上時顯示的文字，下圖為新增圖片的預覽結果。

新增圖片來源的其餘5種方式大同小異，編製者只要依照指示即可順利地在Google的表單中新增圖片，增加表單的媒體豐富度。

（4）新增影片

如果要在表單中新增影片，請點選表單編輯時右側功能表中的新增影片（ ▶ ）按鈕，即會選取影片的畫面，其中包括搜尋影片以及輸入

Youtube網址等2種方式，選取完成後，即可為影片新增標題和說明文字。點選並拖曳影片的任何角落可以調整影片大小，使用對齊選項也可以讓影片靠左、靠右或置中對齊。

2.編輯問題

編製者可以針對加入表單的問題、標題、圖片等執行下列動作。

（1）編輯：如要編輯現有問題，請點選編輯的問題即可 。

（2）複製：如要複製問題，請點選複製的圖示。

（3）刪除：如要刪除問題，請點選刪除的圖示。

下圖左一為複製圖示，左二則為刪除圖示。

3.隨機排序問題與選項

隨機排序問題與選項可以避免作答者答題時有記憶的效應，以下說明「隨機決定問題順序」以及「隨機決定選項順序」的設定。

（1）隨機決定問題順序

如果想讓作答者看到表單的特定區段或頁面中的問題呈現隨機排序，請在表單編輯時頂端的「設定」中，點選「簡報」，勾選「隨機決定問題順序」旁邊的方塊，此時表單中的圖片和影片也會隨問題一併隨機排序，設定畫面如下圖所示。

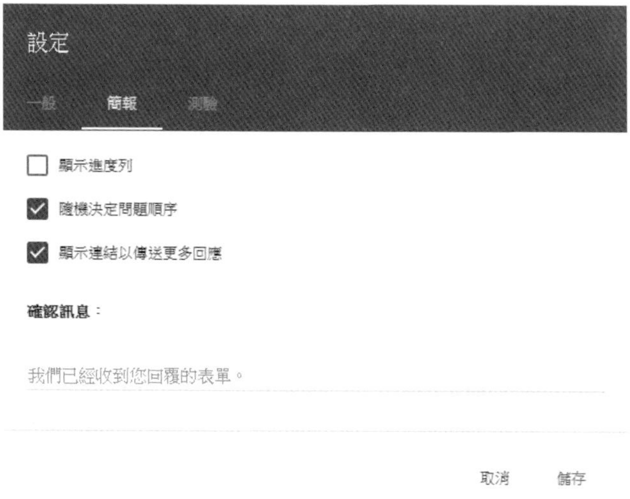

設定

一般　簡報　測驗

☐ 顯示進度列

☑ 隨機決定問題順序

☑ 顯示連結以傳送更多回應

確認訊息：

我們已經收到您回覆的表單。

取消　儲存

（2）隨機決定選項順序

如果想讓作答者在回答題目時，看到隨機排序的選項，請按一下編輯問題中的更多（⋮）按鈕，再勾選「隨機決定選項順序」旁的方塊，如下圖所示，這個選項可用於下列問題類型。

- 單選按鈕
- 核取方塊
- 下拉式選單
- 單選方格（選項文字會是「隨機排列橫列順序」，而不是「隨機排列選項順序」）

下圖設定中選項的第3項即是隨機決定選項順序。

（五）新增表單主題

如要自訂個人化的表單或是為特定的接收者量身設計表單，可以為表單新增主題。

1.新增主題

如何為現有表單新增主題，操作步驟說明如下。

（1）開啟表單，如下圖所示。

（2）按一下工具列中的「調色盤」，選取右下角的選取主題圖示，如下圖所示。

（3）捲動瀏覽左側面板中的範本，然後按一下想為目前表單新增的主題，表單會自動套用新的主題，且可以繼續進行編輯，如下圖所示。

2.複製主題

Google表單製作時，可以複製過去使用的表單主題或是與他人共用的主題，但是前述之Google表單之編製是新版表單，目前這項功能僅適用於舊版，新版Google表單編製要返回舊版表單，可以利用右下角說明中心功能中的「返回舊版表單」按鈕來達成，如下圖所示。

複製主題的操作步驟說明如下。

（1）開啟表單。

（2）按一下工具列中的「變更主題」，如下圖所示。

（3）在右側面版頂端的「複製主題」下，點選「選擇其他表單」。

（4）捲動瀏覽可用的表單，找出想為目前表單新增的主題，並按一下包含該主題的表單。

（5）按一下「選取」，該主題隨即會套用至表單，如下圖所示。

3.建立自訂主題

編製者可以建立自訂主題，進一步設計專屬表單的外觀，目前新版 Google 表單提供的自訂選項，只有使用「調色盤」圖示來上傳自訂圖片，因此以下是採用舊版Google表單編製環境來建立自訂主題，說明如下。

（1）開啟表單。

（2）按一下工具列中的「變更主題」。

（3）首先在右側面板中尋找現有的範本，然後按一下該範本名稱之下的「自訂」，如下圖所示。

（4）在右側面板中選取表單的特定部分，即可開始針對該部分進行編輯，可供自訂的選項舉例說明如下：

- 為標頭和頁面背景新增自訂圖片
- 為表單文字選擇字型、字型大小、字型顏色和段落對齊方式
- 為表單和頁面背景選擇顏色

表單會自動套用變更，只要按一下工具列中的「編輯問題」按鈕即可繼續編輯表單。

（六）控制表單的逐頁導覽功能

如果為了將表單分頁而加入分節符號，就能根據編製者在表單中的作答結果指定作答者能看到哪幾頁。舉例來說，編製者可以設定使用者在回答「是」之後就跳到表單第三頁的問題，回答「否」的使用者則跳到第四頁，以下將說明根據作答結果將使用者導向指定區段的步驟。

1.建立表單或開啟表單。

2.點選「新增問題」圖示，然後新增要用來導向表單特定區段的問題，這個問題必須是「單選按鈕」或「下拉式選單」的其中一種類型，只有這兩種問題類型能將作答者引導至特定區段，其他問題類型都不行。

3.點選問題右邊「更多」圖示中，「根據答案前往相關區段」的選項。

4.編製者會在這個問題的選項旁邊看到下拉式選單，然後設定要根據作答者的答案來跳到特定區段。也可以在下拉式選單中選取「提交表單」，這樣就能根據答案將作答者引導至確認頁面。

以下將說明如何讓作答者引導至指定頁面，假設編製者已經設定要讓部分作答者從第三節跳到第五節，而不是下一節（第四節）時，編製者可以為表單新增這個設定。

1.建立表單或開啟表單。

2.點選「分節符號」的圖示，加入分節符號。編製者可以幫分頁符號取個名字並加入說明，方便提醒已經把作答者引導至哪個頁面，同時讓作答者了解表單結構。

3.編製者會在表單每一區段的最下方會顯示下拉式選單，讓編製者選擇接下來要讓作答者前往哪個區段。預設值是「前往下一節」，不過可以改成將作答者引導至表單的某一節，或者引導至表單的確認頁面。

（七）選擇表單回應目的地

以下將說明Google表單編製時，如何設定將表單傳送給其他人後，可將回應資料彙整到試算表中，或者儲存至表單內。

1.選擇回應資料的儲存位置

Google表單回應資料的儲存位置可以選擇建立新試算表、存入現有試算表等2種方式，以下將說明如何選擇回應資料的儲存位置。

（1）開啟表單。

（2）點選表單編製畫面頂端的「回應」標籤。

（3）點選「更多」圖示。

（4）選取「選擇回應目的地」。

（5）選擇下列其中一個目的地，新試算表：在 Google 試算表中建立用來收集回應的新試算表；存入現有試算表：選擇 Google 試算表中的現有試算表來儲存回應，設定畫面如下圖所示。

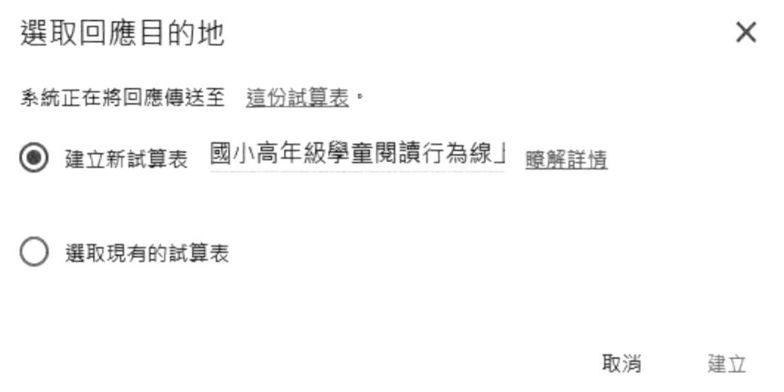

選取回應目的地　　　　　　　　　　　　　　　✕

系統正在將回應傳送至　這份試算表。

◉ 建立新試算表　國小高年級學童閱讀行為線」　瞭解詳情

○ 選取現有的試算表

取消　　建立

（6）點選「建立」按鈕，即完成選擇回應資料儲存位置的設定。

2.變更回應資料的儲存位置

選擇將表單回應資料儲存到試算表之後，編製者可以隨時更改儲存目的地，以下將說明變更回應資料儲存位置的步驟。

（1）開啟表單。

（2）點選表單編輯畫面頂端的「回應」標籤。

（3）點選「更多」圖示。

（4）點選選「選取回應目的地」，如上圖畫面。

（5）選擇您要建立新的試算表來存放回應資料，或是將回應資料傳送到既有試算表中。

（6）按一下「建立」。

3.取消回應試算表連結

如果編製者不希望系統繼續將回應資料傳送到試算表，隨時可以取消表單與試算表的連結，設定步驟如下所示。

（1）開啟表單。

（2）點選表單編輯畫面頂端的「回應」標籤。

（3）點選「更多」圖示。

（4）點選「取消連結表單」。

如要查看回應摘要，請點選表單編製時的「回覆」標籤，會出現截至目前為止的回應筆數，並且分為摘要及個別二種檢視模式，編製者也可以下載個別回應結果，只要點選「更多」圖示，再點選「下載回應（.csv）」後，即可將回應的檔案下載，並且加以儲存分析。

（八）將表單傳送給作答者

編製者完成表單設計要開始收集資料時，可以利用電子郵件或社交媒體服務，將建立好的表單傳送給作答者，也可以將表單嵌入到網頁內，以下的說明主要分為檢查表單設定以及傳送表單等二個步驟。

1.檢查表單設定

傳送表單前，編製者需要再確認表單中已指定所需設定，需要點選表單編製畫面中右上角「設定」圖示，再點選「一般」加以設定（如下圖），包括：（1）限制回覆一次；（2）在提交後進行編輯；（3）查看回覆結果摘要；（4）變更確認訊息。

上述變更確認訊息需要在「設定」畫面中的「簡報」下加以設定，編製者可自行編寫作答者提交表單後所看到的訊息內容。

2.傳送表單

傳送表單的方式分為：（1）以電子郵件傳送表單；（2）取得表單連結；（3）在網站或網誌中嵌入表單；（4）透過社交媒體（Google+、Facebook、Twitter）共用表單等，其中設定步驟說明如下。

（1）開啓表單。

（2）點選右上角的「傳送」圖示。

（3）此時依表單傳送方式之不同，而有所不同，依四種傳送方式列述如下。

- 電子郵件：新增傳送對象的電子郵件地址、電子郵件主旨和訊息。

- 表單連結：點選「連結」的網址，如要複製顯示的連結，請點選「複製」或者按下鍵盤上的 Ctrl + C 鍵將連結網址複製至剪貼簿。

- 社交媒體：在右上角選擇 Google+、Facebook或Twitter。

- 嵌入表單：如要複製顯示的HTML，請點選「複製」或者按下鍵盤上的 Ctrl + C 鍵將HTML貼在網站或網誌中。

（九）使用表單來設計測驗題目

編製者可以利用Google表單來設計測驗題目，在畫面上顯示多個選項、核取方塊或下拉式選單 (包含正確和錯誤的答案)，讓作答者選擇，以下說明如何使用Google表單來設計測驗題目。

1.建立新測驗

以下說明利用Google表單建立新測驗的步驟。

（1）開啓表單或建立新表單。

（2）點選表單編輯畫面右上角的「設定」圖示。

（3）點選「測驗」，如下圖，並將「設爲測驗」的設定打開。

（4）點選儲存即可完成測驗的設定。

2.指定正確答案

編製測驗者可以針對具有多個選項、核取方塊或下拉式選單的問題指定正確解答，以下將說明如何指定正確答案及試題配分。

（1）點選「新增問題」圖示來新增測驗問題。

（2）填入您的問題和選項。

（3）點選左下角的「答案」，如下圖所示。

（4）在該題右上角選擇適當配分。

此時若編製測驗者要返回編輯問題或選項，請按一下左下角的「編輯問題」。

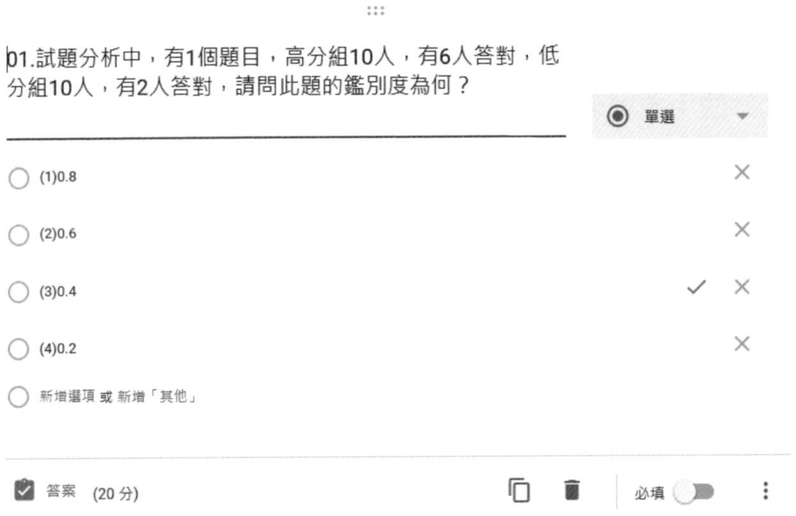

:::

01.試題分析中，有1個題目，高分組10人，有6人答對，低分組10人，有2人答對，請問此題的鑑別度為何？

◉ 單選　　▼

○ (1)0.8　　　　　　　　　　　　　　　　　　　　　✕

○ (2)0.6　　　　　　　　　　　　　　　　　　　　　✕

○ (3)0.4　　　　　　　　　　　　　　　　　　✓　✕

○ (4)0.2　　　　　　　　　　　　　　　　　　　　　✕

○ 新增選項 或 新增「其他」

☑ 答案 (20 分)　　　　　　　　　　📋　🗑　　必填 ⬤　⋮

以下的說明為編製者若想為答案加入用來進一步說明的連結、影片或網站，此作答後的說明為作答者完成測驗後才會看到作答說明。

（1）點選要加入作答說明的問題。

（2）點選右下角的「答案」按鈕。

（3）點選「新增作答意見回饋」，如下頁圖所示。

（4）輸入對「錯誤答案」和「正確答案」的意見回饋，然後點選「儲存」將回饋意見儲存。

提供意見

答錯　正確答案

鑑別度屬於試題分析，計算公式為高分組與低分組通過率的差，因為高分組的通過率是0.6，低分組的通過率是0.2，所以該題鑑別度為0.6-0.2為0.4。

取消　儲存

3.查看測驗回應

編製者可以查看系統根據測驗的所有回應結果自動產生的摘要資訊，包括：（1）經常答錯的問題；（2）標示正確答案的圖表；（3）平均數、中位數和分數範圍等，以下將說明如何查看回應結果摘要。

（1）開啟測驗。

（2）點選測驗編製畫面中頂端的「回覆」標籤。

（3）點選「摘要」按鈕，如下圖所示。

編製者若要查看個別回應，請按一下「個別」按鈕。

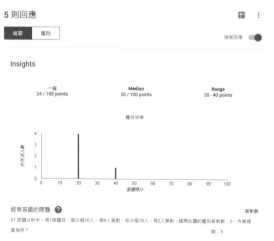

上述的摘要訊息中，一般是代表平均數（24）、Median表示中位數（20）、Range表示範圍（最低分20，最高分40）、得分長條圖、經常答

錯的題目以及各題的誘答力分析。

　　測驗編製者在測驗編製畫面中，點選右上角的設定按鈕，其中測驗的部分勾選「作答者可以查看」答錯的問題、正確答案以及分數值等的選項後，表示作答者在交卷後即可查看以上三個回應內容。

二、LimeSurvey

　　LimeSurvey 是PHP程式語言開發的開放原始碼（Open Source）之免費軟體，可以搭配MySQL或MSSQL等資料庫系統，並且可以安裝於Linux或Windows等作業系統，LimeSurvey的官方網址: http://www.limesurvey.org，本書所使用之LimeSurvey是配合MySQL Server資料庫系統，建置於Like Linux 作業系統，LimeSurvey問卷系統（一般問卷作答者入口網址）是建置於安裝網址的/limesurvey目錄之下，而LimeSurvey後台管理網址是建置於安裝網址的/limesurvey/admin目錄之中。

（一）登入管理界面

　　使用者在瀏覽器輸入後台管理網址後，即會出現使用者及密碼輸入界面，輸入之後即會出現管理的界面，如下圖所示。

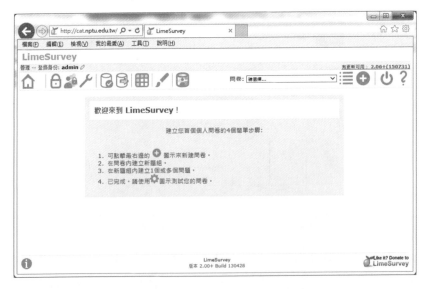

上圖中管理界面主要的圖示功能，簡單說明如下。

🏠　回到管理的界面

🔒　管理問卷使用者

👥　編輯使用者群組

🔧　全域設定

🗄　檢查資料完整性

🗃　備份資料庫

⊞　編輯標籤集

🖌　模版編輯器

🖼　參與者中控資料庫管理界面

☰　問卷的詳細目錄

➕　建立匯入問卷

⏻　登出使用者

?　線上使用手冊

（二）LimeSurvey功能

　　LimeSurvey主要功能分述如下：（1）可以自行設計問卷版面；（2）20 種以上題型，可自由運用；（3）問卷題目數沒有限制；（4）問卷參與者（受訪者）人數沒有限制；（5）題目可設計依據作答結果自動跳題；（6）具有所見即所得（WYSIWYG）的HTML編輯器；（7）問卷可自行設定開放及結束時間；（8）問卷及題目可以匯出及匯入，方便再次運用；（9）後台提供書面問卷人工資料輸入功能介面；（10）作答結果匯出格式：text, CSV, PDF, SPSS, R, XML, MS Excel；（11）提供簡易統計結果及圖表, 也可以匯出PDF, EXCEL ...；（12）做答方式可採匿名或非匿名；（13）調查方式可採開放式或封閉式；（14）作答參與者名單可以用CSV 電子檔匯入，只需要姓、名及 Email等3個欄位即可；（15）額度管理（Quotas management）；（16）問卷可插入圖片或影片；（17）作答人作答結束後可以產生 PDF 版作答結果列印表；（18）作答參與者可以選擇

註冊方式，註冊後才能作答；（19）透過 LimeSurvey EMail 功能寄送邀請信、提醒信，操作代碼（token）；（20）作答人可以選擇暫存作答結果，之後繼續作答；（21）提供問卷管理人友善管理介面；（22）多國語言問卷；（23）系統允許作答人作答後修改作答結果，或同一份問題多次作答。

（三）設計問卷的步驟

建立問卷的一些簡單步驟如下所示：（1）點選右上角的新建問卷按鈕來新建問卷；（2）在問卷內建立新問題組；（3）在新的問題組內建立 1 個或多個問題；（4）完成後，請點選測試圖示來測試問卷。

（四）新建問卷基本設定

問卷編製者只要點選新增問卷的圖示即可建立新的問卷，點選後如下圖所示。

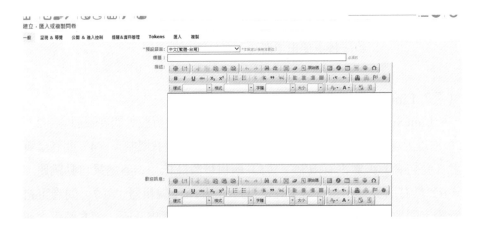

1.選擇預設語言

LimeSurvey允許多國語言同時存在，但是預設語言一經選定之後即不能修改，選擇時要多加考慮。

2.輸入標題

建立問卷標題，例如：本範例「國小高年級學童閱讀行為線上調查問卷」。

3.輸入問卷描述

問卷的描述主要是說明問卷的內容，LimeSurvey提供所見即所得的HTML編輯器，可以利用此編輯器輸入文字格式的描述內容。

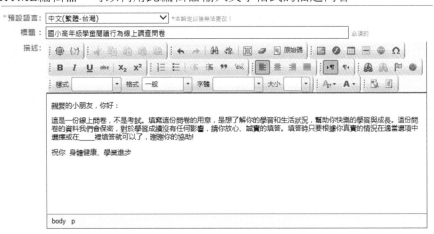

4.填寫歡迎訊息

接下來的步驟是填寫問卷的歡迎訊息，本範例是將問卷的作答說明作為歡迎訊息，編製者可以自由發揮。

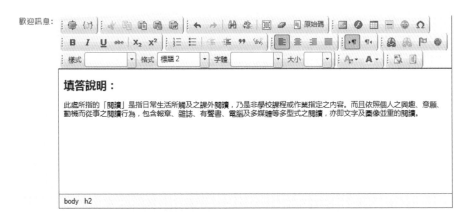

5.填寫結束訊息

作答者填答結束時，問卷所提供的訊息即是問卷結束的訊息。一般而言結束訊息大致須提醒作答結束，並邀請作答者再針對所填答的內容檢查一次；不過，由於LimeSurvey可以設計問題是否要強制回答，若作答者不

回答時系統會提示訊息，因此作答者不會有漏答的情形發生，但還是需要請作答者檢查作答情形是否有誤答的情形，填寫結束訊息的範例如下圖。

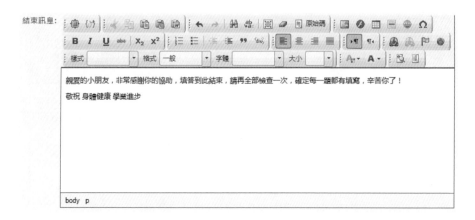

6.填寫問卷其他設定

問卷基本資料最後需要填寫「當填答完後，要導向的網址」。另外，還可以設定日期格式、小數點記號、管理員姓名、管理員郵件以及退回郵件、傳真號碼等內容，如下圖所示。

當完成上述6步驟的設定，即會出現問卷基本資料的報告訊息，包括問卷連結的網址、問卷的描述、歡迎詞內容（填答說明）、問卷填答完後的結束訊息、管理員資料、問卷填答的開始日期／時間、結束日期／時間、問卷版面所使用的模版、預設語言、其他語言的設定、結束後的網址URL、問題／題組的數量、是否已啟用以及相關的提示等訊息，詳細內容如下頁圖所示。

由上圖問卷的基本資料可知，目前還未有任何的題組，並且提醒編製者注意。

（五）編輯問卷設定

完成問卷的基本資料設定後，問卷編製者可以依循系統預設值，先新增問卷問題組，再進行新增問題；當然編製者也可以依循問卷以及資料蒐集的方式來設定問卷，以下說明問卷設定的內容項目。

1.開啓問卷

問卷的基本設定完成之後，即可開始進行其他項目的設定。若重新登入或者日後要修改問卷基本資料時，可點選問卷的目錄，找到需要設定的問卷開始進行設定，如下圖所示。

點選之後，會出現該問卷的基本資料，並且可以進行資料設定。

2.進行資料設定

LimeSurvey中進行問卷資料的設定，需要點選問卷中右上角編輯的圖

示,包括編輯文字元素、全域設定、問卷權限、配額、評估、郵件模版以及問卷邏輯檔案等內容(如下圖),以下將逐一說明。

（1）編輯文字元素

編輯問卷文字元素的設定內容包括調查名稱、歡迎訊息、結束訊息、結束URL、URL描述、日期格式以及小數點記號等,以下是調查名稱以及問卷描述的輸入範例。

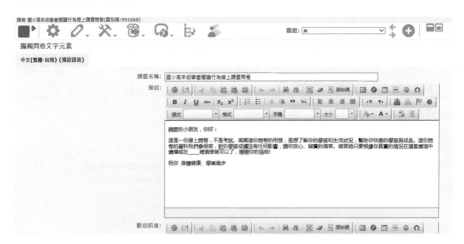

（2）全域設定

點選全域設定後即會出現編輯問卷設定的畫面,此一設定畫面中包括一般、呈現&導覽、公開&進入控制、提醒&資料管理、Tokens、Panel

integration與資源等項目。下圖為編輯問卷設定中的一般設定，內容項目
包括其他語言、管理者名稱、管理者郵件資料、退回郵件的資料、傳真資
料等輸入內容，問卷編製者可以依問卷的內容加以設定，亦可以由此設定
多種語言的問卷版本。

下圖為編輯問卷設定中的呈現與導覽設定，問卷編製者可以由格式中
選擇問卷的格式，並且選擇不同的模版，當編輯者選擇不同模版時，系統
會馬上呈現該模版的預覽圖。另外亦可以設定是否要顯示歡迎的畫面，設
定顯示間格的秒數，若要讓作答者可以往返上一頁，可以將顯示「<<上一
頁」按鈕更改為是即可。除此之外，問卷編製者可以設定的項目包括顯示
問題索引/允許跳題、無鍵盤操作、顯示進度、參與者可列印答案、公開統
計結果、在公開統計中顯示統計圖、問卷完成後自動轉址URL、顯示「有
X題在此問卷」、展示組群名稱和描述、顯示問卷號碼和代碼等項目。

　　下圖為編輯問卷設定中公開與進入控制的項目，包括是否公開問卷列表、開始日期/時間、結束日期/時間、是否設置cookie以防止重複回應、使用驗證圖示的項目選擇，其中系統內定值在公開問卷列表是否，亦即若問卷編製完成發布之後，在LimeSurvey的首頁(安裝網址的/limesurvey目錄)中不會出現此一問卷，而是需要直接輸入此一問卷專屬的網址才能填寫，因此若公開的問卷建議將公開問卷列表改成是，以讓作答者容易填寫。

　　下圖是提醒與資料管理的設定畫面，包括發送基本管理提醒列、發送詳細管理提醒列、紀錄日期、儲存IP位址、儲存來源網址、儲存作答時間、啟用評估模式、參與者可保存後再填寫、問卷的Google Analytics API key的設定以及Google Analytics style for this survey等項目。

　　問卷設定中的操作代碼（Tokens）項目包括是否是匿名問卷、允許完成後更改答案、啟用操作代碼的持續回應功能、允許公開註冊、使用HTML格式的操作代碼郵件、發送確認電子郵件、設定操作的代碼長度等項目。

下圖為Panel integration的設定畫面，測驗編製者可以設定URL的參數供問卷使用。

下圖為編輯問卷設定中資源項目的設定內容，可以設定問卷使用的檔案、Flash以及圖像的資源，並且提供問卷設計中使用。

（3）問卷權限

接下來要說明的是問卷使用者權限設定，只要點選問卷中右上角問卷權限按鈕即可進入設定畫面，問卷權限的設定中可以指定使用者的使用權限，不過需要注意的是若要增加使用者的使用權限必需先在上層系統功能

中創建使用者群組，才可以增加使用者或者使用者群組。

（4）配額

LimeSurvey的編製問卷中可以設定問卷使用的配額，若要設定問卷的配額，編製者需要點選問卷中右上角中配額按鈕即可進入問卷配額的設定畫面，如下圖所示。

（5）評估

LimeSurvey可以針對問卷設定問卷的評估規則，點選問卷中右上角中的評估規則按鈕即可進入問卷配額的設定畫面。進入之後，若問卷的評估模式未在提醒與資料管理的功能中，將評估模式開啟，即會出現評估模式未啟用的警示框；反之若已開啟評估模式則不會出現此一方框，可以直接新增評估模式的規則。

（6）郵件模版

接下來要說明的是LimeSurvey針對所有邀請、提醒、確認郵件、註

冊、基本通知管理員、詳細通知管理員等項目郵件模版的設定，下圖為邀請的郵件模版。

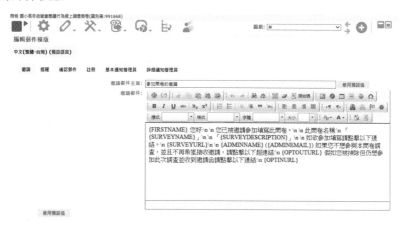

下圖為提醒參與問卷的郵件模版。

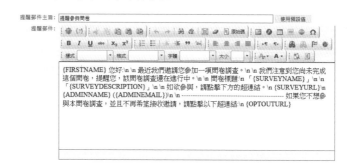

下圖為確認郵件的郵件模版。

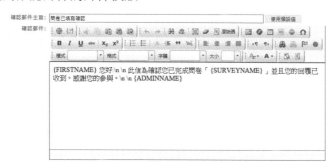

下圖為註冊的郵件模版。

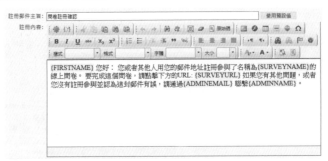

下圖為基本通知管理員的郵件模版。

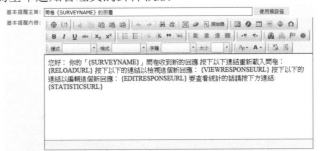

下圖為詳細通知管理員的郵件模版。

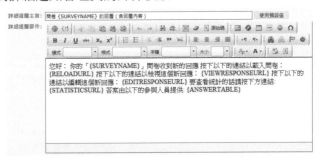

（六）問卷基本概念

此部分主要討論二個部分，一部分是建立問卷的基本概念，另外則是問卷的結構說明。

1.基本概念

問卷的編製與實際作答中，有許多基本的概念需要加以說明，首先在作答方式部分，一般來說可以分為匿名或者是非匿名的方式；另外則是

在調查的方式中，包括開放式或者封閉式的調查；而在作答的方式中，是否允許作答者修改、為一次一題或是一次多題、是否根據前題作答反應跳題，作答類型有分為李克特量表、塞斯通量表等不同的類型等。

2.問卷結構

LimeSurvey的問卷結構主要分為二層，第一層為問題的群組，第二層才是問題，亦即問題的群組中存在許多問題，而問題則是被包含在問題的群組之中。

（七）建立問題

根據上述問卷基本概念中，要建立問卷中的問題，首先要先建立問題組，以下即說明如何建立問卷中的問題。

1.開啟問卷

建立問卷問題的第1個步驟即是建立問題組，因此開啟問卷後點選右上方的為問卷增加新的題組的按鈕即可以開始建立問題組。

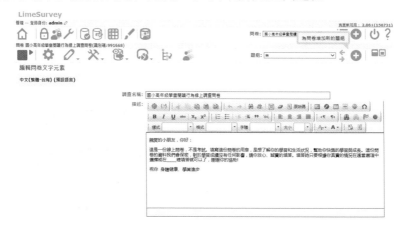

2.建立問題組

點選新增問題組之後即會出現下列增加題組的畫面，以閱讀行為的範例為例，閱讀行為的調查問卷中分為基本資料及閱讀行為量表。因此，在標題的部分輸入基本資料後，再點選儲存題組即會新增「基本資料」的問題組，至於閱讀行為量表問題組的新增方式亦是利用相同的方式來建立。

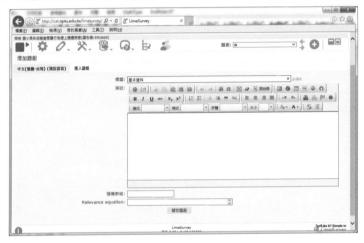

問題組建立之後，即會出現以下的畫面來新增題目，日後編製者也可以在題組的選項中選擇要建立哪一個題組內的問題。

3.建立問題

問卷編製者要建立題目之前，要先建立題組，才能新增題目，若題組建立後並選擇所要新增題目的題組，再點選右上方的新增問題按鈕即會新增問題。

建立問題的畫面項目包括問題編號、問題、說明、問題類型、題組名稱、是否必需回應以及相關的方程式（relevance equation）等。

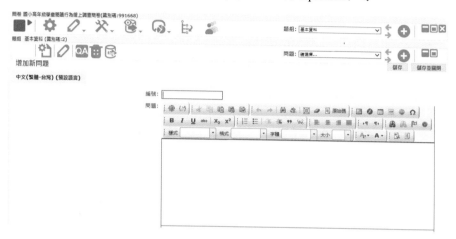

本範例基本資料的第1題是調查作答者的性別，而性別有二個選項，分別是男生及女生，所以在問題方框中輸入性別。

說明部分，因為性別這個問題相當普遍，不用特別地說明，說明部分請空白。另外，在選擇問題類型中，LimeSurvey本身即有性別這個問題類型，所以直接點選即可；在是否必須回應部分，因為性別這個問題每位作答者都務必填寫，所以請勾選是；另在相關的方程式採用內定值（1）代表顯示此題，若輸入（0）則會隱藏此題。

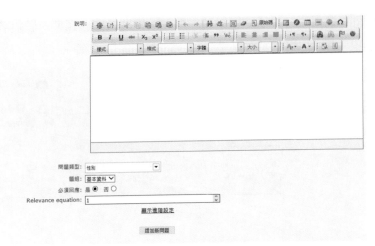

　　此時點選增加新問題即完成問題的新增，若要修改進階設定則可以點選顯示進階設定即出現進階設定的內容。進階設定的內容包括SPSS匯出分級的類型、在可列印視圖內插入分頁符號、公開統計顯示、顯示圖表、圖表類型、設定隨機的群組名稱以及隱藏提示、始終隱藏本題等項目。

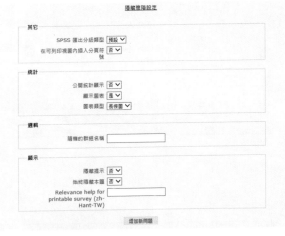

　　完成題目的建立後，點選「預覽此問題」後，即會顯示該題目的預覽圖，如下頁圖所示。

下圖為題目的預覽圖。

下一個新增的題目為國小高年級學童的年級，高年級包括五年級以及六年級，所以這個問題是屬於列表單選的問題，因此在題目的類型中選擇列表（單選），如下圖所示。

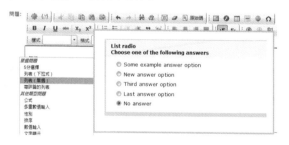

因此，列表類型的題目需要有選項，在完成新增題目後，會出現增加選項的警示訊息。

點選增加選項按鈕後會出現以下的圖示，輸入選項資料後，即完成此題的編寫。

點選預覽題目，此一列表（單選）的題目類型如下圖所示。

接下來閱讀行為問卷中基本資料的第3、4題為父親與母親的教育程度，與上題年級的題目類型相同為列表（單選）的題目類型，父親教育程度的選項內容如下圖所示。

因為母親教育程度與父親教育程度的選項相同，因此可以利用複製題

目的功能來編寫母親教育程度。新增完父親教育程度的題目後，點選複製目前問題的按鈕，如下圖所示。

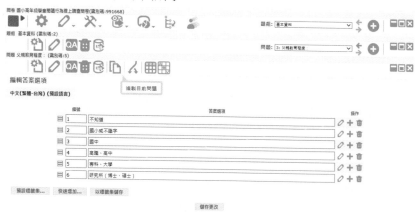

複製目前問題之後，請勾選複製子問題、複製答案選項以及複製進階設定，再點選複製問題即完成問題的複製。最後再進行題目內容的修正即完成母親教育程度問題的編製。

以上即完成閱讀行為問卷中基本資料的編寫，接下來另外新增題組「閱讀行為問卷」，此部分的問題是李克特4點量表，因此題目類型請選擇陣列，如下圖所示。

　　陣列的題目類型有縱座標的子問題以及橫座標的問題選項，下圖為編寫子問題的畫面。

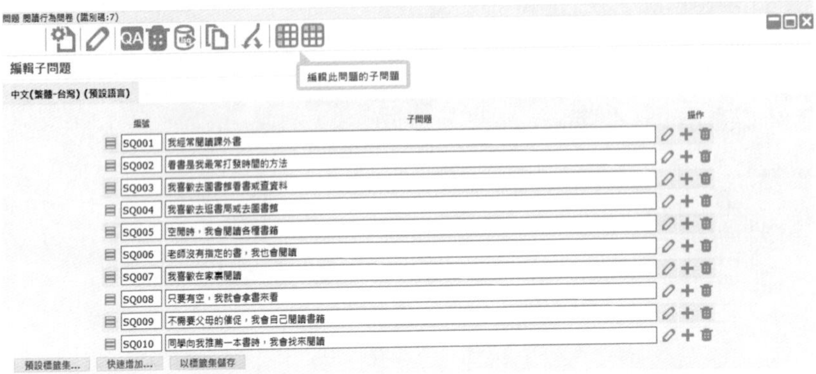

　　下圖為編寫陣列題目類型中，題目選項的畫面。

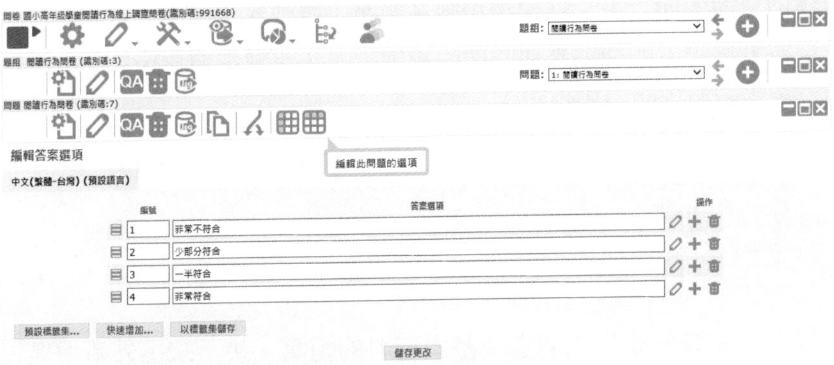

　　點選題目預覽結果如下圖所示。

　　至目前爲止，國小高年級學童閱讀行爲問卷的編寫已完成初步的工作，接下來進行問卷的測試。

（八）測試問卷

　　問卷編製的工作結束之後必須進行問卷測試，此時請點選「測試此問卷」的按鈕開始測試。

　　點選測試問題的按鈕之後即會開始進行問卷測試，畫面如下圖所示。

　　點選下一頁之後開始進行線上問卷填寫。

再點選下一頁為閱讀行為問卷部分，如下圖所示。

最後則為問卷的結束部分，結果如下圖所示。

因為是問卷測試，所以所有的填答並未儲存資料。

（九）啟用問卷

問卷測試假如有問題，該問卷仍可以進行問題的修正；假若沒有問題即可啟用問卷。因為啟用問卷是確認問卷設定及編製都已完成，並且不需要修改的情況下才能啟用問題，因此當點選啟用問卷的按鈕後，會出現警示的畫面如下頁圖所示，請注意，一旦啟用問卷後，下列的項目即無法再進行：①增加或刪除題組；②增加或刪除問題；③增加或刪除子問題，或更改它們的代碼。

　　假若問卷啓用，此問卷即不能再增加或刪除題組、問題或更改它們的代碼。在確認並點選是否匿名問卷、紀錄日期、儲存IP地址、儲存來源網址、儲存作答時間等選項後，點選「儲存／啓用問卷」後即完成問卷的啓用，如以下的畫面。

　　此時點選此問卷的訊息，會出現已啓用的相關訊息，並且只要將問卷超連結網址傳遞給作答者即可作答，如下圖所示。

（十）瀏覽結果

問卷啓用之後即可以開始蒐集線上的作答結果，以下將從如何瀏覽作答結果、瀏覽統計結果以及匯出作答結果等三個部分加以說明。

1.瀏覽作答結果

首先選擇要瀏覽的問卷名稱，並且點選回應的按鈕，如下圖所示。

此時請點選回應與統計即會出現目前的回應摘要。

由上圖可知，目前填答的資料中，完整回應是1筆、不完整回應是3筆，總計是4筆資料。點選顯示回應的按鈕，即會出現目前4筆資料的詳細內容，如下圖所示。

此時每一筆資料都會有3種操作的動作，（1）查看回應詳情；（2）編輯該回應；（3）刪除該回應，依序說明如下。

（1）查看回應詳情

點選查看回應詳情的按鈕後，會出現該筆資料的詳細內容，如下圖所示。

（2）編輯該回應

點選編輯該回應的按鈕後，可以編輯該回應的內容，如下圖所示。

（3）刪除該回應

點選刪除該回應的按鈕後，會出現確認的對話方框，如下頁圖所示。

此時會點選確定後，會出現已成功刪除的訊息，若點選取消則會取消該回應資料的刪除動作。

2.瀏覽統計結果

點選根據回應計算統計資料後，即會出現一般篩選、回應篩選以及統計的選項，如下圖所示。

編製者可以根據上圖的篩選條計選出統計的內容。

3.匯出作答結果

LimeSurvey匯出問卷作答結果，有四種選擇，分別是（1）匯出結果；（2）匯出SPSS格式的結果；（3）匯出R格式的結果；（4）從關閉的問卷匯入結果，說明如下。

（1）匯出結果

點選匯出結果的按鈕後，即會出現下圖的畫面，此時會有一般、標題、回應、格式以及欄位等5個選擇的內容，其中格式即包括CSV、EXCEL、Word以及PDF。

（2）匯出SPSS格式的結果

　　點選匯出SPSS格式結果的按鈕後，即會出現資料選擇、SPSS版本等選項的畫面，其中資料選擇包括僅已完成回應、所有回應以及僅未完成回應等3種，SPSS版本則是有16或以上，16以前等2種選擇，詳細內容如下圖所示。

（3）匯出R格式的結果

　　點選匯出R格式結果的按鈕後，即會出現資料選擇的畫面，其中資料選擇包括僅已完成回應、所有回應以及僅未完成回應等3種，詳細內容如下頁圖所示。

（4）從關閉的問卷匯入回應

點選從關閉的問卷匯入回應的按鈕後，即會出現可選擇來源表的匯入回應資料畫面，如下圖所示。

本章主要是從理論與實務上來說明線上調查，其中在線上調查的實務部分，以Google的線上表單以及常見的線上調查系統LimeSurvey等2套系統來加以說明。誠如余民寧（2013）上提到目前測驗與評量的發展上，除了理論的發展數學化之外，測驗的實施上亦是愈來愈依賴電腦輔助的實施。而目前網際網路的蓬勃發展，讓電腦輔助測驗的實施從單機轉移至網際網路，因此線上調查的發展與實施會愈來愈頻繁與密切，愈多的人會關心線上調查的相關議題上。

自我評量

01.請比較線上調查與傳統問調查的優缺點？

02.請上網搜尋網路成癮評量表並利用Google的表單建置線上調查系統。

第三章　線上測驗編製

本章主要討論線上測驗及其相關議題,並且介紹如何利用Flash來編製線上測驗,最後以編製線上測驗的實務範例來做爲本章的總結,依序說明如下。

壹、線上測驗概論

線上測驗是以網路施測環境爲基礎的電腦化測驗(Web Based Tests, WBT)。依測驗實施的環境而言,結合國際網路的施測環境來進行測驗,測驗的實施可具有超越時空、隨選隨測、高彈性的施測環境。從網際網路的進步過程中的遠距教學爲例,遠距教學的評量趨向於偏重學習者其學習經驗動態改變的記錄與解釋(陳新豐,2002),再加上「動態評量」的評量理念,運用網路進行的電腦化測驗將逐漸重視「評量即學習」,充分運用網路環境的優勢,讓被評量者在評量後可以立即深入思考學習上的缺失,獲得學習成效,擴及學生在學習歷程中的學習與思考過程,而不只是著重在測驗結果而已,以下將3種常見的電腦化測驗整理如表3-1。

表 3-1 電腦化測驗一覽表

	傳統的電腦化測驗	電腦化適性測驗	線上測驗
英文全名 英文簡稱	Computer Based Tests CBT	Computerized Adaptive Tests CAT	Web Based Tests WBT
意義	將傳統紙筆測驗改成以電腦螢幕或網路呈現介面,逐一或全部呈現試題的電腦輔助施測方式	針對不同能力程度的考生及其不同的作答速度,提供適合其能力作答的適當難度試題,以謀求估計考生能力的最大精確性,達成量身訂作的「因才施測」最高理想境界	就測驗環境而言,結合國際網路的優點,將能夠提供超越時空、隨選隨測、高彈性施測環境的測驗方式
理論基礎	古典測驗理論	試題反應理論	古典測驗理論/試題反應理論
特色	與傳統紙筆測驗內容相同 施測及計分利用電腦輔助	量身訂製的施測內容 可以顯現個別的能力差異 施測流程非線性 無法跳答 施測長度不同	施測環境爲國際網路 施測時間彈性 施測地點彈性
實例	ICDL、ICMA	TOEFL、GRE、SAT	

資料來源:陳新豐(2007)。臺灣學位電腦化測驗研究的回顧與展望。教育研究與發展期刊,3(4),217-248。

由上表中可知,目前常見的電腦化測驗可以分爲傳統的電腦化測驗(CBT)、電腦化適性測驗(CAT)以及線上測驗(WBT),其中的線上測驗是一

種高彈性施測環境的電腦化驗，包括CBT以及CAT，只要是以網際網路為施測環境即可以稱之為線上測驗，以下將介紹Flash的基本概念，以為後續建置線上測驗系統的軟體工具。

貳、Flash簡介

　　Flash是製作多媒體動畫的軟體工具，提供多種圖形繪製的工具，透過這些工具可編製成許多栩栩如生的卡通人物以及風景畫等，若與Photoshop與Illustrator整合後，可以讓程式設計師在繪圖中各種檔案之間互相配合，因此在線上測驗的編製中扮演著不可或缺的角色，以下將從Flash的版面介紹、如何開啟新檔等基本工作以及ActionScript3.0等部分說明如下。

一、Flash版面介紹

　　啟動Flash之後，Flash預設會顯示歡迎螢幕的選單畫面，如下圖。

　　上圖中的選單內容分為5個區域，包括：（1）從範本建立檔案；（2）建立新檔案；（3）學習Flash的各項功能；（4）開啟最近使用的檔案；（5）延伸的資源區。歡迎畫面中，預設在剛啟動Flash，尚未開啟任何文件時會自動顯示歡迎畫面，若下次開啟Flash時不希望出現歡迎畫面，可以在最下方點選不要再顯示的按鈕，下次將不會再出現歡迎畫面。

二、開啟新檔定義文件格式

　　若要從主選單來開啟新檔，請點選「檔案」中的「新增」，即會出現新增文件的視窗，如下圖所示。

　　下圖為新增文件視窗的內容，可選擇新增Flash文件的類型。

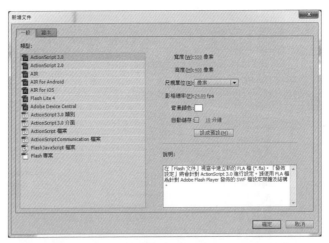

　　點選ActionScript 3.0的Flash文件類型後，即會出現Flash的工作主畫面，如下頁圖所示。

（一）認識Flash主畫面

　　下圖是Flash的主畫面，主要分為功能表列、工作環境選擇區、動畫編

輯區以及各式面板，例如：工具、屬性、時間軸等提供編輯動畫時的各種
設定。

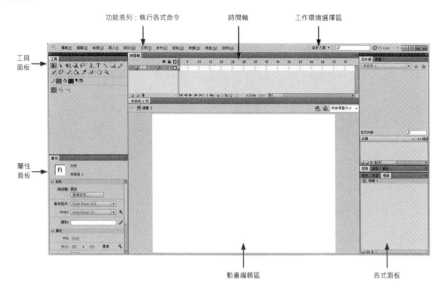

工作環境選擇區中有動畫、傳統、除錯、設計人員、開發人員、基本
功能以及小型螢幕等選項，編製者可依個人喜好需求加以選擇工作環境，
並且自行調整或新增面板，日後若要恢復初始狀態時，點選重設即可，工
作環境的選擇內容如下圖所示。

（二）工具面板

　　為了讓編輯動畫者便於設計，Flash將最常用的功能以工具的形式放置
於工具面板中，依其功能分為工具、檢視、顏色以及選項等四個區域，每
個工具面板區中皆包括數個工具可供選擇運用。

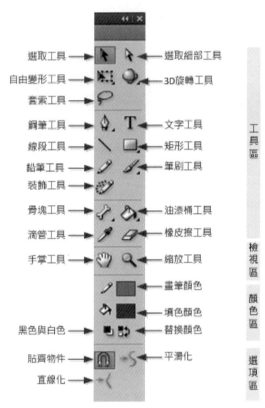

選取工具 → 　　　← 選取細部工具
自由變形工具 → 　　　← 3D旋轉工具
套索工具 →
銅筆工具 → 　　T ← 文字工具
線段工具 → 　　　← 矩形工具
鉛筆工具 → 　　　← 筆刷工具
裝飾工具 →
骨塊工具 → 　　　← 油漆桶工具
滴管工具 → 　　　← 橡皮擦工具
手掌工具 → 　　　← 縮放工具
　　　　　　　　　← 畫筆顏色
　　　　　　　　　← 填色顏色
黑色與白色 → 　　　← 替換顏色
貼齊物件 → 　　　← 平滑化
直線化 →

工具區
檢視區
顏色區
選項區

（三）時間軸面板

　　Flash動畫製作中，時間軸是相當重要的面板，透過時間軸可以編製各種狀態的影格效果、插入圖層、建立移動或形狀補間動畫，甚至在影格中加入動件指令，下圖為時間軸面板中主要功能。

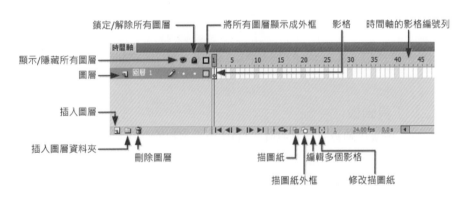

鎖定/解除所有圖層　　　將所有圖層顯示成外框　　影格　　時間軸的影格編號列
顯示/隱藏所有圖層
圖層
插入圖層
插入圖層資料夾
刪除圖層　　　描圖紙　　編輯多個影格
描圖紙外框　　修改描圖紙

（四）編輯工作區

　　編輯工作區是編輯動畫的區域，分為舞臺以及畫布等兩個部分，舞臺是動畫中顯示的區域，舞臺的外觀可以透過屬性視窗加以修改；畫布是指包含舞臺在內的編輯區域，使用者若是在非舞臺的畫布區編輯物件時，這些物件並不會在動畫播放時出現。

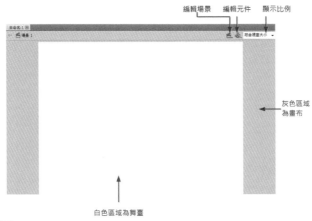

編輯場景　編輯元件　顯示比例

灰色區域
為畫布

白色區域為舞臺

（五）場景

　　場景是Flash動畫中一個重要的概念，場景就是動畫的布景，可以選擇只使用一個場景、或是用數個場景來組織Flash動畫。因此若是在測驗與量表的編製中，有好幾個分測驗時，就可以分成幾個場景來加以編製。

1.新增場景

　　新開啓的空白文件預設只有一個場景，如果需要新增場景，動畫編製者須要點選功能表中的插入→場景來新增即可，預設的場景名稱是場景1，新增的場景會從場景2、3、……依序命名，不過為了未來方便維護，建議編製者場景名稱命名時，需為有意義的名稱，以利日後程式維護上易於辨識。

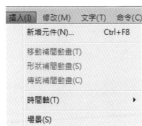

2.切換場景

點選功能表中的「插入」→「場景」新增場景之後，Flash文件的場景
會從場景1，變成有場景1與場景2，此時可以藉由編輯區的右上方切換場
景的按鈕加以切換所要編輯的場景，如下圖所示。

3.操作場景的面板

若要新增、複製、刪除、重新命名或者是調整各場景的順序，編製者
可以點選「視窗」→「其他面板」→「場景」開啟場景的面板。

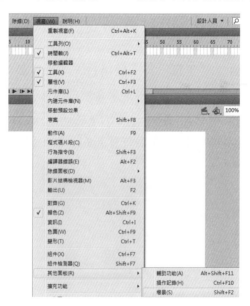

下圖為操作場景的功能按鈕說明。

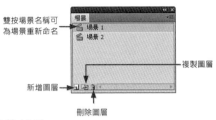

下圖為場景命名的結果。

三、ActionScript3.0簡介

　　Flash動畫的程式語言為ActionScript，要讓Flash動畫可以更為精緻，撰寫ActionScript是必經過程，目前在CS5.5版本中ActionScript的最新版本是3.0，以下將從利用Flash撰寫程式、變數種類、何謂常數、資料類型、型別轉換、運算子、函數、陣列以及判斷及迴圈的敘述等部分說明如下。

（一）利用Flash撰寫程式

　　Flash中撰寫ActionScript 3.0程式碼的方法有兩種：（1）撰寫在時間軸中的關鍵影格；（2）單獨撰寫成ActionScript 3.0類別檔案，再和Flash元件庫互相連結、或者直接和「fla」檔案連結。以下分別針對這兩種方式說明，首先是將ActionScript3.0撰寫在關鍵影格的方式，步驟如下所示。

1.建立Flash專案

　　如下圖，點選「Flash檔案 （ActionScript 3.0）」選項鈕，建立一個

ActionScript 3.0的Flash專案。

2.開啟動作面板

請在第一個影格上點擊滑鼠右鍵，選擇（1）「動作」；（2）執行「視窗」→「動作」或；（3）點選鍵盤功能鍵F9（Flash內定動作的快速鍵）等三種方式均可，開啟動作面板，如下圖所示。

3.撰寫程式碼

此時在動作視窗中輸入如上圖之程式碼（ActionScript3.0）。

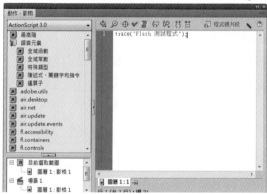

　　上述程式碼中trace是ActionScript中最常用的函數之一，功能是檢視函數中括弧的內容，並且顯示在輸出的視窗。trace函數是Flash程式中除錯（debug）、觀察變數改變及訂定中斷點檢視結果，至於開啓輸出視窗的方式，可點選「視窗」→「輸出」，或者直接按F2鍵，即開啓輸出視窗。

4.執行專案

　　此時同時按「CTRL」+「ENTER」後即可執行專案，並得到測試結果，並且會出現「.swf」文件（Flash的影片檔，副檔名爲swf）視窗以及輸出視窗，如下圖所示。

　　利用Flash撰寫程式的另一種方式是單獨寫一個類別檔案，如下所示。

1.開啓Flash專案

　　利用類別檔案與Flash連結方式的第一個步驟與前一個方法相同，點選「Flash檔案 （ActionScript 3.0）」選項，建立一個ActionScript 3.0的Flash專案，此時請先另存新檔，並將檔名命名爲Hello.fla，如下圖所示。

2.建立類別

在Hello.fla的Flash檔案中,請在檔案屬性面板中「類別」點選右方編輯類別定義按鈕,此時會出現命名的對話方框,如下圖所示。請輸入類別的名稱,本範例是輸入source。

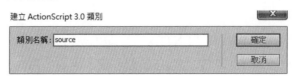

3.撰寫程式碼

輸入類別名稱後,即會出現一個編輯類別定義的視窗,如下圖所示。請輸入以下的程式碼。

```
package  {

    import flash.display.MovieClip;


    public class source extends MovieClip {


        public function source() {
            // Constructor code
            trace("Flash測試程式");
        }
    }

}
```

4.儲存檔案

此時為了要與Flash相連結,請點選檔案→另存新檔,並務必將檔案命名為上一個步驟中,與類別名稱source相同的檔名source.as。

5.執行專案

執行「Hello.fla」專案，方法是直接在檔案中按下CTRL+ ENTER按鍵，即可在「輸出面板」上出現「Flash測試程式」的文字，因為是用連結ActionScript檔案的方式，所以在Hello.fla檔案中完全不需輸入任何程式碼即可順利執行，如下圖所示。

以上二種方式都是Flash中撰寫程式的方法，可以由使用者自由選擇撰寫程式的方式。

（二）變數

變數的使用在程式設計中相當重要，以下將針對何謂變數以及如何宣告變數等2個部分，說明如下。

1.變數的定義

「變數」簡單的來說就是「容器」，程式語言中變數就是用來存放在程式運算時所要用到的資料。有了變數，程式中才能夠存放所需要的資料，存放資料時必須要注意資料類型，將資料放置於正確型別的變數中程式才可以正常運作。例如：程式中要用到整數的資料，則該資料必須放於整數變數中，字串資料則必須存放在字串變數中，在Flash的資料類型中主要有整數、浮點數以及字串等3種類型。

2.變數的建立

變數要能夠運作前，需要先宣告變數，在ActionScript中，經由var這個關鍵字來宣告變數，宣告時要將變數命名，而該變數的資料類型則寫在冒號之後，其語法如下所示。

var 變數名稱：資料型態；

宣告變數時，可以同時指定變數中存放的初始值，語法如下。

var 變數名稱：資料型態=初始值；

宣告語法中的初始值若沒有指定，則會採用該資料類型的預設值作為初始值，當宣告變數後，程式中即可使用該變數當作容器來存放資料，但是要存放變數資料時要特別注意，存放的資料類型必須和變數宣告時的資料類型一致才能正常運作。

（三）常數

變數是容器，變數存放資料時可以不斷重複新的資料，新放入的資料會覆蓋舊資料，所以重複指定了幾次資料後，最後的變數內容就是「最後放入」的資料。此時若程式設計者希望資料只能存入變數一次，之後就不能修改的話，這時候就可以使用ActionScript 3.0所提供的const 語法，使用const語法所建立的變數，該變數只能存放一次資料，這樣的功能稱之為常數，假設我們寫了以下程式碼。

const data:int=70；

data=100；

上述中，第一行程式碼使用const來宣告常數，在初始化時指定初始值為70，接著在下一行程式中，將data的內容指定新的資料值為100，因常數內容無法修改，所以此時的程式執行會發生錯誤，撰寫程式時如果擔心資料不小心被修改，就可利用常數宣告這樣的功能來避免發生錯誤，常數與變數的用法相同，差別在於常數所存的內容無法變更，只能將資料值指定給常數一次。

（四）資料類型

資料存放時要特別注意，必須選擇資料類型正確的變數，像下列這三個70的資料。

資料	資料類型
70	整數
70.0	浮點數
"70"	字串

上述三個70的資料中，第1個整數，第2個是浮點數，第3個則是字

串，亦即雖然呈現的都是70，但是其背後的資料類型可能都不同，運作也會有所不同，每一種資料類型都有其存放的空間限制，定義適當的資料類型，可以減少硬體資源不必要的浪費，所以程式設計中定義適當的資料類型是相當重要的觀念。ActionScript中，資料類型可分為簡單以及複雜的資料類型，如下圖所示，以下將詳細說明ActionScript的資料類型。

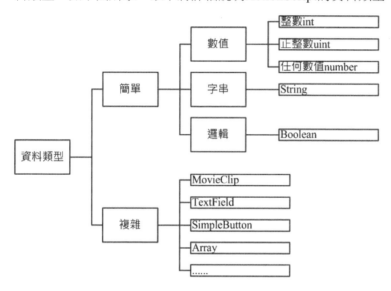

圖 3-1 ActionScript資料類型圖

1.簡單資料類型

簡單資料類型指的就是一些基礎的資料，例如：數值、字串、邏輯等，ActionScript 3.0中的簡單資料類型包括數值、字串以及布林邏輯。

（1）數值

ActionScript 3.0 針對數值（Numeric）資料提供三種特定的資料類型①int：用來儲存整數，數值範圍是-2,147,483,648~2,147,483,647；②uint：用來儲存正整數，由於只存正整數，所以其數值範圍變為0 ~ 4,294,967,295；③number：用來儲存任何數值，包括有整數或小數，其數值範圍是1.79769313486231e+308 ~4.940656458412467e-324。

（2）字串

字串（String）就是一連串的字元，例如："Happy"就是一個字串，而

String即是用來存放字串資料的資料類型。

（3）邏輯

布林邏輯（Boolean）這種資料類型是用來表示真或假的變數，只能存放「true」或「false」的值來表示某件事情的狀態，譬如，開關是否開啓、對或錯等等，而這樣的值也可透過比較獲得，可以得到「布林值」的「運算式」稱之爲「布林運算式」，或稱爲「條件運算式」，當宣告一個布林變數時，如果忘了給予預設值，那麼這個變數的預設值將爲false。

2.複雜資料類型

ActionScript 3.0中除了簡單資料類型，其餘「內建」的資料類型或由程式設計人員所「自行定義」的資料類型都屬於複雜資料類型，以下將列出「部分」系統所提供的複雜資料類型，例如：（1）MovieClip：影片片段元件；（2）TextField：動態或輸入文字欄位；（3）SimpleButton：按鈕元件；（4）Array：陣列等皆是屬於複雜的資料類型。

（五）型別轉換

宣告變數之後，變數的資料類型會決定可以儲存的資料類型，例如：下面的程式碼。

var data:String;

data=100;

此時程式執行會發生錯誤，該程式執行錯誤畫面如下圖所示。

上圖中出現的錯誤，主要是因爲資料類型與變數所存入的資料不符，導致編譯器錯誤，因爲程式中宣告data這個變數是字串資料類別，結果在第2行data存入的值卻是整數100，因此出現錯誤。但如果程式中需要存放這樣的資料，可以在存放變數資料值時進行資料類型的轉換，例如：以下的程式碼。

var data:String;

data=String(100);

　　上述的程式碼就可以正確的將整數轉為字串，並存於字串變數中。而變數的資料類型也會決定運算的結果，例如：宣告了兩個字串變數data1及data2在裡面放入兩個字串後相加，程式碼如下所示。

var data1:String="Happy　";

var data2:String="Birthday";

trace(data1+data2);

　　此時查看結果會發現出現「Happy Birthday」的相加結果，該程式執行畫面如下圖所示。

　　如果data1存放的是「70」的字串，data2中存放的是「80」的字串，則相加後則是會看到「7080」的結果，程式碼如下圖所示。

var data1:String="70";

var data2:String="80";

trace(data1+data2);

輸出結果如下圖所示。

　　假如程式中希望字串資料類型，可像數值一樣相加，程式設計時可運用型別轉換的功能來達成目的，程式碼如下所示。

var data1:String="70";

var data2:String="80";

trace(int(data1)+int(data2));

輸出結果如下圖所示。

此時結果與下列程式碼的結果相同，亦即撰寫程式要特別注意資料的類別與所存入的變數，若不得已或特殊需求，則可以利用型別轉換的功能來達成目的。

var data1:int=70;

var data2:int=80;

trace(data1+data2);

（六）運算子

運算子（Operator）簡單的說，其功能在於運算，亦即指定資料進行運算，數學計算時所使用的加減乘除即是運算子，如下圖所示。

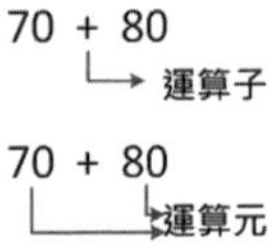

70 + 80
└─→ 運算子

70 + 80
└─→ 運算元

上圖中的+號即為運算子，70與80則稱為運算元，以下將說明ActionScript 3.0中常見的幾種運算子。

1.簡單指定運算子

簡單指定運算子是用來指定變數內容的運算子，舉例說明如下。

data1=70;

上述的程式碼其意旨在將資料存放至變數中，等號的右邊為指定的資料值，例如：數值、字串、變數、常數或者是運算式等，等號的左邊則是個變數。

2.算術運算子

算術運算子是用來執行一般的算術運算，例如：加減乘除等，ActionScript 3.0中所提供的算術運算子，列表如下所示。

算術運算	說明
+	加
-	減
*	乘
/	除
%	取餘數
++	遞增
--	遞減

　　算術運算子與數學符號不論在用法或者結果上都是相同的，使用時要注意大多算術運算子只能用於數值計算中，唯獨「+」法運算可以使用於數值及字串的運算上，舉例說明如下。

trace(*70+80*)；

計算的結果如下圖所示。

在字串中的運算，加法是字串的連結，舉例說明如下。

trace(*"Happy "+"Birthday"*)；

輸出的結果如下圖所示。

接下來繼續說明運算子中的除法運算與取餘數（%）的運用範例，舉例說明如下。

trace(*10/6*)；

程式執行結果如下圖所示。

　　由上述的執行結果可以得知10/6=1.666......，若是需要計算相除之後的餘數，則可以利用%這個運算子來加以計算，舉例說明如下。

trace(10%6);

此時的計算結果如下圖所示。

上圖是計算10%6之後的結果為4，而4即是10與6相除之後的餘數。計算餘數的運算在程式設計中常常被使用，例如：程式中期望判斷某數字是否能夠被6整除，只需要判斷餘數是否為0，即知道該數是否可被6整除。

最後算術運算子中介紹遞增以及遞減的運用，因為遞增與遞減是相同的運算，因此以下僅介紹遞增運算，至於遞減的運用原理與遞增相同，不再贅述。

a=70;

a=a+1;

trace(*a*);

此時上述範例的輸出結果為71，因為上述範例在計算中是先將a這變數加1，之後再將a+1的計算結果以a這個變數值置換，如果要簡化上述的範例，則可以使用遞增這個運算子來加以達成這個目的，若將上述的程式改寫如下，結果與上述範例會有相同的結果。

a=70;

a++;

trace(*a*);

此時的輸出結果如下圖所示。

結果與上述的範例相同，而這種程式的寫法則是簡潔多了，尤其在程式迴圈（loop）的撰寫中，這是相當普遍的用法。

3.相等運算子

相等運算子可以用來比較運算元是否相等或者不相等，傳回一個「布林值」，來表示運算的結果，ActionScript 3.0所提供的相等運算子主要如下所示。

相等運算子	說明
==	相等
!=	不相等
===	嚴格相等
!==	嚴格不相等

相等運算子的運用方式如下，如果使用「==」相等運算子來比較資料，ActionScript 3.0會將資料轉換成相同的資料類型，進而比較資料是否相等，舉例說明如下。

var data1:=70;*

var data2:="70";*

trace(data1==data2);

上述程式範例中，宣告兩個變數data1與data2，資料類型是不定型（*），變數的資料值是70，但二者資料類型不同，data1變數存放整數類型，data2變數存放是字串類型。運用「==」相等運算子來比較變數data1與data2中的資料值是否相等，此時ActionScript 3.0會將資料轉換成相同的資料類型，然後進行比較，以上述程式來說，結果為「true」，該程式執行畫面如下圖所示。

但若是比較運算子採用「===」嚴格相等的運算子來比較，與==不同之處在於，===的運算子相等的比較資料的類型必須一致，例如：將上述的範例修改如下所示。

var data1:=70;*

var data2:="70";*

trace(data1===data2);

當上述程式範例修改爲「===」嚴格相等運算子時，由於資料類型不一致，所以比較的結果爲「false」，程式執行輸出的畫面如下圖所示。

4.關係運算子

「關係運算子」亦稱爲「比較運算子」，其功能在於比較變數資料值的關係，ActionScript 3.0所提供的關係運算子如下所示。

關係運算子	說明
>	大於
>=	大於等於
<	小於
<=	小於等於

關係運算子與上述之相等運算子的輸出結果相同，計算比較數值的關係，然後傳回一個布林值來表示比較的結果，舉例說明如下。

var data1:int=70;

var data2:int=70;

trace(data1>data2);

上述程式比較data1變數及data2變數數值的關係，如果data1大於data2，該運算會得到true的結果，並顯示在「輸出視窗」中。但因爲70並不會大於70，所以該程式執行的結果是false，畫面如下圖所示。

若是運用在非數值類型的運算中，ActionScript 3.0會先將資料的類型進行轉換再行比較，如下的程式碼，其輸出結果是爲true。

var data1:String="90";

var data2:String="80";

trace(data1>data2);

程式輸出結果如下圖所示。

5.邏輯運算子

邏輯運算子是用來連接多個比較運算子，ActionScript 3.0所提供的邏輯運算子，如下所示。

邏輯運算子	說明
&&	AND
‖	OR
!	NOT

上述表中的「&&」邏輯運算子表示「並且」的意思，撰寫程式時有多個條件必須要同時成立，即可運用「&&」邏輯運算子來連接多個布林運算式，而當全部都為true時，結果才為true，以下為不同「&&」的布林值運算結果。

&&邏輯運算子	運算結果
true && true	true
true && false	false
false && true	false
false && false	false

「‖」邏輯運算子是代表或者的意思，撰寫程式時有多個條件中，若其中之一個條件成立，結果即為true，以下為不同「‖」的布林值運算結果。

‖邏輯運算子	運算結果
true ‖ true	true
true ‖ false	true
false ‖ true	true
false ‖ false	false

6.複合指定運算子

「複合指定運算子」是將運算元進行指定的運算，並將結果存入指定變數中的運算子，ActionScript 3.0提供的複合指定運算子，如下頁表中所示。

複合指定運算子	說明
+=	累加後存入變數
—=	相減後存入變數
*=	相乘後存入變數
/=	相除後存入變數

以下運算式的運算結果皆相同。

（1）num = num + 10 → num += 10

（2）num = num – 10 → num —= 10

（3）num = num * 10 → num *= 10

（4）num = num / 10 → num /= 10

7.條件運算子

條件運算子亦稱為三元運算子，條件運算子指的是在使用該運算子時需要三個「運算單元」來運算，所以稱為三元運算子，語法如下所示。

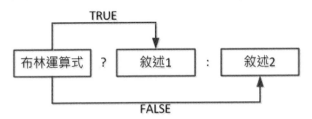

當布林運算式的結果為true時，該條件運算式的結果為敘述1；如果布林運算式的結果為false時，該條件運算式所得到的結果為敘述2。以下為條件運算子範例程式碼。

var data1:int=70;

var data2:int=70;

trace(data1==data2?"相等":"不相等");

上述程式的意思是如果變數data1和data2的資料值相同，則會在「輸出視窗」輸出「相等」，否則「不相等」，因為data1與data2的資料值皆為70，所以輸出視窗會輸出相等，該程式執行畫面如下圖所示。

8.資料類別相關運算子

ActionScript 3.0另外提供一些與資料類型相關的運算子，如下所示。

資料類型相關運算子	說明
as	檢查資料類型
in	檢查物件屬性
is	檢查資料類型
typeof	取得資料類型

以下將說明與資料類型相關運算子如何運用。

（1）as運算子

as運算子的功能是可以判斷運算元的資料類型，以下範例程式碼宣告一個字串變數data1，若將data1利用as運算子與String比較，因為data1的資料類型即是String，所以as運算後將會傳回data1的內容，程式碼如下。

var data1:String="Happy Birthday";

trace(data1 as String);

程式輸出結果如下圖所示。

因為data1是String的資料類型，所以利用as來檢查資料類型，即會傳回data1變數的資料值"Happy Birthday"，若是將data1用as運算子來和int進行比較，由於data1的類型為String，所以經過as運算資料類型不符，因此傳回null的結果，程式碼如下。

var data1:String="Happy Birthday";

trace(data1 as int);

程式輸出結果如下圖所示。

（2）in運算子

in運算子可以判斷指定屬性是否屬於特定物件或類型的一部分，例

如：以下範例程式碼會判斷String類型是否包含length及dot等2個屬性。

trace("length" in String);

trace("dot" in String);

因為String包含length屬性，但是不包含dot屬性，所以第一行程式會印出true的結果，而第二行則會印出false的結果，執行畫面如下圖所示。

（3）is運算子

is運算子可以判斷運算元是否為指定的資料類型，例如：以下的範例程式碼。

var data1:String="Welcome";

trace(data1 is String);

trace(data1 is int);

因為data1變數是字串的資料類型，因此由is運算子判斷是否為String及int的資料類型，上述範例的程式碼中第一行程式會輸出true，第二行程式則會輸出false，執行畫面如下圖所示。

（4）typeof運算子

typeof運算子可以取得運算元的資料型態，例如：下列範例程式碼。

var data1:String="Welcome";

trace(typeof(data1));

程式結果會輸出data1變數的資料型態string，執行畫面如下頁圖所示。

（七）函數

ActionScript 3.0的函數可依照需求自行設計，或者組合現有的函數來擴充該函數功能，以下將說明函數設計的內涵，宣告函數時主要包括四個部分，分別是：（1）函數名稱；（2）參數（可以省略）；（3）返回值（可以省略）；（4）函數內容（可以省略）。自訂函數的方式可分為函數敘述式以及函數運算式等2種方式。

1.函數敘述式

函數敘述式是以「function」來定義函數，函數敘述式語法如下所示。

2.函數運算式

函數運算式是以「var」來宣告函數，並且運用「=」來指定函數的主體，其語法如下圖所示。

```
            函數名稱              參數(可省略)   傳回值(可省略)
var myfun:Function=function(data1:String):String
{
    敘述式;
}
            函數內容(可省略)
```

撰寫程式時若需要用到函數，上述這兩種設計函數的方法都可以使用，程式設計者可以根據喜好來決定使用何種宣告方式，其中函數敘述式使用起來相對較簡單、明瞭，也為大部分的程式設計者所使用。

3.自訂函數

接下來介紹自訂函數的範例，如下所示。

```
function saynice()
{
    trace("say");
    trace("nice");
}
saynice();
```

上述的程式宣告saynice函數，函數內要執行的敘述式是用一個大括弧括起來，大括弧所涵蓋的區域稱為「函數區塊」，程式中該區塊呼叫trace函數輸出"say"以及"nice"字串。完成自定函數，即須要呼叫該函數，函數才會運作，使用方法如呼叫系統函數一樣，因此需要再加一行saynice();後才會執行saynice這個函數，執行結果如下圖所示。

4.函數傳回值

如何在自定函數中指定傳回值，例如：以下的範例。

```
trace(myfun());
function myfun():int
{
    return 70;
}
```

上述的程式範例中，第2到第4行是自定函數myfun，其中第2行最後面的: int所代表的是傳回值的宣告，意思即該函數結束後會得到int資料類型的結果，由於設計該函數時有加上傳回值的宣告，所以在函數區塊中必須要有return的語法，透過return語法傳回指定整數類型的資料，在上述的範例中，程式所傳回的資料為整數70，第1行即是呼叫myfun()函數，並且輸

出於輸出視窗中，如下圖所示。

（八）陣列

若想要儲存三筆資料，可宣告三個變數，範例程式碼如下。

var data1:String;

var data2:String;

var data3:String;

接著透過指定運算子將資料存入變數中，程式碼如下所示。

data1="台北市";

data2="台南市";

data3="屏東縣";

上述宣告變數以及儲存資料的使用方式有些不方便，若是需要存入很多資料，程式設計者就必須事先宣告很多變數，假設需要儲存一萬筆資料，就必須事先宣告一萬個變數，這是非常不經濟且不方便的做法，這種問題的解決方法可以透過陣列的功能來簡化變數宣告，使用陣列跟變數一樣，需要事先宣告才能使用，陣列宣告的方法如下所示。

var 變數名稱:Array;

建立陣列的方法如下。

變數名稱=new Array(陣列元素數量);

建立陣列中的陣列元素數量可以省略不寫，如果沒有指定，將使用flash的預設數量來建立陣列，如果將上述變數用陣列來改寫，就可以用一個陣列變數存入三筆資料，宣告一個陣列並指定有三個元素，寫成的程式碼如下所示。

var pdata:Array;

pdata=new Array(3);

另一種陣列程式碼的寫法可將上述兩行程式，直接將「宣告」和「建

立陣列」寫成一行，程式碼如下所示。

```
var pdata:Array=new Array(3);
```

接下來只要使用「編號」來指定陣列的哪個值即可，請注意，ActionScript語法中的陣列編號從0開始，程式碼撰寫方法如下。

```
var pdata:Array=new Array(3);
pdata[0]="台北市";
pdata[1]="台南市";
pdata[2]="屏東縣";
trace(pdata);
```

上述程式碼最後一行則是顯示陣列的值，程式執行畫面如下圖所示。

當然也可以使用陣列編號來存取個別的資料，若要提取第3個陣列的值，可以將上述程式碼的第5行修改如下。

```
trace(pdata[2]);
```

程式執行畫面如下圖所示。

使用陣列的好處是日後可利用迴圈來「處理」陣列內儲存的所有元素。另外，處理陣列的資料值時，除了直接指定陣列的編號，將資料值指定外，還可以改用Array的push函數來新增陣列的資料值，程式範例如下。

```
var pdata:Array=new Array();
pdata.push("台北市");
pdata.push("台南市");
pdata.push("屏東縣");
```

trace(pdata);

　　利用push來新增陣列的資料值時，陣列元素數量大小一開始並不用宣告，上述程式中的第1行即不用事先宣告陣列元素數量大小，並且可以彈性地新增陣列的元素。

　　陣列的資料如果一開始就知道有哪些資料，可以在宣告陣列時就直接指定陣列的資料值，程式碼如下所示。

var pdata:Array;

pdata=new Array("台北市","台南市","屏東縣");

trace(pdata);

也可以改用另一種寫法，如下所示。

var pdata:Array;

pdata=["台北市","台南市","屏東縣"];

trace(pdata);

（九）判斷及迴圈

　　以下所要介紹的主要是關於程式流程控制的相關指令，結構化的程式設計中，主要包括三個程式流程，分別是：（1）循序；（2）條件（if）；（3）迴圈（loop），以下將說明條件判斷以及迴圈的相關指令。

1.if 條件敘述式

　　if指令是ActionScript 3.0 所提供的條件敘述式，可以控制程式流程，if條件敘述式中，如果該條件成立（布林值爲真），則執行if區塊中的敘述式，其語法如下圖所示。

2.switch敘述式

　　switch敘述式的用途可以針對同一個變數而有多個可能結果來加以判

斷，switch與if...else敘述式有類似的功能，但是相同功能的程式如果可以利用switch敘述式來撰寫，將會使程式更容易閱讀，switch 敘述式在執行時會判斷括弧「( )」裡面的資料，然後尋找符合的 case 區塊，如果有case的資料符合的話，就會執行該區塊中的敘述式，直到 break或switch敘述式結束爲止，如果所有條件都不符合，則會跳到default的區塊中執行程式，當然程式設計者也可以不定義default，若如此，表示沒有符合的條件，將不會執行任何程式碼，其語法如下圖所示。

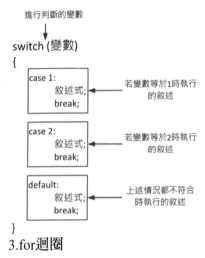

3.for迴圈

for 迴圈可讓程式設計者針對特定數值範圍的變數重複執行，只要條件成立，就可重複執行程式內容，使用 for迴圈必須在敘述式中提供三個運算式，分別是：（1）設定起始值變數（可省略）；（2）決定迴圈結束的條件敘述式（可省略）；（3）每次迴圈循環變更數值的運算式（可省略），for迴圈的語法說明如下。

for（起始值；條件式；變更數值的運算式）

{

*   敘述式1；*

*   敘述式2；*

*   …*

}

假如目前想要輸出1到10，利用for迴圈所撰寫的程式碼如下所示。

```
for (var i:int=1;i<=10;i++)
{
    trace(i);
}
```

4.while迴圈

while 迴圈與 for 迴圈的敘述式相同，也是在條件成立時會不斷重複執行迴圈中的敘述，除了語法結構稍稍不同外，與for迴圈的功能完成相同，程式設計者可以自行選擇使用while迴圈還是for迴圈，其語法如下所示。

```
while(條件式)
{
    敘述式1;
    敘述式2;
    …
}
```

如果敘述式只有一行，則「{ }」可以省略，現在將上述for迴圈的例子，利用while迴圈來改寫，程式碼可修改如下。

```
var i:int=1;
while (i<=10)
{
    trace(i);
    i++;
}
```

5.do-while 迴圈

do-while迴圈是保證程式碼中的敘述至少會執行一次，其語法如下所示。

```
do
{
    敘述式1;
```

```
    敘述式2；
    …
}
while(條件式)
```

現在將上述for迴圈的例子，利用do-while迴圈來改寫，程式碼可修改如下。

```
var i:int=1;
do
{
    trace(i);
    i++;
}
while (i<=10);
```

6.break/continue

以下將說明跳離迴圈（break）以及繼續迴圈（continue）的用法。

（1）break

無論是for、while或do-while，若想在某些條件成立時「跳離迴圈」，就可以使用「break」指令，以下以for迴圈示範，其語法如下所示。

```
for(起始值；條件式；變更數值的運算式)
{
    if (條件式)
    break;
}
```

以上述for迴圈的程式碼為例，如果希望能夠在i等於3的時候跳離迴圈，程式碼可以撰寫如下。

```
for (var i:int=1;i<=10;i++)
{
    if (i==3) break;
    trace(i);
```

```
}
```

上述的程式碼執行畫面如下圖所示。

上述結果即i等於3時，因為break指令結束迴圈，因此只出現1與2。

（2）continue

使用迴圈時，若想在某些條件成立時，回到迴圈的開頭，繼續下一次的迴圈，可使用continue指令，以for迴圈示範，語法如下所示。

```
for(起始值；條件式；變更數值的運算式)
{
    if（條件式）
    continue;
}
```

以上述for迴圈的程式碼為例，如果希望能夠在i等於3的時候繼續下一個迴圈，程式碼可撰寫如下。

```
for (var i:int=1;i<=10;i++)
{
    if (i==3) continue;
    trace(i);
}
```

程式的執行畫面如下圖所示，結果發現並未出現3，那是因為當i等於3時，continue造成程式碼trace(i)被忽略而未執行，接下來介紹以Flash編製線上測驗的實例。

參、編製線上測驗

編製線上測驗需要考慮的因素包括線上測驗的文件格式、設計題目、受試者的作答結果以及作答說明等。以下將利用一個簡單的測驗範例來說明如何利用Flash來編製線上測驗。

一、開啟新檔

首先點選「新增」，之後即會出現Flash檔案格式的定義，畫面如下。

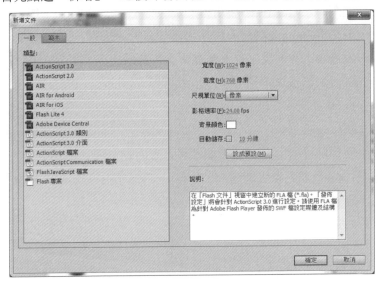

以上述新增文件的定義中，此範例的類型是ActionScript 3.0，寬度指定1024像素，高度指定768像素，尺規單位是像素，影格速率24fps，背景顏色是白色，相關參數設定完成再點選確定即可開始編輯。

二、設定測驗背景

文件格式設定完成之後，即會出現一個新檔案的編輯環境，本範例的工作環境版面設定為「設計人員」，如下頁圖所示。此時的檔名是在Flash中是內定為「未命名-1」，建議先將檔案另存新檔，以本範例為例，將檔案另存為「線上測驗.fla」，.fla是Flash原始檔的副檔名。

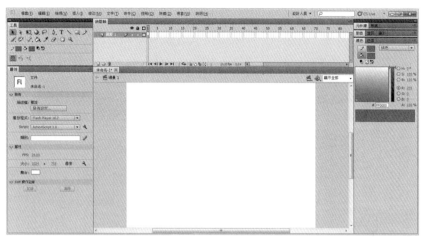

　　因為本範例是設計線上測驗，因此需要先設計線上測驗的版面，先設計一個120*20橫幅影片片段的元件，並且在其上輸入測驗的標題「國小高年級學童閱讀行為量表」，此修改圖層名稱為背景，結果如下圖所示。

三、設計題目

　　接下來開始設計題目，本範例是閱讀行為量表，而此量表是屬於李克特四點量表，題目包括題幹以及選項，選項為不符合、部分符合、符合、非常符合等4項，先設計題幹，之後在選項的設計中，新建一個影片片段的元件，並命名「選項」，方便於重複使用，因為有4個選項，所以將選

項命名為p1、p2、p3以及p4，此時請新增一個圖層來放置Action Script，並將此圖層命名為「action」，開始在這個圖層時間軸的影格中撰寫程式碼。

國小高年級學童閱讀行為量表

我經常閱讀課外書

不符合

部分符合

符合

非常符合

下一題

選項部分的程式碼如下所示。

```
stop ( ) ;
var result:String="" ;
var answer:String="" ;
p1.addEventListener ( MouseEvent.CLICK, p1click ) ;
p2.addEventListener ( MouseEvent.CLICK, p2click ) ;
p3.addEventListener ( MouseEvent.CLICK, p3click ) ;
p4.addEventListener ( MouseEvent.CLICK, p4click ) ;
bnext.addEventListener ( MouseEvent.CLICK, pnextclick ) ;

function p1click ( event:MouseEvent ) :void {
p1.gotoAndStop ( 2 ) ;
p2.gotoAndStop ( 1 ) ;
p3.gotoAndStop ( 1 ) ;
p4.gotoAndStop ( 1 ) ;
answer="1" ;
}
...
function pnextclick ( event:MouseEvent ) :void {
    p1.gotoAndStop ( 1 ) ;
    p2.gotoAndStop ( 1 ) ;
    p3.gotoAndStop ( 1 ) ;
    p4.gotoAndStop ( 1 ) ;
    result=result+answer;
    answer="" ;
    trace ( result ) ;
    nextFrame ( ) ;
}
```

上述的程式碼中，宣告result以及answer這個字串變數，並且將作答結

果存至result這個變數中，另外再宣告p1、p2、p3、p4這4個按鈕的偵聽滑鼠程序，並且觸發自訂函數p1click至p4click，至於bnext這個下一題的按鈕則是觸發自訂函數pnextclick，p1click至p4click的寫法皆相同，只是要顯示的按鈕及答案不同而已，至於pnextclick則是將所有的按鈕還原，並且將按鈕的結果存至result這個變數中。

接下來請依此步驟連續編製5題，結果如下圖所示。

四、編寫作答結果

接下來要編寫量表的作答後結果說明，首先請新增一個圖層，並且命名「作答結果」，如下頁圖所示。

目前範例中的國小高年級學童閱讀行為量表總共有5題,所以有5個影格,因此將作答結果顯示在第6個影格,此時需要新增空白的關鍵影格,並且在相關的圖層中執行相同的動作。

第6個影格顯示作答的結果,需建立3個靜態文字分別是顯示「作答結果」、「平均得分」以及「結果說明」,另外再建立3個動態文字來顯示變數的結果內容,此3個動態文字的變項名稱分別是presult、paverage以及pexplain等,如下圖所示。

Action Script的程式碼可撰寫如下。

stop();

```
presult.text = result;
var i:int;
var taverage:Number;
taverage=0;
for (i = 0; i < 5; i++)
{
    taverage=taverage+Number(result.charAt(i));
}
taverage=taverage/5;
var str:String="";
var str1:String="";
if (taverage>3.00)
{
str="閱讀行為正向積極";
str1="小朋友，測量結果你的閱讀行為呈現正向積極，繼續保持。";
} else if (taverage>2.00) {
str="閱讀行為正向";
str1="小朋友，測量結果你的閱讀行為呈現正向的程度，可再積極些。";
} else if (taverage>1.00) {
str="閱讀行為一般程度";
str1="小朋友，測量結果你的閱讀行為需要再往正向且積極的方向前進。";
} else {
str="閱讀行為較為消極";
str1="小朋友，測量結果你的閱讀行為較為消極，需要往正向積極前進。";
}
paverage.text=str;
pexplain.text=str1;
```

五、編寫作答說明

　　測驗的發展過程中，需要將測驗的目的、作答方式及內容向受試者說明（陳新豐，2015），測驗作答說明或指導語在測驗的編製中，是一個相當重要的要素，以下將說明在Flash中如何利用場景來製作線上測驗的作答

說明，此時請在Flash的面板中，顯示場景的面板，Flash場景面板內定為
不呈現，所以此時要呈現場景的面板時，請點選「視窗」→「其他面板」
→「場景」後，即會出現場景的面板視窗。

此時Flash的場景面板視窗中內定只有一個場景（如下圖）。

　　因為本範例需要編製測驗的作答說明，線上測驗的施測流程為作答
說明之後再呈現所要施測的量表，所以需要2個場景，第1個場景是作答說
明，第2個場景才是施測的量表「閱讀行為」，所以將目前的「場景1」名
稱修改為「閱讀行為」，然後點選左下角的按鈕，新增一個「作答說明」
的場景，結果如下圖所示。

　　上圖已將二個場景完成命名，分別是「閱讀行為」與「作答說明」，
但是測驗流程是先「作答說明」後「閱讀行為」，所以須將「閱讀行為」
往下拉或是「作答說明」向上移，讓測驗作答的順序正確，如下圖所示。

　　此時即可開始編製作答說明，本範例是國小高年級閱讀行為線上調查
量表，編製完作答說明，再新增一個按鈕「開始作答」，讓受試者看完作
答說明後，點選「開始作答」按鈕後，即進入之前完成的閱讀行為量表，
如下圖所示。

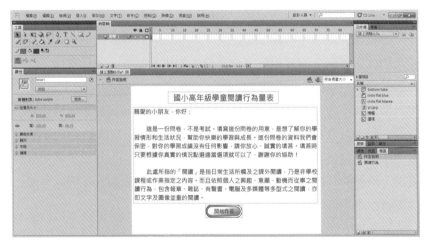

　　上述「開始作答」的按鈕可以讓受試者閱讀完作答說明後，點選進入
閱讀行為量表作答，此時需要撰寫適當的程式碼讓按鈕產生動作，因此本
範例將「開始作答」的按鈕命名為「bstart」，並且撰寫程式碼設計動作，
啟動滑鼠的偵聽程序，並且在自訂函數「pstartclick」中撰寫至下一個影格
的動作函數即可完成「開始作答」的程式碼，Action　Script程式碼如下所
示。

```
stop();
bstart.addEventListener(MouseEvent.CLICK, pstartclick);
function pstartclick(event:MouseEvent):void{
    nextFrame();
}
```

　　此時即完成線上測驗編製雛型，線上測驗編製者若要將資料結果寫至MySQL、SQL或者是其他的資料庫，只要在測驗結束之前，將結果寫至資料庫即可，網路及相關書籍中有許多的程式碼可以提供參考如何在Flash中執行相關的動作，將資料傳出至資料庫中，日後便可以針對資料庫加以分析受試者的表現情形。

　　本章以線上測驗的建置為主要討論的內容，從理論以及實務的運用等二個方面來加以說明。理論上可以得知目前無論是電腦化測驗（CBT）或者是電腦化適性測驗（CAT）的發展，都是以線上測驗（WBT）為發展的平台；因此在實務上的運用也有愈來愈多的研究學者或者是實務工作者以線上測驗為電腦輔助測驗的實施平台。當然目前的實作上除了Flash之外，也可以利用許多的發展工具（例如：.NET、HTML5......）來作為建置線上測驗的平台，並且利用RWD（responsive web design）讓網頁同時在PC／平板／手機完整呈現行動裝置專用網站，本章只是以Flash為範例加以說明建置線上測驗的相關因素，日後讀者可以藉由Flash編製的範例原理類化至其他編輯軟體的製作與發展。

自我評量

01.請說明本章所提之三種電腦化測驗的內涵為何？

02.請線上搜尋閱讀策略動機量表，並利用本章製作線上測驗的步驟來加以完成。

第四章　整理資料策略

　　本章主要在於說明測驗統計分析軟體中資料整理的方法以及步驟，使用的軟體是以EXCEL和SPSS爲主，整理資料的步驟包括資料的匯入、計算資料、檢核資料、合併資料以及轉置資料，分別說明如下。

壹、匯入資料

　　匯入資料是資料蒐集者整理資料時第一個需要處理的步驟，所有的統計分析軟體的資料檔格式不盡相同，當遇到大量資料輸入時，往往資料輸入者並沒有相關的統計分析軟體界面可供資料輸入（例如：SPSS），實際上也不需要所有的資料輸入者皆需擁有相關的統計分析軟體，各種統計分析軟體皆提供數種甚至數十種不同資料格式的匯入程序，其中最通用的資料格式即是純文字格式（TEXT style），資料輸入者只要利用文書處理軟體（例如：WORD、記事本、WORDPAD、NotePad++、UltraEdit、RJ TextEd等）將資料輸入成純文字格式，皆可以順利匯入統計分析軟體來進行測驗與統計的分析工作，以下將分別說明如何將資料匯入SPSS以及EXCEL等統計分析軟體。

一、匯入至SPSS

　　SPSS的資料除了逐筆輸入之外，亦可以利用其他格式的檔案加以匯入，以下介紹純文字以及EXCEL格式的檔案如何匯入SPSS，說明如下。

（一）文字檔案

　　文字檔的資料格式是一種由若干字元構成的電腦檔案，文字檔案是純文字的內容，包含純文字的檔案型態，由於結構簡單，檔案容量小，被廣泛用於統計的分析資料中，它能夠避免其他檔案格式遇到一些不相容的問題，由於各種統計分析軟體幾乎都可以讀取純文字的檔案格式，因此純文字檔案反而變成許多統計軟體中共有的檔案格式，下圖即是純文字格式的檔案，以下爲記事本應用軟體開啓純文字檔案的畫面，所有的欄位都以「，」來分隔，第一行是欄位名稱包括「座號」、「德育」、「智育」、「體育」、「群育」及「美育」等欄位。

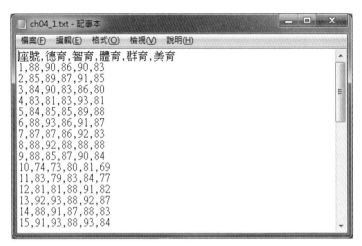

圖 4-1 文字檔資料格式內容

接下來用SPSS功能表中「檔案」→「讀取文字資料」來開啓文字檔。

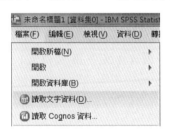

圖 4-2 讀取文字資料功能

下圖爲選擇要讀取文字檔檔案的對話方框。

圖 4-3 開啓檔案對話方框

從檔案開啓的對話方框，點選「開啓」按鈕，即進入文字匯入精靈。

1.文字匯入精靈1

下圖爲文字匯入精靈的第1個步驟，步驟一開始即會詢問是否已經有預先定義的讀入檔案格式可供讀取，若沒有的話，請點選「下一步」，開始設定文字匯入格式。

圖 4-4 文字匯入精靈1

2.文字匯入精靈2

下圖是文字匯入精靈的第2個步驟，定義讀取文字檔格式，主要分爲2個選項，分別是定義變數的排列方式以及是否有變數名稱在檔案的最上層，以下範例變數爲分隔排列，並且變數名稱包含在檔案的最上層。

圖 4-5 文字匯入精靈2

3. 文字匯入精靈3

下圖為文字匯入精靈6個步驟中的第3個，在這個步驟中首先是選擇資料第一個觀察值的位置、觀察值的表示方法以及需匯入多少個觀察值等選項，請選擇第一個觀察值開始於第2行，每一行代表一個觀察值。

圖 4-6 文字匯入精靈3

4. 文字匯入精靈4

下圖是文字匯入精靈的第4個步驟，主要的選擇在於變數間的分隔符號以及文字修飾詞為何等選項，請選擇以「逗點」為分隔符號。

圖 4-7 文字匯入精靈4

5.文字匯入精靈5

下圖是文字匯入精靈的第5個步驟，這個步驟在於對於每個變項的格式定義，本範例採用預設值即可，若需要可針對個別變數加以修改格式。

圖 4-8 文字匯入精靈5

6.文字匯入精靈6

下圖是文字匯入精靈的最後一個步驟，因此在此步驟中可以選擇將上述1-5步驟所選擇設定的選項儲存成檔案的格式，提供日後使用（例如：步驟1）或是將上述選項貼至SPSS的語法檔中，日後若要讀取相同資料時即可不用再加以設定，在此步驟點選「完成」以完成文字資料的匯入。

圖 4-9 文字匯入精靈6

7.文字檔匯入結果

下圖是文字檔匯入的結果，總共有六個變項，39筆資料。

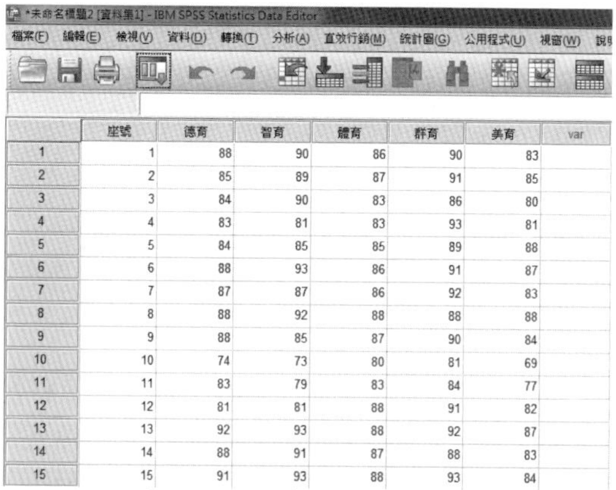

	座號	德育	智育	體育	群育	美育	var
1	1	88	90	86	90	83	
2	2	85	89	87	91	85	
3	3	84	90	83	86	80	
4	4	83	81	83	93	81	
5	5	84	85	85	89	88	
6	6	88	93	86	91	87	
7	7	87	87	86	92	83	
8	8	88	92	88	88	88	
9	9	88	85	87	90	84	
10	10	74	73	80	81	69	
11	11	83	79	83	84	77	
12	12	81	81	88	91	82	
13	13	92	93	88	92	87	
14	14	88	91	87	88	83	
15	15	91	93	88	93	84	

圖 4-10 文字檔匯入結果

文字檔匯入完成後，請記得將檔案存成SPSS格式的資料檔，以利日後資料重新分析時，直接開啓不用再進行文字檔匯入的動作。

（二）EXCEL檔案

下圖是EXCEL的資料格式檔，SPSS可以讀入EXCEL所建立的檔案，以下說明如何讀入EXCEL的資料檔。

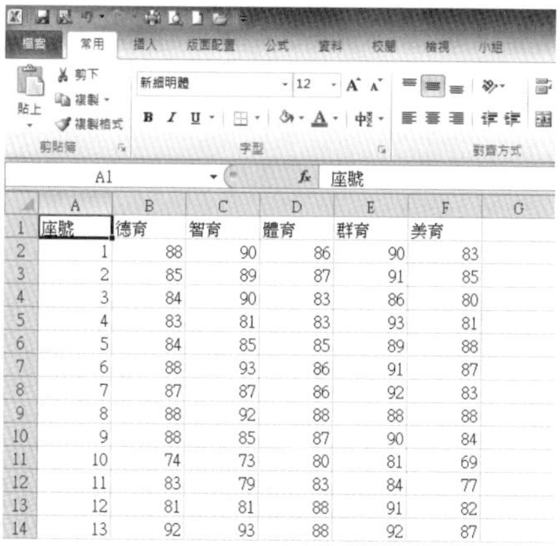

	A	B	C	D	E	F	G
1	座號	德育	智育	體育	群育	美育	
2	1	88	90	86	90	83	
3	2	85	89	87	91	85	
4	3	84	90	83	86	80	
5	4	83	81	83	93	81	
6	5	84	85	85	89	88	
7	6	88	93	86	91	87	
8	7	87	87	86	92	83	
9	8	88	92	88	88	88	
10	9	88	85	87	90	84	
11	10	74	73	80	81	69	
12	11	83	79	83	84	77	
13	12	81	81	88	91	82	
14	13	92	93	88	92	87	

圖 4-11 EXCEL的資料格式檔

使用者在SPSS中點選功能表中的「開啓」→「資料」後，即會開啓該視窗，而下圖則為選取檔案後按「開啓」之後的視窗，若EXCEL檔案中第

一列為變數名稱，請記得勾選，因為本範例中第一列是變數名稱，所以要
將圖中「從資料第一列開始讀取變數名稱」的選項打勾，如下圖所示。

圖 4-12 開啟EXCEL資料來源

上圖是開啟EXCEL的資料來源，請注意若需要讀取另外的工作單，請
選取正確的工作單來讀取，下圖為讀取的結果，共有39筆資料。

	座號	德育	智育	體育	群育	美育	var
22	22	93	91	89	90	89	
23	23	90	92	87	90	87	
24	24	94	95	91	94	90	
25	25	89	82	87	88	87	
26	26	95	96	90	93	89	
27	27	93	94	90	93	92	
28	28	88	85	86	88	84	
29	29	94	95	89	93	89	
30	30	94	97	90	95	91	
31	31	90	87	87	92	89	
32	32	84	72	85	90	86	
33	33	92	93	90	93	87	
34	34	97	96	93	95	92	
35	35	92	96	89	91	91	
36	36	92	91	88	93	91	

圖 4-13 SPSS讀取EXCEL資料結果

請記得將檔案存成SPSS格式的資料檔，並重新定義變數註解、遺漏值
等資料，讓SPSS的資料檔更為完整。

二、匯入至EXCEL

以下將說明如何將文字檔的資料格式匯入至EXCEL中，請在EXCEL
功能表中選擇「開啟舊檔」，並選擇純文字格式檔案（ch04_1.txt），出現
開啟檔案的視窗時，請將所選取檔案名稱的屬性更改為文字檔案（*.prn,*.
txt,*.csv），並選擇所要開啟檔案的檔名（ch04_1.txt），如下圖所示。

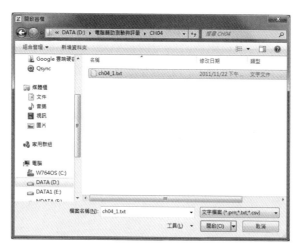

　　開啓舊檔之後，即會自動出現匯入字串精靈3個步驟的第1個步驟，此時原始資料的類型（ch04_1.txt）是以逗號加以分割資料的變項，並不是將變項置於固定寬度，所以請點選「分隔符號」。

　　起始列號的部分，因為（ch04_1.txt）的檔案中第1列是變項的名稱，正式資料是從第2列開始，所以在起始列號部分，請修正為「2」，至於檔案原始格式，除非有特別地指定，否則還是以系統內定之「950：繁體中文（Big5）」為檔案的原始格式，設定完成，請點選「下一步」，開始下一個匯入文字精靈的步驟。

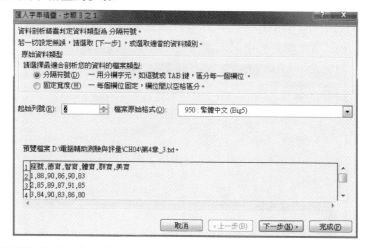

下頁圖為匯入字串精靈3個步驟中的第2個步驟，此時因為上一個步驟

在原始資料類型是選擇分隔符號，所以這個步驟是讓使用者點選資料中所使用的分隔符號為何？系統內定的分隔符號是「Tab鍵」，但是（ch04_1.txt）的資料檔中是以「逗號」為分隔符號，所以點選「逗號」來當作本範例中的分隔符號，點選後「預覽分欄結果」方框中，會出現分隔結果。

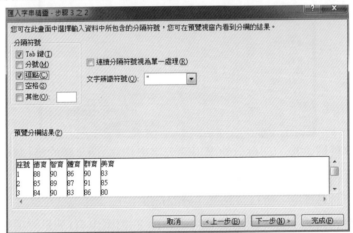

下圖為匯入字串精靈3個步驟中最後一個步驟，此步驟主要是提供使用者設定欄位變數的資料格式，欄位的資料格式主要分為「一般」、「文字」、「日期」或者是指定「不匯入此欄」等選項。其中「一般」格式是較常被使用的，因為「一般」的資料格式會讓數值被轉換成數字格式，日期資料被轉換成日期格式，而其餘資料則會被轉換成文字格式，所以若有特殊或者出現格式誤判的情形，選擇「一般」是較為方便的作法。

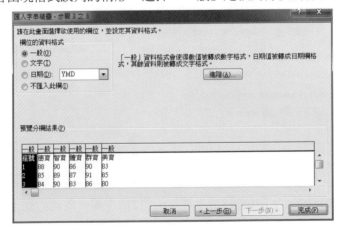

下圖即為讀入文字檔案格式的結果，總共有6個變項，39筆資料，若將此結果儲存成EXCEL格式，下次使用這些資料分析時，即可順利使用EXCEL的資料格式。

▲	A	B	C	D	E	F	G
1	1	88	90	86	90	83	
2	2	85	89	87	91	85	
3	3	84	90	83	86	80	
4	4	83	81	83	93	81	
5	5	84	85	85	89	88	
6	6	88	93	86	91	87	
7	7	87	87	86	92	83	
8	8	88	92	88	88	88	
9	9	88	85	87	90	84	
10	10	74	73	80	81	69	
11	11	83	79	83	84	77	
12	12	81	81	88	91	82	
13	13	92	93	88	92	87	
14	14	88	91	87	88	83	

貳、分析工具箱

EXCEL在增益集中有一個資料分析的工具箱，但是在安裝OFFICE EXCEL時並未預設安裝，需要時要事後安裝，但只需一次，不用每次使用時都要安裝，以下將說明EXCEL2010如何安裝增益集中的分析工具箱。

一、自訂快速存取工具列

新增EXCEL2010的分析工具箱，首先請點選工具列中的「自訂快速存取工具列」，如下圖所示。

二、選擇其他命令

此時會出現快速存取工具列，請點選「自訂快速存取工具列」中「其

他命令」的選項，如下圖所示。

三、選擇增益集

點選「其他命令」後，會出現EXCEL的選項，請選取「增益集」後再點選「執行」後，點選「確定」。

四、點選分析工具箱

點選「分析工具箱」這個「增益集」後，再點選「確定」選項，即會在資料的標籤中出現「資料分析」的工具箱，即完成EXCEL2010分析工具箱的安裝，操作如下頁圖所示。

如何利用EXCEL資料分析工具箱來進行資料分析（ch04_2.xlsx）？請先點選EXCEL的「資料分析」（下圖左）功能選項。

選點「資料分析」（上圖左）之後，即會出現資料分析的選擇小視窗（上圖右），若要進行敘述統計時請選擇「敘述統計」輸入分析的資料範圍以及相關描述統計需要出現的量數內容（如下圖）。

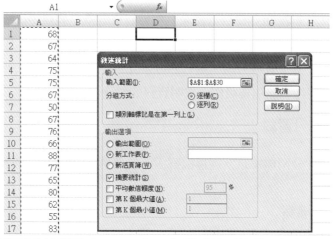

選擇資料分析範圍（A1:A30），勾選「摘要統計」輸出描述統計內容後，再點選「確定」即會出現敘述統計結果，以下即爲分析的結果。

平均數	69.7
標準誤	1.804942
中間值	67.5
眾數	67
標準差	9.886075
變異數	97.73448
峰度	-0.12021
偏態	-0.33065
範圍	41
最小值	47
最大值	88
總和	2091
個數	30

上述的分析結果中可以獲得這30筆資料中，平均數為69.70、標準誤為1.80、中數（中間值）為67.5、眾數為67、標準差為9.89、變異數為97.73、峰度為-0.12、偏態為-0.33、全距（範圍）為41、最大值為88、最小值為47、總和為2091。

參、擷取資料

以下將說明在SPSS統計軟體中，整理資料時常見的程序以及函數，其中的程序與函號包括如何選擇部分的資料內容、將計算結果儲成另外一個變項、反向計分、資料分組、選取部分字元以及從父母教育水準及教育程度來計算社經地位變項為範例，說明資料的整理。

一、選取部分資料

以下將從分割檔案以及選擇觀察值等二個選取部分資料程序，說明如下。

（一）分割檔案

下列資料（ch04_3.sav）總共有307筆，女生126筆占41%，男生181筆占59%，分析時若需要分別處理不同性別時，可利用分割檔案來處理，在SPSS中若分割檔案，請點選「資料」→「分割檔案」，如下頁圖所示。

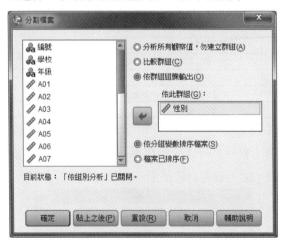

　　在SPSS的功能表中點選「資料」→「分割檔案」後，就會出現分割檔案的對話方框，此時請選擇需要分割檔案的變項（例如：性別）到依此群組的方框中，並選擇「依群組組織輸出」，如下圖所示。

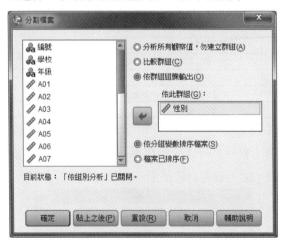

　　點選「確定」按鈕後即完成分割檔案的工作，日後在SPSS的分析工具將會依據所選分割檔案中所依據的變項來處理，例如：計算年級的次數分析，即會依性別之不同而輸出，結果如下圖，由下圖的資料中可以得知，女生的個數是126，其中五年級58位，占46.0%，六年級68位，占54.0%；男生的個數是181，其中五年級86位，占47.5%，六年級95位，占52.5%。

次數分配表
性別＝女生

統計量a		
年級		
個數	有效的	126
	遺漏值	0
a.性別＝女生		

年級a				
		次數	百分比	有效百分比	累積百分比
有效的	5	58	46.0	46.0	46.0
	6	68	54.0	54.0	100.0
	總和	126	100.0	100.0	
a.性別＝女生					

性別＝男生

統計量a		
年級		
個數	有效的	181
	遺漏值	0
a.性別＝女生		

年級a				
		次數	百分比	有效百分比	累積百分比
有效的	5	86	47.5	47.5	47.5
	6	95	52.5	52.5	100.0
	總和	181	100.0	100.0	
a.性別＝女生					

　　依據某種類別變項（性別）分割檔案之後，若要恢復全部的分析資料，請重新點選「資料」→「分割檔案」，點選「分析所有觀察值，勿建立群組」的選項，就不會再有依某類別變項分割檔案的情形，如下圖。

（二）選擇觀察值

利用SPSS來進行資料分析，常常需要只分析部分資料中的研究問題，因此如何選擇部分觀察值，在分析工作中是必要的，以下將說明如何利用SPSS來進行：（1）如果滿足設定條件；（2）觀察值的隨機樣本；（3）以時間或觀察值範圍為準；（4）使用過濾變數等幾種選擇部分資料的方法，依序說明如下。

1.如果滿足設定條件

下圖是進行選擇部分資料，請選擇「資料」→「選擇觀察值」。

下圖為選取觀察值的對話方框，選取部分總共分為：（1）全部觀察值；（2）如果滿足設定條件；（3）觀察值的隨機樣本；（4）以時間或觀察值範圍為準；（5）使用過濾變數等5種選取觀察值的方法，內定為選擇「全部觀察值」。

因為本範例是進行如果滿足設定條件下選取部分樣本，所以請點選「如果滿足設定條件」的選項，如下圖所示。

此時會出觀選擇觀察值：If的對話方框，假如目前需要選擇的樣本是以性別中為1的為樣本（1代表男生，2代表女生），請在選項的方框中輸入「性別=1」之後，點選「繼續」。

點選「繼續」後，即又會回到選取觀察值的對話方框，此時會出現上一個步驟所輸入的條件，此時請設定輸出的選項，總共有：（1）篩選出未選擇的觀察值；（2）複製已選擇觀察值至新資料集；（3）刪除未選擇觀察值，其中第1種輸出方式會將未被選擇的樣本加以註記，但是不會刪除未被選擇的樣本，若要刪除未被選擇的觀察值，請選擇第3種輸出方式，若是要將選擇的資料另儲存成新的資料集時，請選擇第2種輸出方式，以下各種選擇觀察值的方式，輸出方式亦是有這3種選項。

　　若所設定的選擇資料條件沒問題，請點選「確定」後即會出現選擇的結果，如下圖所示。

　　上圖的選擇觀察值結果中可以發現，只要不是「性別」符合1的資料，在資料編號位置都會出現「斜線」的符號，因為本範例的輸出方式是「篩選出未選擇的觀察值」，並未將未選擇的觀察值刪除，所以只是註記而已，下次若要恢復選擇全部的觀察值，只要在選擇觀察值的對話方框中選擇「全部觀察值」的選項，即會恢復內定的所有觀察值。

2.觀察值的隨機樣本

　　利用選擇觀察值的隨機樣本來選擇部分觀察值的方法，有2種方式，分別是：（1）從觀察值中選擇大約多少%的樣本，另外（2）從前幾個觀察值中選擇多少的樣本等。下圖為第一種方式，從所有觀察值中選擇多少%的樣本，首先從空格中填入10%，代表從所有的樣本中隨機選擇10%的樣本，既然是隨機來取得分析的資料，所以每一次隨機選擇的樣本都會不同，只是維持大約百分比的樣本大小。

決定完選擇的百分比之後，點選「繼續」的按鈕後即會回到選擇觀察值的對話方框，如下圖所示。

假若不再修正隨機樣本的大小，點選「確定」之後即會出現隨機選擇的結果，如下圖所示。由下圖隨機選擇的結果中可以得知前22筆資料中，第9、12以及20等3筆資料是隨機選擇的結果，也大約是10%左右。

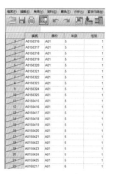

下圖是隨機選擇樣本中決定樣本大小的另一種方式，從前幾筆觀察值中，隨機選擇幾筆觀察值，下圖的範例是從前10筆觀察值隨機選擇5筆觀察值。

　　決定完樣本大小後，點選「繼續」按鈕即又會回到選取觀察值的對話
方框，如下圖所示。

　　若不再修改隨機選取觀察值的樣本大小，即可點選「確定」按鈕來執
行選擇觀察值的工作，下圖則為隨機選擇後的結果。

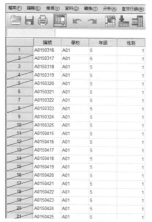

　　由上圖的結果中可以得知，本範例從前10筆觀察值中，隨機選擇5筆
觀察值的結果分別是第1、3、6、7、9筆等5筆。

3.以時間或觀察值範圍為準

　　下圖的對話方框是選擇「以時間或觀察值範圍為準」的選擇觀察值的
方法，若要從全部觀察值中的第10筆到第20筆觀察值，則可以在「第一個
觀察值」輸入10，「最後一個觀察值」輸入20，輸入如下頁圖所示。

　　若不要再修正選擇觀察值的範圍時，點選「繼續」後即會回到選取觀
察值的對話方框，如下圖所示。

　　此時請點選「確定」按鈕後，即會完成「以時間或觀察值範圍為準」
的選擇部分觀察值的結果，如下圖所示。

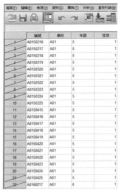

　　由上圖的選擇結果中可以得知，從第10至第20筆觀察值被正確地選
擇。

4.使用過濾變數

　　SPSS中選擇部分觀察值的最後一種方式是「使用過濾變數」，首先在資料中先建立一個變項。以下範例中，以「組別」為過濾變項，0代表不選，1代表選擇，或者是0代表控制組，1代表實驗組，而使用這個過濾變數是要選出實驗組的觀察值。

	編號	學校	年級	性別	組別
1	A0150316	A01	5	1	0
2	A0150317	A01	5	1	0
3	A0150318	A01	5	1	0
4	A0150319	A01	5	1	0
5	A0150320	A01	5	1	0
6	A0150321	A01	5	1	1
7	A0150322	A01	5	1	1
8	A0150323	A01	5	1	1
9	A0150324	A01	5	1	1
10	A0150325	A01	5	1	1
11	A0150415	A01	5	1	0
12	A0150416	A01	5	1	0
13	A0150417	A01	5	1	0
14	A0150418	A01	5	1	0
15	A0150419	A01	5	1	0
16	A0150420	A01	5	1	1

　　當選擇「使用過濾變數」為選取觀察值的方法時，過濾變數建立好之後（本範例是以「組別」為過濾變項），點選「組別」為使用過濾變數的變數，再決定輸出方式，點選「確定」即完成利用過濾變項選取觀察值的工作。

　　下圖為選取觀察值的結果，可以發現當組別是1的時候即是被選取的觀察值，至於組別是0的筆數是被註記未選擇的。

	編號	學校	年級	性別	組別
1	A0150316	A01	5	1	0
2	A0150317	A01	5	1	0
3	A0150318	A01	5	1	0
4	A0150319	A01	5	1	0
5	A0150320	A01	5	1	0
6	A0150321	A01	5	1	1
7	A0150322	A01	5	1	1
8	A0150323	A01	5	1	1
9	A0150324	A01	5	1	1
10	A0150325	A01	5	1	1
11	A0150415	A01	5	1	0
12	A0150416	A01	5	1	0
13	A0150417	A01	5	1	0
14	A0150418	A01	5	1	0
15	A0150419	A01	5	1	0
16	A0150420	A01	5	1	1

上述選擇觀察值的方法，若善加運用的話，可以正確地選擇出所要分析的觀察值，而且可以利用過濾變項來立意抽取所要分析的觀察值，資料分析者可以善加利用。

二、計算資料

分析資料時，因研究問題需要常常要將許多變項合併成新的變項（例如：測驗總分），因此計算資料在資料的整理時就顯得有其必要性，以下將說明如何藉由原有的變項來產生新的變項，以下的範例是有A01至A05五個題目的得分，而需要將這5個變項合併成總分新的變項，而為使版面易於觀察，請先新增一個目標的新變項SUM1（數值型態），如下圖。

	A01	A02	A03	A04	A05	SUM1
1	3	2	3	3	3	.
2	3	2	1	4	9	.
3	3	3	3	3	3	.
4	2	3	3	2	3	.
5	3	4	4	3	4	.
6	3	1	1	1	1	.
7	3	3	3	3	3	.
8	3	3	2	3	4	.
9	4	4	4	4	4	.
10	4	4	3	2	3	.
11	3	4	4	4	3	.
12	3	1	2	3	3	.
13	3	1	2	2	3	.
14	3	1	3	3	3	.
15	2	1	2	2	2	.
16	3	2	3	3	3	.
17	3	4	4	4	4	.
18	3	2	3	3	3	.
19	2	1	3	4	1	.
20	3	2	2	3	2	.

新增完新的目標變項之後，請點選「轉換」→「計算變項」，如頁下圖所示。

	A01	A02		SUM1
1	3			3
2	3			9
3	3			3
4	2			3
5	3			4
6	3			1
7	3			3
8	3			4
9	4			4

此時會出現計算變數的對話方框，請在目標變項的方框中輸出剛剛所新增變項的名稱「SUM1」，之後在數值運算式的對話方框中，輸入「A01+A02+A03+A04+A05」後再點選「確定」。

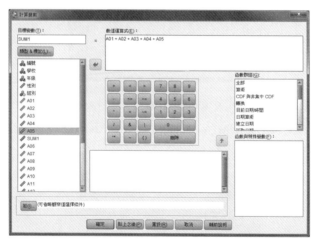

數值運算式除了可以直接加減乘除及邏輯運算外，尚且可以運用函數群組的函數加以運算，例如：上述的「A01+A02+A03+A04+A05」運算式就可以利用「SUM」這個函數來加以重新改寫成「SUM（A01 to A05）」，這二種運算式的計算結果相同，因此若在變項的命名時有規則性時，在日後的合併運算中就顯得更為容易。

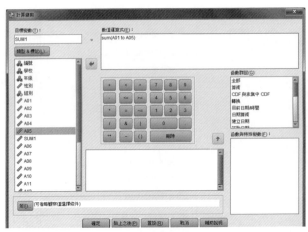

　　此時點選「確定」後會出現「要變更現有的變數嗎?」因為目標變數已於計算變數前就已先建立（因版面緣故易於觀察），所以會出現這個詢問的對話方框，因為是預期之中，所以請點選「確定」後繼續計算變數。

　　下圖即為計算的結果，可以得知第1筆資料A01=3、A02=2、A03=3、A04=3、A05=3，所以SUM1=3+2+3+3+3=14，其餘的觀察值亦得到相同的結果。

	A01	A02	A03	A04	A05	SUM1
1	3	2	3	3	3	14
2	3	2	1	4	9	10
3	3	3	3	3	3	15
4	2	3	3	2	3	13
5	3	4	4	3	4	18
6	3	1	1	1	1	7
7	3	3	3	3	3	15
8	3	3	2	3	4	15
9	4	4	4	4	4	20
10	4	4	3	2	3	16
11	3	4	4	4	3	18
12	3	1	2	3	3	12
13	3	1	2	2	3	11
14	3	1	3	3	3	13
15	3	1	2	2	2	9
16	3	2	3	3	3	14
17	3	4	4	4	4	19
18	3	2	3	3	3	14
19	2	1	3	4	1	11
20	3	2	2	3	2	12

三、重新編碼

　　測驗量表中的反向計分或者是測驗中選擇題的計分都需要重新編碼的功能，SPSS中重新編碼有3種功能，分別是重新編碼成同一變數、重新編碼成不同變數以及自動重新編碼，以下將說明前二種的操作流程。

　　測驗量表中反向計分「重新編碼成不同變項」的步驟中，首先依上述計算資料的流程，先建立輸出變數，本範例的目的是要將A06中的1、2、3、4重新編碼成4、3、2、1，下述的範例是將A06重新編碼成CA06，請先新增CA06變項，新增完目標變項後，請點選「轉換」→「重新編碼成不同變項」，如下圖操作畫面所示。

　　下圖為重新編碼成不同變項的對話方框，請將需要反向計分的變項A06，選至「數值變數→輸出變項」的方框中，再將輸出之新變數CA06，點選至「輸出之新變項」的對話方框中，並點選「變更」按鈕。

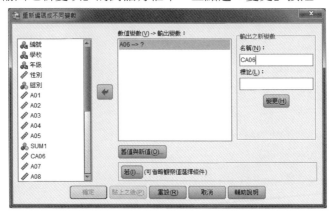

　　點選完「變更」的按鈕之後，會出現「此變項名稱會複製現有的變數名稱」，因為CA06已事先建立，出現這個警告訊息是為預期之中，所以請點選「確定」，繼續指定舊值與新值的工作。

　　接下來的步驟是點選「舊值與新值」來輸入重新編碼的值。

　　因為是反向計分，亦即是1、2、3、4要重新編碼為4、3、2、1，所以請依序輸入舊值1，新值4後「新增」，再輸入舊值2，新值3後「新增」的步驟，直到所有的重新編碼的值輸入完成，如下圖操作的過程。

　　舊值與新值輸入完成後，點選「繼續」按鈕即會回到重新編碼成不同變項的對話方框，再點選「確定」按鈕即完成重新編碼的工作，如下圖。

　　由上圖A06與CA06的對照即會發現，已完成剛剛所指定的舊值與新值的重新編碼工作，例如：第1筆觀察值的A06為3，重新編碼為CA06的是2，第2筆觀察值4→1，第3筆3→2等，接下來若要檢查是否真正完成，可利用次數分配表來加以檢查，將要進行次數分配的變項選至變項的方框中（A06與CA06），再點選「確定」，即可輸出這2個變項的次數分配表。

　　由下述的次數分配中可以發現原來A06的1是63筆資料，編碼成CA06的4亦是相同的63筆，其餘A06中的2、3、4與CA06的3、2、1有相同的次數分配，代表重新編碼的結果無誤。

A06					
		次數	百分比	有效百分比	累積百分比
有效的	1	63	20.5	21.0	21.0
	2	90	29.3	30.0	51.0
	3	76	24.8	25.3	76.3
	4	71	23.1	23.7	100.0
	總和	300	97.7	100.0	
遺漏值	9	7	2.3		
總和		307	100.0		

CA06					
		次數	百分比	有效百分比	累積百分比
有效的	1	71	23.1	23.7	23.7
	2	76	24.8	25.3	49.0
	3	90	29.3	30.0	79.0
	4	63	20.5	21.0	100.0
	總和	300	97.7	100.0	
遺漏值	系統界定的遺漏	7	2.3		
總和		307	100.0		

　　下圖為重新編碼成同一變數的對話方框，若要進行重新編碼成同一變數的工作時，只需要將轉換的變項，選至「數值變數」的方框之中。

　　之後再指定與上述重新編碼成不同變數中的舊值與新值，點選「繼續」後即會回到重新編碼成同一變數的對話方框，再點選「確定」即會完成重新編碼的工作，如下頁圖所示。

四、選取部分字元

選取部分字元的功能主要是針對某一些變項，可以將它重新拆解成許多變項，例如：下圖中的編號，前3碼為學校編號，4至6碼為班級編號，後2碼則為座號，因此若要將班級獨立成另外一個變項，即可以利用選取部分字元的方式將之獨立出來。首先請先建立班級這個新的目標變項，請注意，新增變項的類型SPSS內定是數值，但本範例是要將字串拆解，所以新增班級這個變項時，請指定字元的類型，如下圖所示。

開始進行字元的選取，新點選「轉換」→「計算變數」，並且設定目標變項為班級，因為班級是「編號」字串的第4至6，共3個字元，所以數值運算式請輸出「char.substring(編號,4,3)」，這個函數即是處理具有選取部分字元的功能，char.substring( )是函數名稱，第1個參數「編號」是要擷取變數的名稱，第2個參數是擷取的起始位置，第3個參數則是擷取的長度，所以依照本範例的需求是要將「編號」這個變數中從第4個位置取3個

字元成為班級這個變數,所以運算式要寫成「char.substring(編號,4,3)」。

　　點選「確定」後會出現「要變更現有的變數嗎?」的詢問對話方框,因為是預期之中,所以請點選「確定」後,繼續選取部分字元的操作。

　　下圖即會選取部分字元的結果,「班級」正確地從「編號」這個變數字串中擷取出來。

檔案(F)	編輯(E)	檢視(V)	資料(D)	轉換(T)	分析(A)	直效行銷(M)	統計圖(G)	公用程式(U)

1:班級	503

	編號	學校	班級	年級	性別	組別
1	A0150316	A01	503	5	1	0
2	A0150317	A01	503	5	1	0
3	A0150318	A01	503	5	1	0
4	A0150319	A01	503	5	1	0
5	A0150320	A01	503	5	1	0
6	A0150321	A01	503	5	1	1
7	A0150322	A01	503	5	1	1
8	A0150323	A01	503	5	1	1
9	A0150324	A01	503	5	1	1
10	A0150325	A01	503	5	1	1
11	A0150415	A01	504	5	1	0

五、社經地位計算範例

　　社經地位量數在許多調查研究中是一個相當重要的變項，而社經地位的計算可參考林生傳（2000）的兩因素社會地位指數（Two Factor Index of Social Position）為計算方式，將父母親的「職業類別」及「教育程度」，各分成五級，均以父母親等級較高者為代表，計算等級指數時，第一級5分，第二級4 分，以此類推，第五級1分。計算社經地位指數時，則將教育程度乘以4，職業指數乘以7，再根據所得之和區分為三個等級：（1）等級1（52-55）和2（41-51）為高社經地位；（2）等級3（30-40）為中社經地位；（3）等級4（19-29）和5（11-18）則為低社經地位。以下範例為調查國小高年級學童音樂感知與閱讀專注力的情形，總共有20位國小高年級學童，資料如下（ch04_4.sav）。

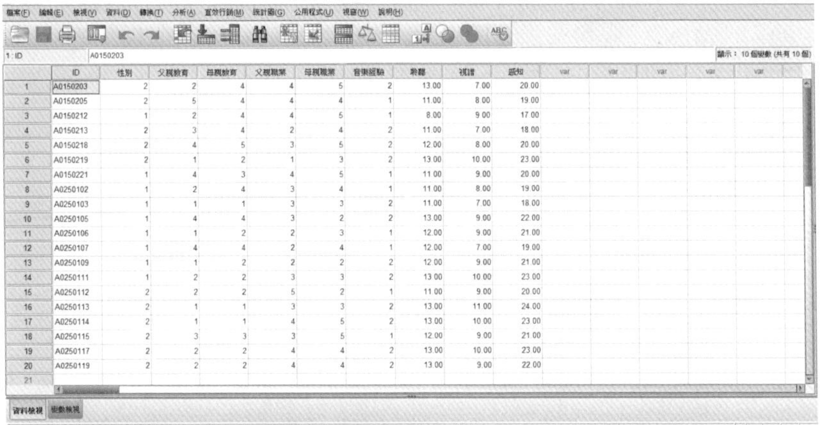

	ID	性別	父親教育	母親教育	父親職業	母親職業	音樂經驗	距離	視覺	底知
1	A0150203	2	2	4	4	4	1	13.00	7.00	20.00
2	A0150205	2	5	4	4	4	1	11.00	8.00	19.00
3	A0150212	1	4	4	5	1	2	8.00	9.00	17.00
4	A0150213	2	3	4	2	1	2	11.00	7.00	18.00
5	A0150218	2	4	5	3	5	2	12.00	8.00	20.00
6	A0150219	2	1	2	1	3	2	13.00	10.00	23.00
7	A0150221	2	2	3	4	5	1	13.00	9.00	20.00
8	A0250102	1	2	4	2	4	1	12.00	8.00	19.00
9	A0250103	1	2	4	3	2	2	11.00	7.00	18.00
10	A0250105	1	4	4	3	2	2	13.00	9.00	22.00
11	A0250106	2	2	4	2	1	2	12.00	9.00	21.00
12	A0250107	1	4	4	2	1	1	12.00	7.00	19.00
13	A0250109	2	2	2	3	2	2	12.00	9.00	21.00
14	A0250111	1	2	2	2	3	2	12.00	10.00	23.00
15	A0250112	2	2	2	2	3	2	19.00	9.00	20.00
16	A0250113	1	1	1	3	2	2	13.00	11.00	24.00
17	A0250114	2	2	4	3	2	2	13.00	10.00	23.00
18	A0250115	2	3	3	4	1	2	12.00	9.00	21.00
19	A0250117	2	2	2	4	4	2	13.00	10.00	23.00
20	A0250119	2	2	2	4	4	2	13.00	9.00	22.00

（一）計算父母職業及教育指數

　　開始計算社經地位指數之前，因社經地位指數的計算是父母親教育程度×4+父母親職業指數×7，其中這二個變項均以父母親等級較高者為代表，但是因為調查時教育程度與職業指數這二個變數的級數愈低代表程度愈高，所以實際操作時是將父親與母親中取出較低者，在SPSS中是利用MIN()這個函數來完成，計算時先點選計算變數後出現計算變數的對話方框，在對話方框中新增一個目標變數「父母教育」，數值運算式則是輸入「MIN(父親教育,母親教育)」後，點選「確定」後即完成計算，如下圖。

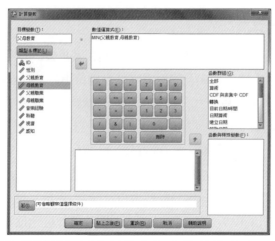

　　父母職業指數則是如同父母教育程度的計算過程，點選「計算變數」，在計算變數對話方框中，新增「父母職業」的變數，並在數值運算式中輸入「MIN(父親職業,母親職業)」，即可完成父母職業指數的計算。

　　計算教育程度以及職業指數的等級指數，因為級數愈低分數愈高，第一級5分，第二級4分，第三級3分，第四級2分，第五級1分，為了比較指數計算結果，所以要將級數轉換為分數，但為了要說明轉換前後之不同，所以請在SPSS功能表中選擇「敘述統計」→「次數分配表」列出「父母教育程度」與「父母職業指數」原始資料的次數分配情形，如下表。

父母教育					
		次數	百分比	有效百分比	累積百分比
有效的	1.00	6	30.0	30.0	30.0
	2.00	7	35.0	35.0	65.0
	3.00	3	15.0	15.0	80.0
	4.00	4	20.0	20.0	100.0
	總和	20	100.0	100.0	

父母職業					
		次數	百分比	有效百分比	累積百分比
有效的	1.00	1	5.0	5.0	5.0
	2.00	6	30.0	30.0	35.0
	3.00	6	30.0	30.0	65.0
	4.00	7	35.0	35.0	100.0
	總和	20	100.0	100.0	

　　因為級數愈高，分數愈低，所以要先將教育程度與職業指數反向計

分，請點選「編碼」→「重新編碼成同一變數」，如下圖所示。

此時會出現「重新編碼成同一變數」的對話方框，請將需要反向計分的變項移至「數值變數」的方框之中，如下圖所示。

請點選「舊值」與「新值」的按鈕，定義反向計分的數值，如下圖的對話方框。

舊值與新值的資料確定之後，請點選「繼續」後確定，即完成反向計分，再次列出「父母教育程度」以及「父母職業指數」，將與上述次數分配表的值相反，例如：「父母教育程度」原次數分配依序是6,7,3,4，而反向後的次數分配已經改為4,3,7,6，詳細次數分配表如下所示。

父母教育					
		次數	百分比	有效百分比	累積百分比
有效的	2.00	4	20.0	20.0	20.0
	3.00	3	15.0	15.0	35.0
	4.00	7	35.0	35.0	70.0
	5.00	6	30.0	30.0	100.0
	總和	20	100.0	100.0	

父母職業					
		次數	百分比	有效百分比	累積百分比
有效的	1.00	1	5.0	5.0	5.0
	2.00	6	30.0	30.0	35.0
	3.00	6	30.0	30.0	65.0
	4.00	7	35.0	35.0	100.0
	總和	20	100.0	100.0	

（二）計算社經地位指數

計算社經地位指數，社經地位指數＝教育程度×4＋職業指數×7，所以利用「計算變數」的功能可以計算出社經地位指數，如下圖所示。

此時即會出現「社經地位指數」這個變數，如下頁圖所示。

	ID	性別	父親教育	母親教育	父親職業	母親職業	音樂經驗	聆聽	視譜	感知	父母教育	父母職業	社經地位指數	var	var
1	A0150203	2	2	4	4	5	2	13.00	7.00	20.00	4.00	4.00	44.00		
2	A0150205	2	5	4	4	4	1	11.00	8.00	19.00	2.00	4.00	36.00		
3	A0150212	1	2	4	4	5	1	8.00	9.00	17.00	2.00	4.00	44.00		
4	A0150213	2	4	2	4	2	2	11.00	7.00	18.00	3.00	2.00	26.00		
5	A0150218	2	4	5	3	5	2	12.00	8.00	20.00	2.00	3.00	29.00		
6	A0150219	1	2	1	3	2	2	13.00	10.00	23.00	5.00	1.00	27.00		
7	A0150221	1	4	3	4	3	1	11.00	9.00	20.00	4.00	4.00	40.00		
8	A0250102	1	1	4	1	5	1	11.00	8.00	19.00	4.00	3.00	37.00		
9	A0250103	1	1	1	2	2	2	11.00	7.00	18.00	5.00	3.00	41.00		
10	A0250105	1	3	4	3	4	2	13.00	9.00	22.00	2.00	2.00	22.00		
11	A0250106	1	1	2	2	3	1	12.00	9.00	21.00	5.00	2.00	34.00		
12	A0250107	1	4	4	4	2	2	12.00	7.00	19.00	2.00	2.00	22.00		
13	A0250109	1	1	2	2	2	2	12.00	9.00	21.00	5.00	2.00	34.00		
14	A0250111	2	2	3	2	3	2	13.00	10.00	23.00	4.00	3.00	37.00		
15	A0250112	2	2	2	5	2	1	11.00	9.00	20.00	4.00	2.00	30.00		
16	A0250113	2	1	4	3	3	2	13.00	11.00	24.00	5.00	3.00	41.00		
17	A0250114	2	1	1	4	5	2	13.00	10.00	23.00	4.00	4.00	48.00		
18	A0250115	2	3	3	4	2	1	12.00	9.00	21.00	3.00	4.00	33.00		
19	A0250117	2	2	4	4	4	2	13.00	10.00	23.00	4.00	4.00	44.00		
20	A0250119	2	2	2	4	2	2	13.00	9.00	22.00	4.00	4.00	44.00		
21															

（三）計算社經地位

　　計算社經地位是依據上述所計算的「社經地位指數」來加以分組，分為高、中以及低等3組社經地位，其中：（1）等級1（52-55）和2（41-51）為高社經地位；（2）等級3（30-40）為中社經地位；（3）等級4（19-29）和5（11-18）則為低社經地位，計算分組過程如下所述，請在SPSS功能表中點選「轉換」→「重新編碼成不同變數」。

　　接下來請在「重新編碼成不同變數」的對話方框中，點選將「社經地位指數」轉換成「社經地位」，並點選「舊值」與「新值」按鈕來設定新的轉換值，如下圖所示。

　　依據上述的分組依據，將低於29指定重新編碼成3，30與40之間重新

編碼成2，高於41則是指定為1，其中「1」代表高社經地位、「2」代表中
社經地位，「3」代表低社經地位，如下圖所示。

指定「舊值」與「新值」後，點選「繼續」後會跳回主對話方框，再
點選「確定」即可完成「社經地位」的分組，下圖為分組後的結果。

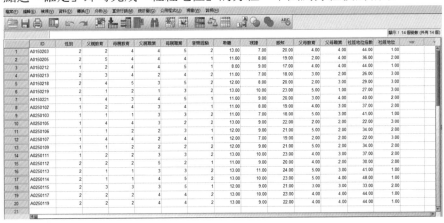

若要日後分析資料時容易識別，建議將變數的數值加上註解，以下即
是將社經地位這個變數加以註解其數值的意義，其中社經地位=「1」時代
表高社經地位，「2」為中社經地位，「3」為低社經地位，數值註解的對
話方框如下頁圖所示。

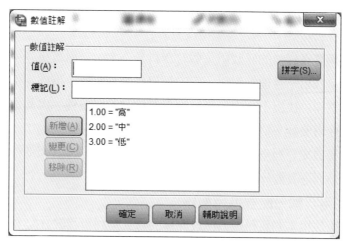

此時若在功能表中點選數位標記的符號，資料表即會出現註解的結果，如下圖所示。

	ID	性別	父親教育	母親教育	父親職業	母親職業	智財經驗	時數	視讀	感知	父母教育	父母職業	社經地位指數	社經地位	var
1	A0150203	女生	2	4	4	5	無	13.00	7.00	20.00	4.00	4.00	44.00	高	
2	A0150205	女生	5	4	4	5	無	11.00	8.00	19.00	2.00	4.00	36.00	中	
3	A0150212	男生	2	4	4	5	有	8.00	9.00	17.00	4.00	4.00	44.00	高	
4	A0150213	女生	3	4	2	4	無	11.00	7.00	18.00	3.00	2.00	26.00	低	
5	A0150218	女生	4	5	3	5	無	12.00	8.00	20.00	2.00	3.00	29.00	低	
6	A0150219	女生	1	2	1	3	無	13.00	10.00	23.00	5.00	1.00	27.00	低	
7	A0150221	男生	4	3	4	4	無	11.00	9.00	20.00	3.00	4.00	40.00	中	
8	A0250102	男生	2	4	3	4	有	11.00	8.00	19.00	4.00	3.00	37.00	中	
9	A0250103	男生	1	1	3	3	無	11.00	7.00	18.00	5.00	3.00	41.00	高	
10	A0250105	男生	4	4	3	2	無	13.00	9.00	22.00	2.00	2.00	22.00	低	
11	A0250106	男生	1	2	2	3	有	12.00	9.00	21.00	5.00	2.00	34.00	中	
12	A0250107	男生	4	4	2	4	有	12.00	7.00	19.00	2.00	2.00	22.00	低	
13	A0250109	男生	1	2	2	2	無	12.00	9.00	21.00	5.00	2.00	34.00	中	
14	A0250111	男生	2	2	3	3	無	13.00	10.00	23.00	4.00	3.00	37.00	中	
15	A0250112	女生	2	2	5	2	有	11.00	9.00	20.00	4.00	2.00	30.00	中	
16	A0250113	女生	1	1	3	3	無	13.00	11.00	24.00	5.00	3.00	41.00	高	
17	A0250114	女生	1	1	4	5	無	13.00	10.00	23.00	5.00	4.00	48.00	高	
18	A0250115	女生	3	3	3	5	有	12.00	9.00	21.00	3.00	3.00	33.00	中	
19	A0250117	女生	2	2	4	4	無	13.00	10.00	23.00	4.00	4.00	44.00	高	
20	A0250119	女生	2	2	4	4	無	13.00	9.00	22.00	4.00	4.00	44.00	高	
21															

肆、檢核資料

調查資料中，問卷回收完成並輸入統計分析軟體後，首先需要進行資料的檢核，一般來說，資料的檢核包括不合理資料的檢核、資料邏輯的檢核等，本節主要將說明不合理資料檢核中重複樣本的檢核以及類別變項的檢核等二項，並以SPSS統計軟體為例來加以說明。

一、重複樣本檢核

測驗與評量資料的回收中，假若資料量不大，資料蒐集者可以利用目視一筆一筆找出不合理的資料，但若是資料量較大時，借助電腦來協助進行資料的整理，找出不合理的資料則有其相當的必要性，尤其是資料量龐大時，往往需要許多資料的登錄人員，若是資料分類整理的工作未預先落實，則容易造成資料重複的情形發生，以下將以二種方式來進行重複樣本的檢核，分別是次數分配表以及識別重複觀察值等。

（一）利用次數分配表進行檢核

進行重複樣本的資料檢核，最簡單的方式是利用次數分配表，SPSS所製作的次數分配表，會單獨針對所有不同觀察值次數分配，因此，只要是次數大於1者即是有重複觀察值的可能，進行次數分配表請點選「分析」→「敘述統計」→「次數分配表」，如下圖所示（ch04_5.sav）。

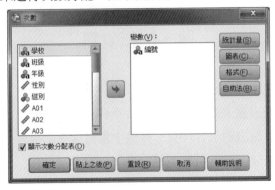

點選之後即會出現次數分配的對話方框，將「編號」選擇至「變數」的方框之中，來進行次數分配，如下圖所示。

下表是「編號」的次數分配之結果，由下表摘要的結果中可以得知「編號」A055121以及A0560108這二個觀察值，有重複樣本，其中A0550121有3筆，而A0560108則有2筆，以下即針對這2個「編號」利用「選擇觀察值」的功能來進一步查詢其他變項的資料為何？

編號				
	次數	百分比	有效百分比	累積百分比
A0550119	1	.3	.3	92.2
A0550120	1	.3	.3	92.5
A0550121	3	1.0	1.0	93.5
A0550124	1	.3	.3	93.8
…	…	…	…	…
A0560107	1	.3	.3	96.4
A0560108	2	.7	.7	97.1
A0560110	1	.3	.3	97.4
A0560118	1	.3	.3	99.7
A0560199	1	.3	.3	100.0
總 和	307	100.0	100.0	

利用前述所提及選取部分資料中的「選擇觀察值」，並且在邏輯運算的框中輸入「編號＝"A0550121" ｜ 編號＝"A0560108"」的字串，點選「確定」後回到「選擇觀察值」的對話方框畫面。

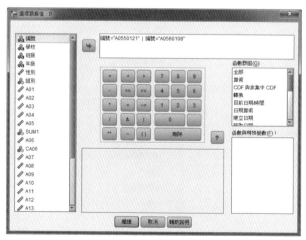

下圖為「選取觀察值」的對話方框，由下圖的資料可以了解「選取觀察值」的方法是以「如果滿足設定條件」的選項來進行觀察值的選取，並且輸出方式是採用「篩選出未選擇的觀察值」。

選取上述2個重複編號的樣本後,接下來利用「觀察值摘要」來列出重複樣本及其他變項,點選「分析」→「報表」→「摘要觀察值」,如下圖所示。

	編號	學校					
1	A0150301	A01	503				4
2	A0150302	A01	503				2
3	A0150303	A01	503	2	1	3	
4	A0150304	A01	503	2	1	4	
5	A0150305	A01	503	2	0	3	
6	A0150306	A01	503	2	0	3	
7	A0150307	A01	503	2	0	4	
8	A0150308	A01	503	2	0	3	
9	A0150309	A01	503	2	0	2	
10	A0150310	A01	503	2	1	2	
11	A0150311	A01	503	2	1	3	

選單：檔案(F) 編輯(E) 檢視(V) 資料(D) 轉換(T) 分析(A) 直效行銷(M) 統計圖(G) 公用程式(U) 視窗(W) 說明

報表(P) ▶
　Codebook...
　OLAP 多維度報表(A)...
　觀察值摘要(M)...
　列的報表摘要(R)...
　欄的報表摘要(S)...

敘述統計(E) ▶
表格(B) ▶
比較平均數法(M) ▶
一般線性模式(G) ▶
概化線性模式(Z) ▶
混合模式(X) ▶
相關(C) ▶
迴歸(R) ▶
對數線性(O) ▶
神經網路(W) ▶
分類(Y) ▶
維度縮減(D) ▶
尺度(A) ▶

出現摘要觀察值的對話方框中,請選擇要顯示的其他變項,本範例是選擇「編號」、「學校」、「班級」、「年級」、「性別」、「組別」、「A01」、「A02」、「A03」、「A04」、「A05」等變項。

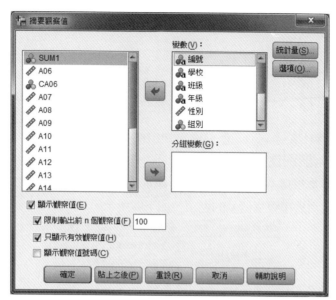

請注意,若重複的樣本大於100個觀察值的話,請移除勾選上述「限制輸出前n個觀察值」,否則只要依內定值即可,點選完成之後,請點選「確定」執行摘要觀察值的輸出,如下表。

觀察值摘要a							A01	A02	A03	A04	A05
	編號	學校	班級	年級	性別	組別					
1	A0550121	A05	501	5	女生	實驗組	2	1	3	2	2
2	A0550121	A05	501	5	女生	實驗組	2	1	3	2	2
3	A0550121	A05	501	5	女生	實驗組	2	1	3	2	2
4	A0560108	A05	601	6	男生	控制組	3	2	1	3	2
5	A0560108	A05	601	6	男生	控制組	2	3	2	2	1
總和 個數	5	5	5	5	5	5	5	5	5	5	5
a. 限於前 100 個觀察值。											

由上表的輸出結果可以了解,A0550121這個編號重複出現3次,而其他變數的值都相同,應該是資料登錄時重複登錄,直接刪除即可,至於編號A0560108則明顯發現其他變項的值有不同的地方,應該是編號登錄有誤,建議找出原始資料再予以修正,請記得完成修正或刪除資料的工作,再次點選「選取觀察值」的選項,並且選取「全部觀察值」,恢復為選取全部觀察值的檢視狀態,以免資料分析時,造成結果有誤,操作如下頁圖所示。

（二）利用識別重複觀察值檢核

第二種重複樣本的檢核則是利用識別重複觀察值的功能，請點選「資料」→「識別重複觀察值」的選項，如下圖所示。

下圖為識別重複觀察值的對話方框，請將編號選入「定義相符觀察值，依據」的方框中，並且在「待建立的變項」中，除了內定的「主觀察值的指標」外，再點選「各群組中的相符觀察值循序個數」，如下圖。

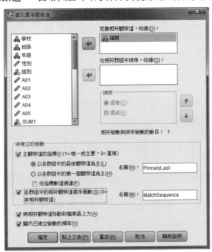

　　下表即為利用識別重複觀察值檢核的結果，由下表的資料中可以了解，總共有3個重複的觀察值，而主要觀察值有304，總共有307筆資料，由原始資料表中可以再詳細地了解重複的樣本資料為何？

將所有最後一個相符觀察值標為主要的指標		次數	百分比	有效百分比	累積百分比
有效的	複觀察值	3	1.0	1.0	1.0
	主要觀察值	304	99.0	99.0	100.0
	總和	307	100.0	100.0	

　　下表是相符觀察值的循序個數，0代表只有1個主要觀察值，除了主要觀察值之外有1個相符觀察值的有2筆，有2個相符觀察值的有2筆，有3個相符觀察值的有1筆，詳細情形可觀察原始資料。

相符觀察值的循序個數	次數	百分比	有效百分比	累積百分比
有效的　0	302	98.4	98.4	98.4
1	2	.7	.7	99.0
2	2	.7	.7	99.7
3	1	.3	.3	100.0
總和	307	100.0	100.0	

　　下表為進行利用識別重複觀察值功能的分析結果，請注意所新產生的二個變項「PrimaryLast」以及「MathSequence」等會置於所有變項的最後二個，為了容易說明，作者將之移至「編號」的旁邊，易於觀察，由下表的資料即可以發現上述的重複觀察值有3筆即是第1、2以及4，另外出現1個重複觀察值的有2筆，出現2個重複觀察值的有2筆，出現3個重複觀察值的則有1筆。

	編號	PrimaryLast	MatchSequence	學校	班級	年級	性別	組別	A01	A02
1	A0550121	重複觀察值	1	A05	501	5	女生	實驗組	2	1
2	A0550121	重複觀察值	2	A05	501	5	女生	實驗組	2	1
3	A0550121	主要觀察值	3	A05	501	5	女生	實驗組	2	1
4	A0560108	重複觀察值	1	A05	601	6	男生	控制組	3	2
5	A0560108	主要觀察值	2	A05	601	6	男生	控制組	3	2
6	A0150301	主要觀察值	0	A01	503	5	男生	實驗組	4	3
7	A0150302	主要觀察值	0	A01	503	5	男生	實驗組	2	2

　　上述檢核重複樣本的方法，只是簡單地利用次數分配表以及識別重複觀察值等二種方法，但這不是唯二的二個檢核重複樣本的方法，若是習慣

撰寫程式語法的讀者，尚可利用SPSS的語法來行重複樣本的檢核，無論如何，檢核重複樣本在大量資料的整理工作是相當不容易的，但又是必要的，所以適時地運用相關軟體來進行資料整理的協助則有其必要性。

二、類別變項檢核

態度或心理測驗量表中，最常用的量尺是李克特量表，而無論是李克特量表或者是成就測驗中的選擇題型，資料輸入時難免會有所失誤，而以下即是利用SPSS來協助資料登錄者檢核，所輸入的類別性變項是否有誤。以下範例是以李克特四點量表為例，受試者的反應資料應該限於1至4，範例中檢核的變項是A01至A05等五個變項資料，因此，若要檢核類別變項，最簡單的方式仍然是以SPSS中的次數分配表功能來加以檢核，請點選「分析」→「敘述統計」→「次數分配表」後，即會出現次數分配表的對話方框，如下圖所示（ch04_6.sav）。

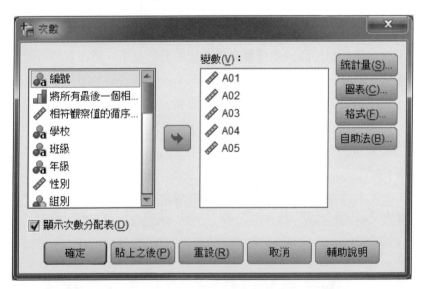

下表中以A03的次數分配表為例，預期的反應資料應該只有1至4，但是次數分配表中有2個0以及1個8的反應資料與預期有所落差，因此在類別變項的檢核中，A03這個變項的反應資料需要再加以檢核，以下即利用前述選擇觀察值的方法來檢視這些非預期資料的位置為何。

A03					
		次　數	百分比	有效百分比	累積百分比
有效的	0	2	.7	.7	.7
	1	68	22.1	22.5	23.2
	2	91	29.6	30.1	53.3
	3	87	28.3	28.8	82.1
	4	53	17.3	17.5	99.7
	8	1	.3	.3	100.0
	總　和	302	98.4	100.0	
遺漏值	9	7	2.3		
總　和		307	100.0		

　　利用「如果滿足設定條件」的方法來選擇觀察值，在上述A03變項的次數分配表中，出現0以及8等二個非預期的反應結果，所以請在邏輯運算的方框中，輸入「any(A03,0,8)」，any( )這個函數是在檢核變項中的資料是否滿足參數中的條件，因此若輸入「any(A03,0,8)」代表接下來所要選擇的觀察值應該要滿足A03的變項具有0以及8的反應資料觀察值。

　　點選「繼續」後即會出現選擇觀察值的對話方框，如下圖所示。

　　點選「確定」之後即會出現符合上述邏輯運算的觀察值，接下來再利用「觀察值摘要」列出所要輸出的變項，變項的選擇同上述利用次數分配表來進行重複樣本檢核的觀察變項。

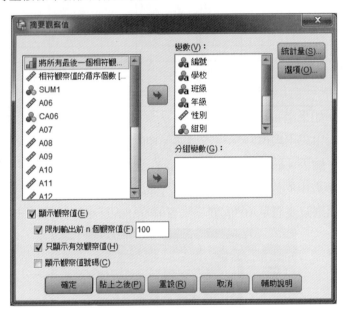

　　點選「確定」之後即會出現A03這個變項，其中出現0與8反應資料的觀察值，由下表的結果可知有3筆，分別是編號A0360405、A0360410以及A0360413，資料登錄者則可依據原始資料來修正這3筆資料有誤的觀察值。

觀察值摘要a											
		編號	學校	班級	年級	性別	組別	A01	A02	A03	A04	A05
1		A0360405	A03	604	6	男生	實驗組	5	5	5	3	3
2		A0360410	A03	604	6	男生	控制組	2	2	5	5	8
3		A0360413	A03	604	6	男生	實驗組	4	4	8	4	4
總和	個數	3	3	3	3	3	3	3	3	3	3	3
a. 限於前 100 個觀察值。											

　　資料的整理中，正確性是相當重要的，大量的資料若是讀卡資料，出現登錄錯誤的情形比較少，但是若以人工登錄時則往往會出現許多錯誤，此時若能以電腦軟體來加以協助檢核的話，則可以大大提升資料的正確性。

伍、合併資料

　　研究者蒐集資料，往往會遇到不同時間收到的相同受試者不同量表以及相同量表不同受試者，分析時需要加以合併資料的情形（陳新豐，2015），這與研究者日後是否可以順利完成研究目的有著密切的關係，以下將說明研究者如何合併二個檔案，分為新增觀察值（相同量表，不同受試者）以及新增變數（相同受試者，不同量表）等二種合併資料的方式說明如下。

一、新增觀察值

　　當研究者所蒐集的資料來自於相同量表不同受試者時，即可利用新增觀察值的方式來加以合併，首先開啟所要合併的二個檔案（ch04_71.sav、ch04_72.sav），從以下的資料檔中可以發現，第1個檔案與第2個檔案的變項完全相同（學生編號、性別、年級、閱讀理解），並且第1個檔案與第2個檔案的資料內容是不相同的，亦即是相同的量表，但是為不同受試者的檔案資料。

檔案1:ch04_71.sav

	學生編號	性別	年級	閱讀理解	var
1	C001	1	5	76	
2	C002	1	5	90	
3	C003	1	5	98	
4	C005	1	5	94	
5	C007	0	5	88	
6	C009	0	5	72	
7	C010	0	5	70	
8					

檔案2:ch04_72.sav

	學生編號	性別	年級	閱讀理解	var
1	C004	1	5	86	
2	C006	0	5	87	
3	C008	0	5	72	
4					
5					
6					
7					
8					

　　進行2個不同的檔案新增觀察值，請先以2個要合併檔案中其中任何1個檔案為主，再點選SPSS功能表中的「資料」→「合併檔案」→「新增觀察值」。

　　點選需要合併的檔案，若需要合併的檔案已開啟，請點選「開啟的資料集」，若是尚未開啟，請選取「外部SPSS Statistics的資料檔」，選擇完畢之後請點選「繼續」。

此時在新增觀察值來源的對話方框中，需要選擇「新作用中資料集中變數」，如下圖所示。

點選「確定」即完成合併檔案中新增觀察值，結果如下圖所示，此時可以將合併之後的檔案另存檔案，以免覆蓋原始的資料檔案。

	學生編號	性別	年級	閱讀理解	var
1	C001	1	5	76	
2	C002	1	5	90	
3	C003	1	5	98	
4	C005	1	5	94	
5	C007	0	5	88	
6	C009	0	5	72	
7	C010	0	5	70	
8	C004	1	5	86	
9	C006	0	5	87	
10	C008	0	5	72	
11					

二、新增變數

　　以下要說明的檔案合併為新增變數，亦即是當相同受試者，但是進行不同的量表，此時研究者需要將這不同量表的受試者資料合併成一個檔案時。首先請先開啟要合併的檔案（ch04_81.sav、ch04_82.sav），由下圖的2個檔案的內容可以發現，這2個檔案中其有相同的受試者「ID」，但第1個檔案的變項內容（性別、年級、閱讀理解）與第2個檔案的變項內容「識字量」是不相同的。

　　　　檔案1:ch04_81.sav　　　　　　　　　　　檔案2:ch04_82.sav

	學生編號	性別	年級	閱讀理解	var
1	C001	1	5	76	
2	C002	1	5	90	
3	C003	1	5	98	
4	C005	1	5	94	
5	C007	0	5	88	
6	C009	0	5	72	
7	C010	0	5	70	
8	C004	1	5	86	
9	C006	0	5	87	
10	C008	0	5	72	
11					

	學生編號	識字量	var
1	C001	3200	
2	C002	3500	
3	C003	2900	
4	C004	2880	
5	C005	3010	
6	C006	3000	
7	C007	2040	
8	C008	4200	
9	C009	2010	
10	C010	2080	
11			

　　開啟完要合併的2個檔案後，請先選擇主要合併的檔案後，再點選「資料」→「合併檔案」→「新增變數」的選項，如下圖所示。

　　此時請點選所要合併的檔案來源，若檔案來源已經開啟，請選擇從「開啟的資料集」，否則選擇「外部SPSS檔案」來進行合併，如下頁圖。

　　此時會出現新增變數來源的對話方框，並且請輸入關鍵變數，以上述2個需要合併的檔案中為例，第1個檔案與第2個檔案中，共同的變項即為「學生編號」，因此請以「學生編號」為關鍵變數來進行檔案的合併。另外，需要再加以選擇匹配已排序檔案關鍵變數的觀察值，SPSS的合併檔案中，總共有3種選擇匹配關鍵值的方式，第1為兩個合併的檔案皆提供觀察值；第2種則為非作用中資料集是索引表；第3種則是作用中資料集是索引表，首先請以作用中資料集是索引表的方式來進行新增變數的檔案合併，請特別注意，將在「兩個資料集中，以重要變項的順序排序觀察值」的選項打勾，以免造成資料合併時會缺失資料，如下圖所示。

　　點選「確定」之後，若檔案事先並沒有排序的話，在SPSS中會出現警告訊息，亦即關鍵變數中的資料未以遞增或遞減的順序排序，關鍵配對將會失敗，下頁圖則是資料未排序時所產生的錯誤訊息。

以下為輸出的錯誤訊息。

File #1

　　KEY: C004

>誤差 # 5130

>檔案順序錯誤。MATCH FILES 中所有檔案的 BY 變數必須是非遞減順序。請使用 SORT CASES 排序檔案。

　>此指令的執行已停止。

Any changes made to the working file since 25-APR-2016 16:42:14 have been lost.

The time now is 17:57:22.

　　上述的錯誤訊息呈現，主要是因為資料檔並未排序，所以合併檔案失敗，以下將進行資料值的排序。

（一）進行排序

　　進行資料值的排序，請點選SPSS功能表中「資料」→「觀察值排序」來將觀察值排序。此時會出現觀察值排序的對話方框，請點選排序依據，本範例是以「學生編號」來排序，並且選擇排序順序是以「遞增」來加以排序，如下圖所示。

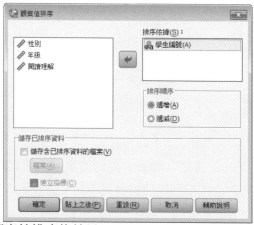

下頁圖為觀察值排序的結果。

	學生編號	性別	年級	閱讀理解	var
1	C001	1	5	76	
2	C002	1	5	90	
3	C003	1	5	98	
4	C004	1	5	86	
5	C005	1	5	94	
6	C006	0	5	87	
7	C007	0	5	88	
8	C008	0	5	72	
9	C009	0	5	72	
10	C010	0	5	70	
11					

（二）作用中資料集是索引表

此時若未修改匹配關鍵值的方式，仍然是以作用中資料集是索引表的方式來進行新增變項的合併方式時，重新進行資料檔合併的結果如下圖所示。由下述的結果中可以得知，已成功地將這2個檔案合併，並且新增變數欄位。

	學生編號	性別	年級	閱讀理解	識字量	var
1	C001	1	5	76	3200	
2	C002	1	5	90	3500	
3	C003	1	5	98	2900	
4	C004	1	5	86	2880	
5	C005	1	5	94	3010	
6	C006	0	5	87	3000	
7	C007	0	5	88	2040	
8	C008	0	5	72	4200	
9	C009	0	5	72	2010	
10	C010	0	5	70	2080	
11						

接下來要說明的是若是二個要合併的檔案，其檔案的筆數並不相同時，此時在檔案合併中匹配關鍵值的方式不同，會產生不同的結果，說明如下，下圖為二個筆數不同的資料檔（ch4_81_1.sav、ch4_82_1.sav）。

檔案1:ch04_81_1.sav

	學生編號	性別	年級	閱讀理解	var
1	C001	1	5	76	
2	C002	1	5	90	
3	C003	1	5	98	
4	C004	1	5	86	
5	C005	1	5	94	
6	C006	0	5	87	
7	C007	0	5	88	
8	C008	0	5	72	
9	C009	0	5	72	
10	C010	0	5	70	
11	C011	0	5	89	

檔案2:ch04_82_1.sav

	學生編號	識字量	var
1	C001	3200	
2	C002	3500	
3	C005	3010	
4	C006	3000	
5	C009	2010	
6	C010	2080	
7	C012	2000	
8			
9			
10			
11			

　　此時選擇匹配關鍵值的方式，為「作用中資料集是索引表」的方式來進行新增變項的合併方式時，資料檔合併的結果如下圖所示。由下列的結果可以得知，以作用中資料集是索引表的方式匹配關鍵值來新增變項時，會以作用檔（檔案2）中的觀察值為主來加以合併。

	學生編號	性別	年級	閱讀理解	識字量	var
1	C001	1	5	76	3200	
2	C002	1	5	90	3500	
3	C005	1	5	94	3010	
4	C006	0	5	87	3000	
5	C009	0	5	72	2010	
6	C010	0	5	70	2080	
7	C012	.	.	.	2000	
8						
9						
10						
11						

（三）非作用中資料集是索引表

　　若是在上述2個合併的範例檔案中，新增變項的檔案合併其匹配關鍵值的方式，是以第2種非作用中資料集是索引表時，下述是2個檔案合併後的結果，由下述結果中可以發現，第2個檔案有部分觀察值在第1個檔案中（非作用檔）並不存在，所以會出現部分觀察值「識字量」變項並不存在的情形。

	學生編號	性別	年級	閱讀理解	識字量	var
1	C001	1	5	76	3200	
2	C002	1	5	90	3500	
3	C003	1	5	98	.	
4	C004	1	5	86	.	
5	C005	1	5	94	3010	
6	C006	0	5	87	3000	
7	C007	0	5	88	.	
8	C008	0	5	72	.	
9	C009	0	5	72	2010	
10	C010	0	5	70	2080	
11	C011	0	5	89	.	

（四）兩檔皆提供觀察值

　　以下是為匹配關鍵值中選擇兩檔皆提供觀察值的合併結果，由下圖的合併結果中可以得知，出現2個檔案都有的所有筆數。

	學生編號	性別	年級	閱讀理解	識字量	var
1	C001	1	5	76	3200	
2	C002	1	5	90	3500	
3	C003	1	5	98	.	
4	C004	1	5	86	.	
5	C005	1	5	94	3010	
6	C006	0	5	87	3000	
7	C007	0	5	88	.	
8	C008	0	5	72	.	
9	C009	0	5	72	2010	
10	C010	0	5	70	2080	
11	C011	0	5	89	.	
12	C012	.	.	.	2000	

陸、轉置資料

　　轉置資料的策略在處理縱貫研究時長期蒐集的資料中是相當重要的，對於資料格式中N×P轉置為P×N格式在處理許多假設考驗問題中，也是常常被需要的，以下將針對多個時間點的資料變數轉置成觀察值以及多個

時間點的資料觀察值轉置成變數等二個資料處理方法加以說明如下。

一、資料變數轉置成觀察值

　　以下將說明如何將多個時間點的資料變數轉置成觀察值，下述範例中每位受試者有4個時間點的閱讀理解分數，其變數的命名分別是RC1、RC2、RC3以及RC4，轉置資料的目的在於將這4個時間點的資料，轉成一個變數「TIME」，當這個變數值為1、2、3、4代表著RC1到RC4的觀察值，例如：第一位受試者的學生編號是C001，其4次閱讀理解分數分別是78、86、88以及92，而轉置成TIME的變數，當TIME為1時，其RC是78；TIME為2時，其RC為86，以此類推，接下來將說明如何將資料變數轉置成觀察值。

（一）開啓資料檔

　　首先請開啓資料檔（ch04_9.sav），總共有10筆資料，每筆資料包括六個欄位，分別是學生編號、性別（1代表男生，0代表女生）、四個閱讀理解分析（RC1至RC4），如下圖所示。

	學生編號	性別	RC1	RC2	RC3	RC4	var
1	C001	1	78	86	88	92	
2	C002	1	90	92	94	98	
3	C003	1	96	100	102	108	
4	C004	1	88	86	92	102	
5	C005	1	82	100	102	104	
6	C006	0	76	92	98	110	
7	C007	0	89	90	98	98	
8	C008	0	77	82	86	88	
9	C009	0	75	88	92	100	
10	C010	0	82	82	86	92	
11							

（二）重新架構

　　重新架構資料時，請點選SPSS功能表中「資料」→「重新架構」，即會出現重新架構的資料精靈，如下圖所示，重新架構主要分為：（1）將選定變數重新架構為觀察值；（2）將選定觀察值重新架構為變數；（3）轉置全部資料等3個作業。

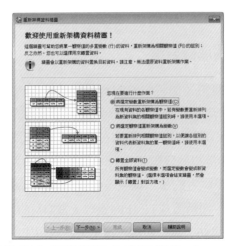

　　因爲本範例是將多個時間點的資料變數（RC1、RC2、RC3與
RC4），轉置爲TIME的觀察值（1、2、3、4），所以請點選第1個作業
「將選定變數重新架構爲觀察值」，點選之後即會出現重新架構的資料精
靈步驟7之2，如下圖所示，下圖的重新架構精靈主要是要決定觀察值的變
數以及變數組別的數目。

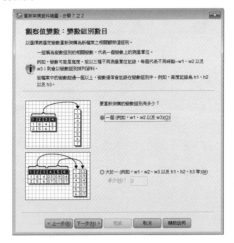

　　因爲本次範例是將RC1、RC2、RC3與RC4轉爲一個變數TIME，所以
請點選要重新架構的變數組別爲「一個」，點選完「下一步」之後即會出
現重新架構資料精靈第3步驟，如下頁圖所示。

　　在選擇變數這個步驟中，「觀察值組別識別」選擇「使用選定變數」，這個選定的變數選擇「學生編號」，在轉置的變數中，將四個時間點的資料（RC1、RC2、RC3與RC4）加入要轉置變項的方框中，目標變數命名為RC，固定變數選擇「性別」，因為這個變項對於觀察值來說是固定不變的，選擇完成後點選「下一步」即會進入步驟7之4，建立指標變數。

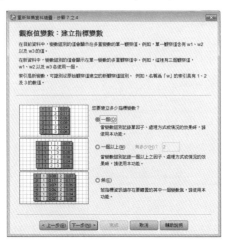

　　建立指標變數的個數時請選擇「一個」，因為本範例只有一個時間點的指標變數，完成後點選「下一步」進入步驟7之5建立一個指標變數，如下頁圖所示。

　　建立一個指標變數的步驟中，將指標數值的種類選擇「序號」自動編號，編輯指標變數名稱內定值為指標1，本範例修改為TIME，以符合本範例的內涵，如下圖所示，完成後點選「下一步」即進入步驟6選項。

　　重新架構的第6個步驟為設定選項，其中處理未選擇的變數是「放下新檔案的變數」，系統遺漏或全部轉置變數均為空白值中選擇「在新檔案中建立觀察值」，此為系統內定值，完成後請點選「下一步」進入重新架構最後一個步驟，如下頁圖所示。

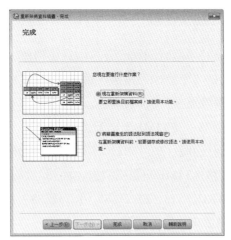

　　重新架構的完成步驟中，主要有二個選項，分別是「現在重新架構資料」、「將精靈產生的語法貼到語法視窗」，內定是現在重新架構，點選「完成」按鈕後會出現警告訊息，『原始資料中的集合仍將用於重新架構的資料。開啟「使用集合」的對話方框，可以加以調整使用中的集合』，確認無誤後，點選「確定」後完成重新架構的工作。

　　下圖是重新架構後完成的結果，新增TIME以及RC二個變項。

	學生編號	性別	TIME	RC	var
1	C001	1	1	78	
2	C001	1	2	86	
3	C001	1	3	88	
4	C001	1	4	92	
5	C002	1	1	90	
6	C002	1	2	92	
7	C002	1	3	94	
8	C002	1	4	98	
9	C003	1	1	96	
10	C003	1	2	100	
11	C003	1	3	102	
12	C003	1	4	108	

二、資料觀察值轉置成變數

　　以下要說明的是將多個時間點的資料觀察值轉置成變數，每一筆觀察值（TIME）中，有1、2、3、4等常數，而當1時，其RC的值轉成變數1的值，例如：上述範例結果中，C001這位受試者總共有4筆資料，其TIME值為1時，其RC的值為78；當TIME值為2時，RC為86；當TIME值為3時，RC為88；當TIME值為4時，RC為92，本範例的目的即是將C001這4筆資料，轉成只有1筆資料，TIME的變項消失，而將4次的RC值，轉置為RC1至RC4四個變項，其RC1為78，RC2為86，RC3為88，RC4為92，以下將開始說明資料觀察值轉置成變數的步驟。

（一）開啓資料檔

　　首先請開啓資料檔（ch04_91.sav），資料內容如下所示，每一筆資料包括四個變項，分別是「學生編號」、「性別」、「TIME」、「RC」。

	學生編號	性別	TIME	RC	var
1	C001	1	1	78	
2	C001	1	2	86	
3	C001	1	3	88	
4	C001	1	4	92	
5	C002	1	1	90	
6	C002	1	2	92	
7	C002	1	3	94	
8	C002	1	4	98	
9	C003	1	1	96	
10	C003	1	2	100	
11	C003	1	3	102	
12	C003	1	4	108	

（二）重新架構

　　接下來請點選「資料」→「重新架構」，即會出現重新架構資料的精靈畫面，資料觀察值轉置成變數總共有5個步驟，因為本範例是將選定的觀察值重新架構為變數，所以請點選第2個作業，如下頁圖所示。

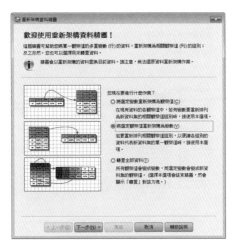

上圖是重新架構資料精靈的第1個步驟，點選「將選定觀察值重新架構為變數」，完成後再點選「下一步」，即出現步驟2選擇變數的畫面。

第2個步驟為選擇變數，在這個步驟中，識別碼變號請選擇「編號」，而指標變數則請點選「TIME」這個變項，完成後點選「下一步」進入步驟3排序資料的步驟畫面，如下頁圖所示。

　　上圖是排序資料的步驟畫面，在排序資料的步驟中，是否排序現有資料時，請點選「是，將以識別碼和指標變數來加以排序資料」，完成後請點選「下一步」進入重新架構資料的第4個步驟。

　　在選項的步驟中，包括「新變數組別順序」的指定、「觀察值個數變數」數目的設定、是否建立「指標變數」等3個選項，本範例在新變數組別順序中，請點選「依原始變數分組，其餘選項則採用系統預設值即可，完成後點選「下一步」進入重新架構資料的最後一個步驟，如下頁圖所示。

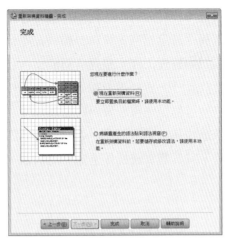

最後完成的步驟視窗中，出現「現在重新架構資料」、「將精靈產生的語法貼到語法視窗」，選擇內定選項後，點選「完成」按鈕即可。

最後步驟中，點選「完成」後會出現警告訊息，說明「原始資料中的集合仍將用於重新架構的資料。開啟『使用集合』對話方框，可以來調整使用中的集合」，確認後請點選「確定」後完成，下圖為重新架構結果。

	學生編號	性別	RC.1	RC.2	RC.3	RC.4	var
1	C001	1	78	86	88	92	
2	C002	1	90	92	94	98	
3	C003	1	96	100	102	108	
4	C004	1	88	86	92	102	
5	C005	1	82	100	102	104	
6	C006	0	76	92	98	110	
7	C007	0	89	90	98	98	
8	C008	0	77	82	86	88	
9	C009	0	75	88	92	100	
10	C010	0	82	82	86	92	
11							

　　資料整理是正式進行統計分析策略前的前置工作，這工作與後續正式統計分析結果的正確與否息息相關，資料分析者在進行統計分析前不可以忽視且要落實資料相關的整理工作，整理資料的工作包括匯入資料、選取資料、計算資料、反向計分、資料重新編碼、資料檢核、合併資料以及轉置資料等，上述這些項目都是在整理資料時必須要注意的基本項目，但是資料整理不是僅限於這些基本項目而已，希望這一章的說明對於研究工作者在整理研究資料時，有具體實務操作上參考的價值，並且提高資料分析結果的正確合理性。

自我評量

01.請說明資料檢核在重複樣本中可採取的策略有哪些？

02.請說明 N×P 矩陣的資料，如何轉換成 P×N 矩陣？其轉換的策略及步驟為何？

第五章　試題分析方法

　　測驗發展階段中，包括實證及邏輯的審查，其中實證審查包括測驗分析與試題分析，其中試題分析包括古典測驗理論中試題的難度、鑑別度、誘答力分析以及試題注意係數等，或者是試題反應理論單參數、雙參數以及三參數等模式下的試題參數估計，本章在試題分析理論內涵以及實務操作上兼容並陳，運用各種試題分析軟體來說明如何進行試題分析。

壹、試題分析

　　試題分析是實證測驗特徵的方法，目前試題分析仍然是以傳統古典測驗理論為主，包括試題難度（通過率）、鑑別度、誘答力分析以及注意係數分析等方法，試題反應理論的試題分析則是以測驗所選擇模式下的試題參數，以二元計分的三參數為例，試題參數包括鑑別度（a）、難度（b）、猜測度（c），以下將從古典測驗理論以及試題反應理論等二個不同的理論模式中，說明試題分析的理論內涵。

一、古典測驗理論（二元計分）

　　傳統古典測驗理論的試題分析包括難度、鑑別度、誘答力以及試題注意係數等，將分別說明如下。

（一）難度

　　試題分析中的難度主要以答對百分比法以及范氏試題分析表法為主，說明如下。

1.答對百分比法

　　難度分析中的答對百分比法又可以分為以全部受試者計算以及分組方式計算的答對百分比法。

（1）全部人數

　　以下為依全部受試者人數加以計算的答對百分比法（難度），其計算公式中，R_i代表答對人數，N則是受試者的全部人數。

$$P_i = \frac{R_i}{N} \times 100\%$$

例如：全班人數50人，答對40人，則難度=(40÷50)×100%=0.80。

（2）分組人數

以下爲依分組人數計算的難度值，其計算公式中，P_{iH}所代表的是高分組的通過率，P_{iL}則是低分組的通過率。至於分組人數的計算標準，若人數較多（大於30），分組人數的依據會以25%爲主；否則當人數少於30人時，建議分組人數採用33%。不過，目前試題及測驗分析中如何決定分組人數，最常用的還是以Kelly（1939）所建議的27%爲分組人數決定的依據。

$$P_i = \frac{P_{iH} + P_{iL}}{2}$$

上述不同分組策略所計算出來的難度值會有些許的差異，但基本上所計算出來的結果會呈現高度正相關的關係。

2.范氏試題分析表法

范氏試題分析表法（Fan's item analysis table）是美國教育測驗服務社（Educational Testing Service, ETS）所發展出的試題分析方法，可以改善答對百分比法只是次序量尺（ordinal scale）的特性，范氏試題分析具有相等單位的等距量尺（interval scale），是以常態分配機率爲基準來加以計算，其公式爲△=13+4Z，因爲Z值一般是介於-3與3之間，所以△的值域是介於1與25之間，平均難度爲13。

下述爲常態分配高度的計算公式，由下述公式即可計算出常態分配下曲線的高度，其中μ代表的是平均數，σ則是標準差。

$$f(x) = \frac{1}{\sqrt{2\pi}\sigma} e^{-\frac{1}{2}\left(\frac{x-\mu}{\sigma}\right)^2}$$

因爲常態分配的平均數爲0，標準差爲1，所以上述常態分配高度的公式可以簡化成下列公式加以計算。

$$f(x) = \frac{1}{\sqrt{2\pi}} e^{-\frac{1}{2}x^2}$$

（二）鑑別度

試題鑑別度所代表的意涵在於表示試題區辨力的訊息，傳統古典測驗理論下的試題鑑別度是分組人數下高低分組通過率的差異（鑑別度指數）、CR決斷值以及相關係數來加以表示，說明如下。

1.鑑別度指數

試題分析的鑑別度指標中最簡單的方式即為鑑別度指數（index of discrimination, D），計算公式為將所有受試者分為高分組與低分組，而高分組與低分組通過率的差異即稱為鑑別度指數，計算公式為$D=P_H-P_L$。例如：李老師任教班級共有50名學生，考完某測驗後，依得分歸為高、低兩組各14人，其中一題，高分組有12人答對，低分組有6人答對。因為高分組的通過率為$12÷14=0.86$，低分組的通過率為$6÷14=0.43$，所以此題的難度值為0.65。若要計算此題的鑑別度則是高分組的通過率是0.86，低分組的通過率是0.43，所以此題的鑑別度指數是$0.86-0.43$為0.43。

2.CR決斷值

試題分析中的鑑別度分析也可利用CR決斷值（Critical Ratio, CR）來加以判斷，CR決斷值又稱臨界比，計算方法是依分組依據將受試者分為高分組與低分組，計算高分組與低分組二組在每個題目的平均差異顯著性，原理與獨立樣本的 t 考驗相同。如果CR決斷值達顯著水準（p<0.05、p<0.01或p<0.001），即表示試題題目能鑑別不同群體受試者的反應程度，亦即試題具有區辨高分組與低分組二群的效能，另外一種常見的判斷方法則是以CR>3為準，若CR值大於3則代表具有良好的試題鑑別度，反之則否（陳新豐，2015），計算公式如下。

$$CR = \frac{\overline{X}_H - \overline{X}_L}{S_p\sqrt{\dfrac{1}{n_H}+\dfrac{1}{n_L}}} \qquad S_p = \sqrt{\frac{(n_H-1)S_H^2+(n_L-1)S_L^2}{n_H+n_L-2}}$$

上述公式中，n_H指的是高分組人數，n_L是低分組人數，Sp是併組標準差，$\overline{X}_H$ 與 $\overline{X}_L$ 分別表示高分組與低分組得分的平均數，S_H^2 與 S_L^2 則是高分組與低分組得分的變異數。

3.二系列相關係數

二系列相關係數（bi-serial correlation, r_{bi}）適用於受試者在試題上的作答反應表現呈現常態分配時，但爲了某些理由，以人爲方式強制將其分爲答對與答錯兩種情形，計算公式如下所示。

$$r_{bi} = \left(\frac{\overline{X}_p - \overline{X}_q}{S_t} \right) \times \frac{pq}{y}$$

其中y指的是常態分配的高度值，S_t表示所有受試者得分的標準差，$\overline{X}_p$是答對該題之受試者得分的平均數，$\overline{X}_q$是答錯該題受試者得分的平均數，p是表示答對率（通過率），q則是答錯率，因此p+q=1，亦可以利用下列公式來計算二系列相關係數。

$$r_{bi} = \left(\frac{\overline{X}_p - \overline{X}_t}{S_t} \right) \times \frac{p}{y}$$

上述公式中符號所代表的意涵與前述之公式相同，至於其中之$\overline{X}_t$所表示的是全體受試者得分的平均數。

4.點二系列相關係數

點二系列相關係數（point bi-serial correlation, r_{pb}）是依據學生在某個試題作答結果的對或錯，與其測驗總分間求其相關係數，並以此相關係數值來表示該試題的鑑別度指標，點二系列相關係數適用於試題爲二分變項的情況，計算公式如下。

$$r_{pb} = \left(\frac{\overline{X}_p - \overline{X}_q}{S_t} \right) \times \sqrt{pq}$$

上述公式中p爲答對率，q則爲答錯率，$\overline{X}_p$代表答對該題受試者得分的平均數，$\overline{X}_q$則是代表答錯該題受試者得分的平均數，至於S_t則是代表所有受試者得分的標準差，另外亦可以利用下列公式計算點二系列相關係數。

$$r_{pb} = \left(\frac{\overline{X}_p - \overline{X}_t}{S_t} \right) \times \sqrt{\frac{p}{q}}$$

上述之二系列相關與點二系列相關係數的關係,可由下列方程式加以互相轉換,公式中代號與上述二系列與點二系列相關代表意義相同。

$$r_{bi} = \frac{\sqrt{pq}}{y} r_{pb}$$

5.積差相關係數

計算每一個試題與總分的積差相關係數亦可以代表試題的鑑別度,相關愈高,代表試題的鑑別度愈好,一般建議試題與總分之相關需>0.30以上,其試題的鑑別度較適合,計算公式如下所示。

$$r_{xt} = \frac{\sum_{i=1}^{n} x_i t_i - \frac{\sum_{i=1}^{n} x_i \sum_{i=1}^{n} t_i}{n}}{\sqrt{\sum_{i=1}^{n} x_i^2 - \frac{\left(\sum_{i=1}^{n} x_i\right)^2}{n}} \times \sqrt{\sum_{i=1}^{n} t_i^2 - \frac{\left(\sum_{i=1}^{n} t_i\right)^2}{n}}}$$

（三）誘答力分析

選擇題型中,除了正確答案之外的選項稱為誘答項,針對誘答項所進行的分析稱之為誘答力分析,主要的原則包括下列二項:(1)低分組學生在每個不正確選項上的選答人數百分比值不可以為零;(2)低分組學生選答不正確選項的人數百分比值,不可以低於高分組學生選答不正確選項的人數百分比,上述二個誘答力分析的原則可提供試題編製者在編製選擇題誘答項時的參考。

（四）試題注意係數

注意係數(caution index)是學生問題反應表(Student-Problem chart, SP)中分析的指標係數,SP中係指英文Student的S,以及Problem的P,由日本學者佐藤隆博(Takahiro Sato)於1970年代所創,主要是將學生在試題上的作答反應情形予以圖形化,目的在獲得每位學生的學習診斷資料,以提供教師實施有效的學習輔導之參考。注意係數可分為:(1)學生注意係數(Caution index for Students, CS);(2)試題注意係數(Caution index for Problems, CP),注意係數是用來作為判斷學生或試題反應組型

是否有異常現象的指標，注意係數等於「實際反應組型」與「完美反應組型」間的差異再除以「完美反應組型」的最大差異，注意係數值愈大即表示反應組型愈為異常或不尋常的情況愈為嚴重；反之則否，注意係數的判斷標準如下所述。$0 \leqq CP$（或 CS）< 0.50 是正常程度，而 $0.50 \leqq CP$（或 CS）< 0.75 為嚴重應予注意，至於 CP（或 CS）$\geqq 0.75$，則是非常嚴重應予特別注意。

二、古典測驗理論（多元計分）

計分模式除了對錯二元計分的模式之外，尚有多元計分模式，以下將說明多元計分模式下難度及鑑別度指標的計算。

（一）難度

1.全部人數

多元計分（如論文題）中各個試題的難度值，可用計算全體受試得分占總人數配分的比率來表示，亦即將全體受試得分除以總人數的總配分，公式表示如下。

$$P = \frac{R_T - (X_{min} \times N_T)}{(X_{max} - X_{min}) \times N_T} \qquad P = \frac{R_T}{X_{max} \times N_T}$$

上述公式中的 R_T 代表全體受試總得分，N_T 表示的是全體人數，X_{max} 是該多元計分題的配分或最高分，X_{min} 則是該多元計分題得分的最低分，當 X_{min} 為 0 時，則可以直接採用上述右邊的公式即可。

2.分組人數

多元計分題中難度的另外一種算法是先將學生依總得分加以分組後，計算高分組與低分組在某一試題的得分，計算公式如下，結果 P 值愈大，代表試題愈容易，P 值愈小，則愈困難。

$$P = \frac{(R_H + R_L) - X_{min} \times (N_H + N_L)}{(X_{max} - X_{min}) \times (N_H + N_L)} \qquad P = \frac{R_H + R_L}{X_{max} (N_H + N_L)}$$

上述以分組人數來計算多元計分題難度的公式中，R_H 代表高分組學生在該試題的總得分，R_L 是表示低分組學生在該試題的總得分，N_H 是表示高分組人數，N_L 是表示低分組人數，至於 X_{max} 則是代表該題的配分或最高

分，X_{min}則是該多元計分題得分的最低分，當X_{min}為0時，則可以直接採用上述右邊的公式即可。

（二）鑑別度

多元計分題的鑑別度分析，可分成內部一致性以及外在效度等二種分析策略，說明如下。

1.內部一致性的分析

（1）鑑別度指數

計算多元計分題的鑑別度指數是比較高分組與低分組在個別試題上得分差試題百分比，公式表示如下。

$$D = \frac{R_H \times N_L - R_L \times N_H}{(X_{max} - X_{min}) \times N_H \times N_L} \qquad\qquad D = \frac{R_H \times N_L - R_L \times N_H}{X_{max} \times N_H \times N_L}$$

上述公式中，R_H代表高分組在該試題的總得分，R_L是表示低分組在該試題的總得分，N_H是表示高分組人數，至於X_{max}則是代表該題的配分或最高分，X_{min}則是該多元計分題得分的最低分，當X_{min}為0時，則可以採用上

$$D = \frac{R_H - R_L}{X_{max} \times N_H}$$

述右邊的公式，若$N_H = N_L$即高低分組人數相同時，則可採用下列公式。

（2）積差相關係數

計算多元計分題的鑑別度亦可以採用積差相關係數來表示，亦即計算多元計分題試題得分與測驗總分的積差相關係數，相關係數值愈高者，表示鑑別度愈高，反之則否。

2.外在效度的分析

多元計分題的鑑別度可以外在效標的標準，來了解與外在效標的關係，分析各個多元計分試題與外在效標的關係，此種計算多元計分連續變項與外在效標連續變項間的積差相關，亦可視為鑑別度的指標之一。

三、試題反應理論

試題反應理論與古典測驗理論相較下，試題反應理論是屬於新型的測

驗理論，進行試題反應理論的試題分析工作，首先要決定試題參數估計的模式，再進行該模式的參數估計，以下將從試題反應理論的模式選擇，再說明參數的估計。

（一）模式的選擇

　　一般試題反應理論常用的模式大致可以分成下列幾種。依資料性質可分為二元計分、多元計分以及連續評分試題，其中最常用的是二元計分試題，其次是多元計分試題，連續評分試題則較少使用。單參數、雙參數以及三參數常態肩形及邏輯對數（logistic）模式均屬於二元計分的試題反應理論模式，名義反應及等級反應模式則屬多元計分的試題反應理論模式。以下將說明二元計分試題中最常見的單參數、雙參數以及三參數模式。

1.單參數

　　單參數對數模式中，主要考慮的參數是難度（b）一個參數，至於鑑別度（a）恆定為1，猜測度（c）恆定為0。由下圖單參數的試題特徵曲線中可以得知，不同的難度，試題的特徵曲線其位置會隨著難度之不同而左右移動，因此試題反應理論中的難度參數又稱為位置參數。

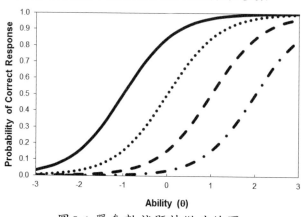

圖5-1 單參數試題特徵曲線圖

2.雙參數

　　雙參數對數模式中，主要考慮的參數是難度（b）、鑑別度（a），至於猜測度（c）恆定為0。由下圖雙參數的試題特徵曲線中可以發現，雙參數的每個試題其難度和鑑別度都可能不同，不同試題間的特徵曲線，除了

位置（難度）會不同之外，試題間的斜率（鑑別度）亦會有所不同，難度值愈大代表題目愈難，至於鑑別度則是代表試題區辨力，值愈大則試題的區辨力愈好。

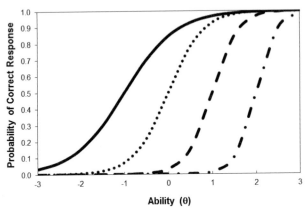

圖5-2 雙參數試題特徵曲線圖

3.三參數

三參數對數模式中，參數包括難度（b）、鑑別度（a）以及猜測度（c），由下圖三參數的試題特徵曲線中可以發現，每個試題其難度、鑑別度以及猜測度皆可能不同，不同試題間的特徵曲線，除了位置（難度）會相異外，試題間的斜率（鑑別度）以及截距（猜測度）皆不同，其中猜測度的意涵爲能力極低者，猜對該試題的機率。

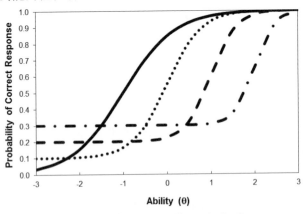

圖5-3 三參數試題特徵曲線圖

（二）參數的估計

　　試題反應理論中的參數估計是假設在考生能力已知的情況下，利用估計法去估計試題的參數，而估計的方法主要有最大概似法（maximum likelihood, ML）、貝氏期望後驗法（expected a posteriori, EAP）、最大後驗法（maximum a posteriori, MAP）、聯合最大概似估計法（joint maximum likelihood estimation, JMLE）、無條件最大概似估計法（unconditional maximum likelihood estimation, UMLE）、條件最大概似估計法（conditional maximum likelihood estimation, CMLE）、邊緣最大概似估計法（marginal maximum likelihood estimation, MMLE）以及貝氏估計法（Bayesian estimation），使用者需要針對試題與測驗的特性來選擇適當的參數估計方法。

貳、EXCEL

　　以下將利用EXCEL來進行常模參照的試題分析，並且分成二元計分和多元計分等二部分說明如下。

一、二元計分試題分析

　　二元計分在常模參照測驗中是最常見的計分模式，其試題分析主要包括試題的難度、鑑別度，若是選擇題型的話，則需進行誘答力分析，利用EXCEL分析的步驟說明如下。

（一）開啓分析資料

　　首先請先開啓分析的資料檔（ch05_1.xlsx），此資料檔是EXCEL格式的檔案，若資料檔是文字格式請參考前一章整理資料的策略中所介紹的方法，將文字檔匯入至EXCEL檔案，並存成EXCEL格式的檔案後開啓，此範例檔中的第1個工作表如下圖所示，請將工作表1命名爲DATA，以利後續試題分析之操作說明。DATA工作表第1行是答案（儲存檔B1至AO1），第二行以後則爲受試者的編號以及反應資料，此資料總共有40題，從B2至AO2的儲存檔是第1位受試ST001的反應資料，資料檔共有44筆資料。

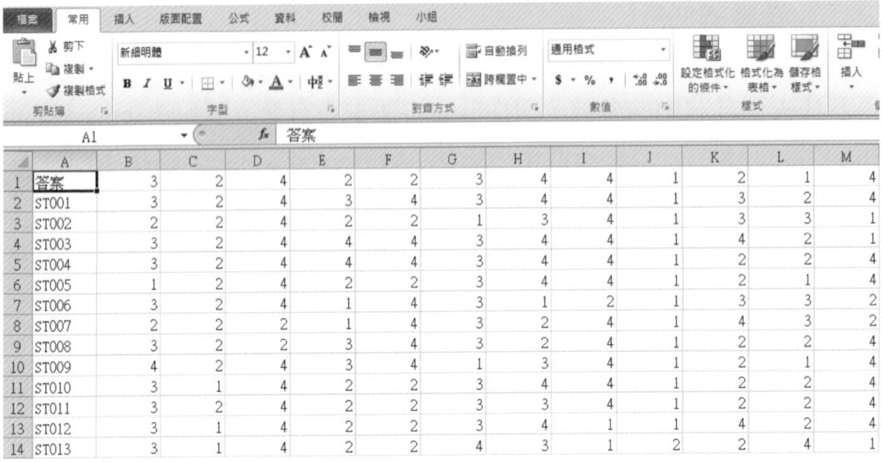

	A	B	C	D	E	F	G	H	I	J	K	L	M
1	答案	3	2	4	2	2	3	4	4	1	2	1	4
2	ST001	3	2	4	3	4	3	4	4	1	3	2	4
3	ST002	2	2	4	2	2	1	3	4	1	3	3	1
4	ST003	3	2	4	4	4	3	4	4	1	4	2	4
5	ST004	3	2	4	4	4	3	4	4	1	2	2	4
6	ST005	1	2	4	2	2	3	4	4	1	2	1	4
7	ST006	3	2	4	2	4	3	1	2	1	3	3	2
8	ST007	2	2	2	1	4	3	2	4	1	4	3	2
9	ST008	3	2	2	3	4	3	2	4	1	2	2	4
10	ST009	4	2	4	3	4	1	3	4	1	2	1	4
11	ST010	3	1	4	2	2	3	4	4	1	2	2	4
12	ST011	3	2	4	2	2	3	3	4	1	2	2	4
13	ST012	3	1	4	2	2	3	4	1	1	4	2	4
14	ST013	3	1	4	2	2	4	3	1	2	2	4	1

（二）計分

　　接下來要根據答案來計算受試者的得分，請新增一個工作表，並請命名為SCORE，並且將學生編號從DATA工作表複製至SCORE工作表，請在SCORE工作表的第一行（B1至AO1）加入試題編號後，開始進行計分。

　　進行第1題的計分，請在第1題的儲存格（B2）輸入「=IF(DATA!B2=DATA!B$1,1,0)」，這是利用EXCEL中所提供的IF函數來計分，其函數格式為IF(LOGIC_TEST,TRUE,FALSE)，IF函數總共需要3個參數，第1個參數是邏輯運算式，第2個參數是當第1個參數中邏輯運算式成立後的值，第3個參數則是當第1個參數中邏輯運算式不成立的值。因此第1題的計分是根據第1題的答案（DATA!B1），而受試者第1題的反應是在DATA!B2，所以邏輯運算式即為DATA!B2=DATA!B1，但因為第1題的答案都在B1，所以為了複製公式的順利，將B1中的1設定為絕對參照，亦即修正為B$1，第2個參數則是當受試者的反應與答案相同計分為1，第3個參數則是當反應與答案不同時，計分為0，若是每1題答對4分，答錯0分，則可以將第2個參數修正為4，第3個參數修正為0，亦即為「=IF(DATA!B2=DATA!B$1,4,0)」，操作範例如下圖所示。

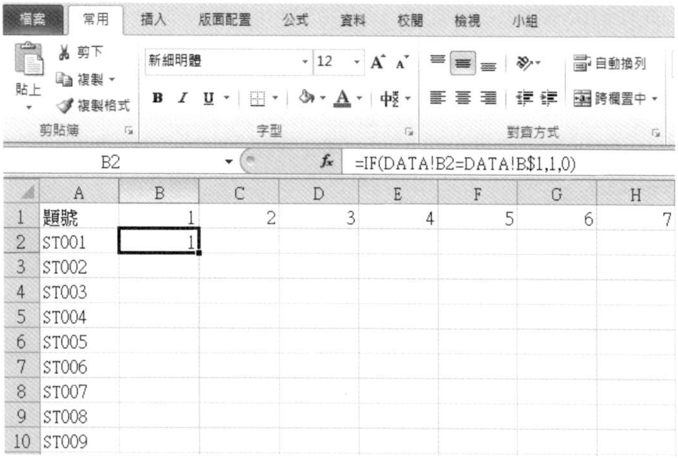

	A	B	C	D	E	F	G	H
1	題號	1	2	3	4	5	6	7
2	ST001	1						
3	ST002							
4	ST003							
5	ST004							
6	ST005							
7	ST006							
8	ST007							
9	ST008							
10	ST009							

接下來請將第1位受試者第1題計分的結果複製至全部44位受試者以及全部40個試題，亦即先點選B2，當游標從空心十字轉變爲實心十字時，滑鼠拖曳至AO45即可完成所有受試者和全部試題的計分工作，如下圖所示。

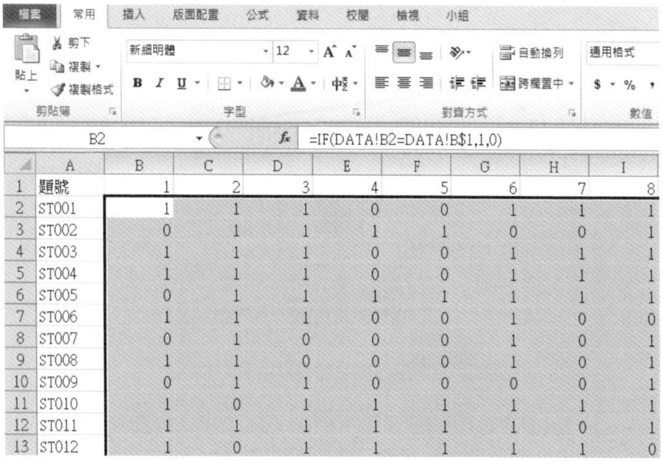

	A	B	C	D	E	F	G	H	I
1	題號	1	2	3	4	5	6	7	8
2	ST001	1	1	1	0	0	1	1	1
3	ST002	0	1	1	1	1	0	0	1
4	ST003	1	1	1	0	0	1	1	1
5	ST004	1	1	1	0	0	1	1	1
6	ST005	0	1	1	1	1	1	1	1
7	ST006	1	1	1	0	0	1	0	0
8	ST007	0	1	0	0	0	1	0	1
9	ST008	1	1	0	0	0	1	0	1
10	ST009	0	1	1	0	0	0	0	1
11	ST010	1	0	1	1	1	1	1	1
12	ST011	1	1	1	1	1	1	0	1
13	ST012	1	0	1	1	1	1	1	0

下圖爲計分的結果，接下來計算每一位受試者的得分，所以請將游標移至AP2，並請輸入「=SUM(B2:AO2)」，其中SUM( )是EXCEL計算總和的函數，其中的參數是將所要計算總和的儲存格，因爲第1位受試者的計分結果是在B2至AO2，所以當要計算第1位受試者的得分，請輸入「=SUM(B2:AO2)」。因此第2位受試者的得分爲「=SUM(B3:AO3)」，爲

了達到快速計算的目的，請利用上述複製的功能，將AP2複製至AP45，操作範例如下圖所示。

	AG	AH	AI	AJ	AK	AL	AM	AN	AO	AP	AQ
1	32	33	34	35	36	37	38	39	40	得分	
2	1	1	1	1	1	1	1	1	1	29	
3	1	0	0	1	0	0	0	0	1	20	
4	1	1	1	1	0	1	1	1	1	31	
5	0	0	1	1	1	1	1	1	1	29	
6	1	1	1	1	1	1	1	1	1	36	
7	1	1	0	1	1	1	0	1	1	20	
8	1	1	1	0	0	0	1	0	0	18	
9	0	0	0	1	0	1	1	1	1	25	
10	1	1	1	1	1	1	1	1	1	31	
11	1	1	1	1	1	1	1	1	1	35	
12	1	1	1	1	1	1	1	1	1	36	

接下來為了要進行分組難度以及鑑別度的計算，需要加以分組，而分組的依據即是總分，所以接下來的步驟是將總分加以排序。

（三）排序

先點選需要排序的範圍（受試者得分的儲存格由AP2至AP45），之後再點選「排序與篩選」→「從最大到最小排序」。

點選完成後，會出現排序警告的對話方框時，此時因為排序時是整筆資料一起排序，所以請點選「將選取範圍擴大」。

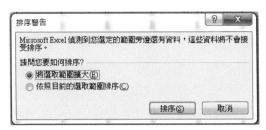

下圖為依受試者得分的排序結果，檢視結果可知資料依得分欄位從最大排到最小，接下來依受試者得分加以分組。

	A	AG	AH	AI	AJ	AK	AL	AM	AN	AO	AP	AQ
1	題號	32	33	34	35	36	37	38	39	40	得分	
2	ST015	1	1	1	1	1	1	1	1	1	40	
3	ST005	1	1	1	1	1	1	1	1	1	36	
4	ST011	1	1	1	1	1	1	1	1	1	36	
5	ST028	1	1	0	1	1	1	1	1	1	36	
6	ST036	1	1	1	1	1	1	1	1	1	36	
7	ST010	1	1	1	1	1	1	1	1	1	35	
8	ST039	1	0	1	1	1	1	1	1	1	35	
9	ST025	1	1	0	1	1	1	1	1	1	34	
10	ST021	1	1	0	1	1	1	1	1	1	33	
11	ST020	1	1	1	1	0	1	1	1	1	32	
12	ST003	1	1	1	1	0	1	1	1	1	31	

（四）分組

　　為了要進行分組難度與鑑別度的分析，所以需要依受試者得分加以排序分組，但到底要取多少百分比的受試者，依受試者人數會有不同選擇。人數少可以選擇三分之一為分組切截點；若是人數較多則可以取四分之一的分組切截點；但一般來說取27%是最常用的分組切截點。本範例是依受試者人數的27%切分為高、中、低三種不同程度的受試者。本分析範例有44位受試者，以27%為分組切截點，所以高分組有44×0.27=11.88（12）位，當然低分組亦為12位，中分組則是有20位受試者。

　　由下頁圖分組的結果中可知，高分組（本範例編碼為1）應有12位，但第13名到第15名亦與第12名同為31分，所以高分組再增3位為15位，低分組因為切截點附近沒有同分的情形，所以低分組分組人數維持12位（本範例編碼為3），接下來開始進行試題難度與鑑別度的計算。

AP34　　　▼　　ƒx　=SUM(B34:AO34)

	A	AG	AH	AI	AJ	AK	AL	AM	AN	AO	AP	AQ	AR
1	題號	32	33	34	35	36	37	38	39	40	得分	分組	
2	ST015	1	1	1	1	1	1	1	1	1	40	1	
3	ST005	1	1	1	1	1	1	1	1	1	36	1	
4	ST011	1	1	1	1	1	1	1	1	1	36	1	
5	ST028	1	1	0	1	1	1	1	1	1	36	1	
6	ST036	1	1	1	1	1	1	1	1	1	36	1	
7	ST010	1	1	1	1	1	1	1	1	1	35	1	
8	ST039	1	0	1	1	1	1	1	1	1	35	1	
9	ST025	1	1	0	1	1	1	1	1	1	34	1	
10	ST021	1	1	0	1	1	1	1	1	1	33	1	
11	ST020	1	1	1	1	0	1	1	1	1	32	1	
12	ST003	1	1	1	1	0	1	1	1	1	31	1	
13	ST009	1	1	1	1	1	1	1	1	1	31	1	
14	ST012	1	1	0	1	1	1	1	1	1	31	1	
15	ST026	1	1	0	1	1	1	1	1	1	31	1	
16	ST029	1	1	0	1	1	1	1	1	1	31	1	
17	ST016	1	1	1	1	1	1	1	1	1	30	2	
18	ST040	1	1	0	1	1	1	1	1	1	30	2	
19	ST001	1	1	1	1	1	1	1	1	1	29	2	

（五）計算難度

依前述所介紹試題分析的難度計算公式，若利用答對百分比法來計算試題的難度，可以分為全部受試者以及分組來計算試題的答對百分比，以下難度1為全部受試者的答對百分比，至於難度2則是利用分組加以計算的答對百分比，說明如下圖。

B47　　　▼　　ƒx　=SUM(B2:B45)/44

	A	B	C	D	E	F	G	H	I
1	題號	1	2	3	4	5	6	7	8
41	ST007	0	1	0	0	0	1	0	1
42	ST038	1	0	1	0	1	1	1	0
43	ST023	1	0	0	0	0	1	1	0
44	ST019	0	1	0	0	0	1	0	0
45	ST024	0	1	0	0	0	1	1	0
46									
47	難度1	0.70	0.66	0.84	0.52	0.52	0.84	0.52	0.70
48	高分組	0.87	0.73	1.00	0.73	0.67	0.87	0.60	0.87
49	低分組	0.58	0.58	0.50	0.33	0.42	0.75	0.33	0.33
50	難度2	0.73	0.66	0.75	0.53	0.54	0.81	0.47	0.60
51	鑑別度	0.28	0.15	0.50	0.40	0.25	0.12	0.27	0.53
52									

上述儲存格B47為第1題依全部受試者人數所計算的答對百分比，請在B47的儲存格中輸入「=SUM(B2:B45)/44」，其中SUM( )這個函數的意義及作法已於前述說明，不再贅述，而SUM(B2:B45)即為第1題所有的答對總人數，因為有44位，所以其利用答對百分比法來計算代表試題難度的公

式即為「=SUM(B2:B45)/44」，其他的試題則可以利用前述複製的方法來快速計算。

B50				f_x	=(B48+B49)/2			
	A	B	C	D	E	F	G	H	I
1	題號	1	2	3	4	5	6	7	8
41	ST007	0	1	0	0	0	1	0	1
42	ST038	1	0	1	0	1	1	1	0
43	ST023	1	0	0	0	0	1	1	0
44	ST019	0	1	0	0	0	1	0	0
45	ST024	0	1	0	0	0	1	1	0
46									
47	難度1	0.70	0.66	0.84	0.52	0.52	0.84	0.52	0.70
48	高分組	0.87	0.73	1.00	0.73	0.67	0.87	0.60	0.87
49	低分組	0.58	0.58	0.50	0.33	0.42	0.75	0.33	0.33
50	難度2	0.73	0.66	0.75	0.53	0.54	0.81	0.47	0.60
51	鑑別度	0.28	0.15	0.50	0.40	0.25	0.12	0.27	0.53
52									

　　接下來要依分組人數來計算試題答對百分比（難度），首先計算分組的難度值，亦即高分組以及低分組的難度值，因為高分組有15位，低分組有12位，因此第1題的高分組範圍為B2至B16，而低分組的範圍則是B34至B45。計算第1題高分組的難度值，請在B48儲存格輸入「=SUM(B2:B16)/15」，計算第1題低分組的難度值，請在B49儲存格輸入「=SUM(B34:B45)/12」，即可完成高分組以及低分組難度值的計算。

　　計算答對百分比法中分組人數的難度值，需要事先計算高分組以及低分組的難度值，兩項難度值的平均數即為該試題的難度值，請在B50儲存格利用答對百分比法中分組人數來加以計算，因此在該儲存格輸入「=AVERAGE(B48:B49)」或者是「=(B48+B49)/2」等二種方法皆可以計算出分組人數方法中的難度值，AVERAGE()是EXCEL中計算平均數的函數，如上圖，接下來要進行的是試題鑑別度的計算。

（六）計算鑑別度

　　計算試題的鑑別度只要事先計算出高分組的難度以及低分組的難度後，難度值相減即為試題的鑑別度，以下圖為例，請在計算鑑別度的儲存格B51中輸入「=B48－B49」，即完成試題鑑別度的計算。

	B51		f_x	=B48-B49				
	A	B	C	D	E	F	G	H	I
1	題號	1	2	3	4	5	6	7	8
41	ST007	0	1	0	0	0	1	0	1
42	ST038	1	0	1	0	1	1	1	0
43	ST023	1	0	0	0	0	1	1	0
44	ST019	0	1	0	0	0	1	0	0
45	ST024	0	1	0	0	0	1	1	0
46									
47	難度1	0.70	0.66	0.84	0.52	0.52	0.84	0.52	0.70
48	高分組	0.87	0.73	1.00	0.73	0.67	0.87	0.60	0.87
49	低分組	0.58	0.58	0.50	0.33	0.42	0.75	0.33	0.33
50	難度2	0.73	0.66	0.75	0.53	0.54	0.81	0.47	0.60
51	鑑別度	0.28	0.15	0.50	0.40	0.25	0.12	0.27	0.53
52									

（七）誘答力分析

　　試題分析中，選擇題需要進行誘答力的分析，本範例是選擇題的作答反應，所以接下來說明如何計算試題的誘答力。計算選擇題各選項的選答人數，亦即誘答力分析，可以利用EXCEL中COUNTIF(RANGE, CRITERIA)這個函數來加以計算各選項的選答比率，如下圖範例所示。

	B48		f_x	=COUNTIF(B$2:B$45,1)/44			
	A	B	C	D	E	F	G	H
1	答案	3	2	4	2	2	3	4
41	ST040	3	2	4	2	2	3	4
42	ST041	3	2	4	2	2	3	4
43	ST042	3	2	4	2	2	1	3
44	ST043	3	2	4	1	4	3	4
45	ST044	4	4	4	4	1	4	4
46								
47	誘答力	3	2	4	2	2	3	4
48	1	0.07						
49	2							
50	3							
51	4							
52								

　　請先切換至DATA的工作表中，並且在儲存格B48中輸入「=COUNTIF(B$2:B$45,1)/44」，其中B2至B45為第1題作答反應的範圍，因此第1個參數輸入B2:B45，接下來要利用複製來快速計算，為了避免EXCEL參照上有錯誤，請將B2以及B45改為絕對參照，亦即修改為B$2

以及B$45，至於第2個參數，因為要計算第1個選項的誘答力，所以第2個
參數請輸入1，因此若是要計算第1題第2個選項的誘答力則是可以在儲存
格B49中輸入「=COUNTIF(B$2:B$45,2)/44」，其他選項依此類推，其餘
試題則可以利用EXCEL中複製的功能來快速計算，結果如下圖所示。

		B50		▼	fx	=COUNTIF(B$2:B$45,3)/44	
	A	B	C	D	E	F	G	H
1	答案	3	2	4	2	2	3	4
41	ST040	3	2	4	2	2	3	4
42	ST041	3	2	4	2	2	3	4
43	ST042	3	2	4	2	2	1	3
44	ST043	3	2	4	1	4	3	4
45	ST044	4	4	4	4	1	4	4
46								
47	誘答力	3	2	4	2	2	3	4
48	1	0.07	0.30	0.02	0.20	0.05	0.11	0.07
49	2	0.14	0.66	0.09	0.52	0.52	0.00	0.05
50	3	0.70	0.02	0.05	0.18	0.02	0.84	0.36
51	4	0.09	0.02	0.84	0.09	0.41	0.05	0.52
52								

（八）試題分析結果整理

依據上述利用EXCEL來進行常模參照二元計分試題的分析結果，可以
將該試題分析的結果整理如下所示（摘述前10題）。

題號	難度1	難度2	鑑別度
01	0.70	0.73	0.28
02	0.66	0.66	0.15
03	0.84	0.75	0.50
04	0.52	0.53	0.40
05	0.52	0.54	0.25
06	0.84	0.81	0.12
07	0.52	0.47	0.27
08	0.70	0.60	0.53
09	0.89	0.88	0.25
10	0.45	0.43	0.20

由上述試題分析難度與鑑別度可以發現，答對百分比中二種計算難度
的方法相關程度是呈現正相關，而且相關程度極高，另外難度極高與極低
時其鑑別度會比較低。

二、多元計分試題分析

以下範例（ch05_2.xlsx）是多元計分題試題的分析範例，將進行多元計分試題的試題難度及鑑別度的計算。

（一）計算難度

多元計分的試題分析與二元計分的試題分析不同，以下的範例是15位受試者在5題多元題的得分情形，其中依個人得分的高低分為高中低組，高分組有4位、低分組有4位，中分組則有7位，資料如下圖所示。

▲	A	B	C	D	E	F	G	H
1	姓名	1	2	3	4	5	得分	
2	H001	10	8	9	7	8	42	
3	H002	9	7	9	6	8	39	
4	H003	8	6	6	5	7	32	
5	H004	5	6	6	5	5	27	
6	M001	5	6	6	5	4	26	
7	M002	6	5	6	6	2	25	
8	M003	5	6	5	6	3	25	
9	M004	6	5	6	5	2	24	
10	M005	6	5	5	6	2	24	
11	M006	5	5	5	5	3	23	
12	M007	4	5	5	5	4	23	
13	L001	4	5	5	4	4	22	
14	L002	4	3	5	3	4	19	
15	L003	3	2	5	4	4	18	
16	L004	2	1	4	3	4	14	
17								

計算多元試題的難度之前，要先計算各分組的在每一題的得分情形，首先計算高分組在第1題的得分，高分組總共有4位，範圍是B2到B5，所以儲存格B19請輸入「=SUM(B2:B5)」，即可獲得高分組第1題的得分是32，第1題低分組的範圍是B13到B16，所以請在儲存格B20輸入「=SUM(B13:B16)」，即可計算出低分組在第1題的得分總和是13，其餘試題以此類推，資料分析者也可以利用複製的方式來快速計算分組在各題上得分的總和，結果如下圖所示。

	B18	▾	fx	=SUM(B2:B5)			
	A	B	C	D	E	F	G	H
1	姓名	1	2	3	4	5 得分		
2	H001	10	8	9	7	8	42	
3	H002	9	7	9	6	8	39	
4	H003	8	6	6	5	7	32	
5	H004	5	6	6	5	5	27	
6	M001	5	6	6	5	4	26	
7	M002	6	5	6	6	2	25	
8	M003	5	6	5	6	3	25	
9	M004	6	5	6	5	2	24	
10	M005	6	5	5	6	2	24	
11	M006	5	5	5	5	3	23	
12	M007	4	5	5	5	4	23	
13	L001	4	5	5	4	4	22	
14	L002	4	3	5	3	4	19	
15	L003	3	2	5	4	4	18	
16	L004	2	1	4	3	4	14	
17								
18	高分組	32	27	30	23	28		
19	低分組	13	11	19	14	16		

接下來開始計算第1題多元計分試題的難度值，因為所有試題的配分（X_{max}）是10分，高分組與低分組各有4位（$N_H=N_L=4$），高分組（R_H）在第1題得分總和是32，儲存格B18，低分組（R_L）第1題得分總和是13，儲存格B19，因此第1題多元計分試題的難度為(32+13)/(10*(4+4))，計算所得為0.56，在EXCEL中請在儲存格B21輸入「=(B18+B19)/(10*(4+4))」即可計算出第1題多元計分試題的難度值，其餘試題的難度計算則依此類推，或者是利用EXCEL中複製的步驟來快速計算，結果如下圖所示。

	B21	▾	fx	=(B18+B19)/(10*(4+4))			
	A	B	C	D	E	F	G	H
1	姓名	1	2	3	4	5 得分		
2	H001	10	8	9	7	8	42	
3	H002	9	7	9	6	8	39	
4	H003	8	6	6	5	7	32	
5	H004	5	6	6	5	5	27	
6	M001	5	6	6	5	4	26	
7	M002	6	5	6	6	2	25	
8	M003	5	6	5	6	3	25	
9	M004	6	5	6	5	2	24	
10	M005	6	5	5	6	2	24	
11	M006	5	5	5	5	3	23	
12	M007	4	5	5	5	4	23	
13	L001	4	5	5	4	4	22	
14	L002	4	3	5	3	4	19	
15	L003	3	2	5	4	4	18	
16	L004	2	1	4	3	4	14	
17								
18	高分組	32	27	30	23	28		
19	低分組	13	11	19	14	16		
20								
21	難度	0.56	0.48	0.61	0.46	0.55		
22	鑑別度	0.48	0.40	0.28	0.23	0.30		

（二）計算鑑別度

計算多元計分題的鑑別度時，需要先計高分組（R_H）與低分組（R_L）在該題的得分，該題的配分（X_{max}）以及高分組的人數（N_H），以第1題

為例，高分組得分有32，低分組得分有13，試題配分為10，高分組人數為4，所以第1題的鑑別度為(32-13)/(10*4)=0.48。在EXCEL中，高分組得分總和的儲存格在B18、低分組得分總和的儲存格在B19，因此請在B22的儲存格輸入「=(B18-B19)/(10*4)」，即可以計算出第1題多元計分題的鑑別度0.48，結果如下圖所示。

	A	B	C	D	E	F	G	H
		B22			fx	=(B18-B19)/(10*4)		
1	姓名	1	2	3	4	5	得分	
2	H001	10	8	9	7	8	42	
3	H002	9	7	9	6	8	39	
4	H003	8	6	6	5	7	32	
5	H004	5	6	6	5	5	27	
6	M001	5	6	6	5	4	26	
7	M002	6	5	6	6	2	25	
8	M003	5	6	5	6	3	25	
9	M004	6	5	6	5	2	24	
10	M005	6	5	5	6	2	24	
11	M006	5	5	5	5	3	23	
12	M007	4	5	5	5	4	23	
13	L001	4	5	5	4	4	22	
14	L002	4	3	5	3	4	19	
15	L003	3	2	5	4	4	18	
16	L004	2	1	4	3	4	14	
17								
18	高分組	32	27	30	23	28		
19	低分組	13	11	19	14	16		
20								
21	難度	0.56	0.48	0.61	0.46	0.55		
22	鑑別度	0.48	0.40	0.28	0.23	0.30		

（三）試題分析結果整理

綜合上述多元計分試題的分析結果，整理如下所示，難度最大值為0.61，最小值為0.46，鑑別度最大值0.48，最小值0.23，鑑別度皆達可接受的範圍之內。

題號	難度	鑑別度
01	0.56	0.48
02	0.48	0.40
03	0.61	0.28
04	0.46	0.23
05	0.55	0.30

參、SPSS

SPSS是社會科學領域常用的統計套裝分析軟體，SPSS所提供的分析策略及方法多元細緻，應用層面也相當廣泛，要利用SPSS來進行常模參

照測驗的試題分析，除了要對於試題分析相關公式有初步的認識外，又因為SPSS中並未有單獨的選項或模組選擇可供試題分析，所以亦需要對於SPSS各個不同的功能有初步的認識才能順利完成試題分析的工作，本節將以之前論述的試題分析相關公式為基礎，利用SPSS不同功能組合循序漸進的方式來進行試題分析，以下範例以成就測驗分析為主，關於態度量表的題目分析，則待第七章量表編製實務中加以說明。

一、開啓分析資料

　　試題分析的資料檔案若是文字檔，參考前一章節整理資料的方法加以匯入至SPSS，本範例成就測驗的檔案（ch05_3.sav）為SPSS格式的資料檔，下圖即是本範例檔案的部分資料，全部受試者44位，題數為40題，接下來要說明的試題分析步驟中，將受試者的反應資料計分。

	學生編號	P01	P02	P03	P04	P05	P06	P07
1	ST001	3	2	4	3	4	3	4
2	ST002	2	2	4	2	2	1	3
3	ST003	3	2	4	4	4	3	4
4	ST004	3	2	4	4	4	3	4
5	ST005	1	2	4	2	2	3	4
6	ST006	3	2	4	1	4	3	1
7	ST007	2	2	2	1	4	3	2
8	ST008	3	2	2	3	4	3	2
9	ST009	4	2	4	3	4	1	3
10	ST010	3	1	4	2	2	3	4
11	ST011	3	2	4	2	2	3	3
12	ST012	3	1	4	2	2	3	4

二、計分

　　SPSS統計軟體中，要進行二元計分測驗的試題計分，主要是利用SPSS軟體功能中的重新編碼，若受試者的反應資料與答案相符，編碼1代表答對，否則編碼0代表答錯，若是有20題，滿分100分，每題占5分時，亦可以將編碼調整為5，視資料分析者的需求來加以決定編碼的值。以下將以圖示的方式說明SPSS執行重新編碼的功能，開啓分析資料檔之後，請點選「轉換」→「重新編碼成不同變數」。

　　重新編碼有三種不同的方式，功能與意涵在前述整理資料的章節中已

經說明，不再贅述，因為本範例是選擇題，試題分析中需要進行誘答力的分析，因此不建議資料分析者採用重新編碼成同一變數的方式，因為保留受試者的原始反應資料才能統計各選項的作答百分比，亦即誘答力分析。

　　點選重新編碼成不同變數的功能之後，即會出現重新編碼成不同變數的對話方框，目前要先進行40題測驗中第1題的試題分析，該題的答案為3，變項為P01，重新編碼成不同變數的名稱為CP01，因此請先選擇P01至「數值變數→輸出變數」的方框中，另外在輸出之新變數的名稱方框中，輸入CP01，之後再點選「變更」即可，如下圖所示。

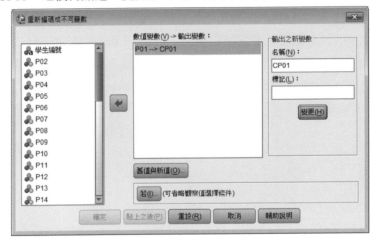

　　上述變數名稱輸入後，請點選「舊值」與「新值」的按鈕，進入輸入轉換舊值至新值的對話方框（如下圖），本範例中的第1題，答案是3，所以有2個新值（1）舊值數值中輸入3，新值輸入1（代表答對）後，「舊值→新值」的對話方框中，點選「新增」；（2）舊值框中點選「全部其他值」，新值輸入0（代表答錯）後，「舊值→新值」的對話方框中，點選「新增」，結果如下圖所示。

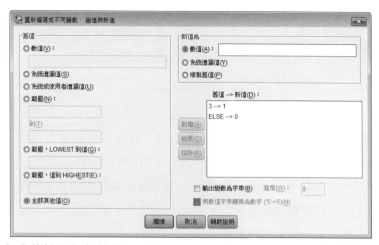

　　完成舊值與新值的輸入之後，點選「繼續」→「確定」後即完成P01的計分，計分結果CP01如下圖所示。

	P35	P36	P37	P38	P39	P40	CP01
1	2	4	2	2	2	1	1.00
2	2	1	4	3	3	1	.00
3	2	3	2	2	2	1	1.00
4	2	4	2	2	2	1	1.00
5	2	4	2	2	2	1	.00
6	2	4	3	2	3	1	1.00
7	2	1	4	2	3	2	.00
8	2	3	2	2	2	1	1.00
9	2	4	2	2	2	1	.00
10	2	4	2	2	2	1	1.00
11	2	4	2	2	2	1	1.00
12	2	4	2	2	2	1	1.00

　　測驗中的試題分析，若題數少可以利用一題一題加以重新編碼的方式來進行，但倘若題數較多，則建議利用SPSS的語法功能來計分，要利用SPSS的語法時，可以在完成舊值與新值的步驟之後，不點選「確定」，改點選「貼上之後」，SPSS即會出現語法視窗並呈現相關的語法，相當方便，結果如下圖所示。

此時利用「複製」與「貼上」的功能，並且重新編寫對應的試題編號（P01至P40）和重新編碼的變數代號（CP01至CP40），再修正答案的位置即可，如下圖所示，輸入完成後先選取需要執行的指令後，點選「執行」的按鈕（或者點選綠色執行的圖示），此時40題的計分程序將會一次完成，如此一來可以大為節省編碼計分的時間。

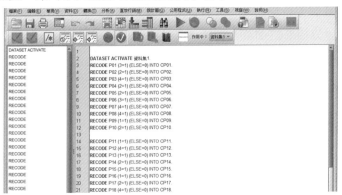

三、計算難度

接下來要利用SPSS統計軟體進行試題分析中的難度分析，難度的計算依前所述的答對百分比法，可分為利用全部受試者以及分組受試者等二種方式計算，這二種方式所計算的難度接下來均會分別詳細說明，進行常模參照測驗的難度計算前，需要先計分，並且分組，完成後則可以開始計算難度。接下來要進行的是以全部受試者為分析對象的答對百分比法（難度），請在SPSS功能表中點選「分析」→「敘述統計」→「描述性統計量」後，即會出現下圖的對話方框，此時請點選所要計算難度的試題至變數的對話方框中。

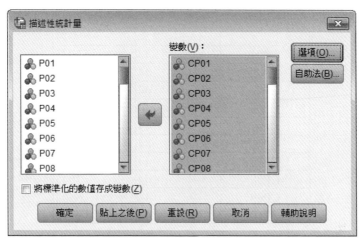

　　試題分析中的難度，若是計分時答對編碼為1，答錯編碼為0時，其平均數即為難度，所以請在描述性統計量的對話方框中，點取「選項」，出現描述性統計量選項的對話方框後，點選「平均數」即可，如下圖所示。

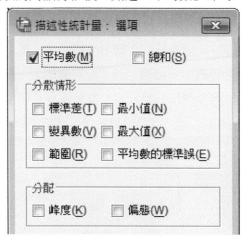

　　選項中點選「平均數」後，請點選「繼續」，出現描述性統計量的對話方框後再點選「確定」，即會出現所有試題描述性統計量中的平均數，平均數即為每題的難度，以下截取40題中前10題之輸出為範例，如下所示。

　　下表中所顯示10題的難度中，最簡單的是試題是第9題(CP09)，難度值是0.8864，最難的試題是第10題(CP10)，難度值是0.4545。

敘述統計		
	個數	平均數
CP01	44	.7045
CP02	44	.6591
CP03	44	.8409
CP04	44	.5227
CP05	44	.5227
CP06	44	.8409
CP07	44	.5227
CP08	44	.7045
CP09	44	.8864
CP10	44	.4545

　　接下來要進行的是答對百分比法中分組方式來計算難度的方法，分組的標準一般爲25%、27%以及33%等3種分組規準，其中以27%的分組規準最常被使用，接下來將利用27%的分組標準來進行分組難度的計算。首先計算分組的依據，分組的依據是以所有受試者在40題上的得分的前27%爲高分組，後27%爲低分組。計算得分前要先將反應原始資料依答案計分，計分後才能計算得分，因爲計分步驟中已經完成，所以開始計算受試者得分，請點選SPSS功能表中「轉換」→「計算變數」，即會出現以下的對話方框，輸入目標變數（例如：總分），數值運算式中輸入「SUM(CP01 to CP40)」，點選「確定」即可計算受試者得分，如下圖所示。

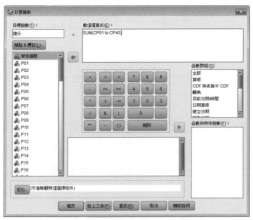

　　計算得分後，可依得分的前後27%做爲分組依據，點選SPSS功能表中「分析」→「描述統計」→「次數分配表」，即會出現次數的對話方框。

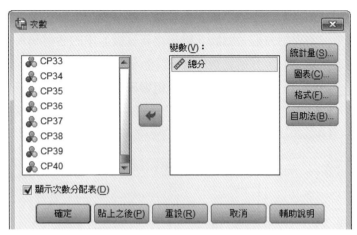

　　點選「統計量」，將出現「次數分配表：統計量」的對話方框，輸入百分位數27以及百分位數73後點選「繼續」，出現次數分配表的對話方框，再點選「確定」。

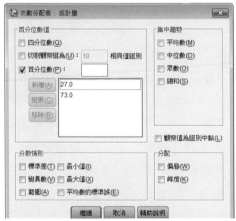

　　由以下的統計量可以得知，總分的百分位數27為21.15，百分位數73為31.00，因此依此標準，將小於21.15設定為低分組，編碼為1，大於31.00則設定為高分組，編碼為3。

統計量		
總分		
個數	有效的	44
	遺漏值	0
百分位數	27	21.1500
	73	31.0000

　　接下來利用重新編碼成不同變數功能，將「總分」點選至「數值變數→輸出變數」的對話方框，並將「輸出之新變數」中的名稱輸入「分組」後，再點選「變更」，分組變數即移至「數值變數→輸出變數」，並修正為「總分→分組」，接下來依總分將分組編碼成高、中、低，高分組編碼3、中分組編碼2、低分組編碼1，點選「舊值」與「新值」開始編碼。

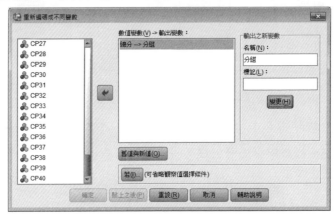

　　以下為「重新編碼成不同變數：舊值與新值」的對話方框，因上述計算總分的百分位數27為21.15，百分位數73為31.00，所以小於21.15設定為低分組，編碼為1；大於31.00為高分組，編碼為3；其餘為中分組，編碼為2。請進行以下3個步驟：（1）點選範圍，LOWEST到值中，輸入21.15，新值中的數值輸入1，點選「新增」；（2）點選範圍，值到HIGHEST，輸入31.00，新值中的數值輸入3，點選「新增」；（2）點選全部其他值，新值中的數值輸入2，點選「新增」，如下圖的操作範例。

　　設定完成之後請點選「繼續」，會出現重新編碼成不同變數的對話方框，點選「確定」後，即會依總分將所有受試者分成低、中與高三組，如下圖所示，出現分組的欄位，依總分出現高(3)、中(2)與低(1)分組。

	CP36	CP37	CP38	CP39	CP40	總分	分組
1	1.00	1.00	1.00	1.00	1.00	29.00	2.00
2	.00	.00	.00	.00	1.00	20.00	1.00
3	.00	1.00	1.00	1.00	1.00	31.00	3.00
4	1.00	1.00	1.00	1.00	1.00	29.00	2.00
5	1.00	1.00	1.00	1.00	1.00	36.00	3.00
6	1.00	.00	1.00	1.00	1.00	20.00	1.00
7	.00	1.00	1.00	.00	.00	18.00	1.00
8	.00	1.00	1.00	1.00	1.00	25.00	2.00
9	1.00	1.00	1.00	1.00	1.00	31.00	3.00
10	1.00	1.00	1.00	1.00	1.00	35.00	3.00
11	1.00	1.00	1.00	1.00	1.00	36.00	3.00
12	1.00	1.00	1.00	1.00	1.00	31.00	3.00

　　接下來要計算答對百分比法中分組人數的難度，因為以分組人數來計算試題難度的計算公式是，高分組難度加上低分組難度除以2，因此資料檔只需選擇高分組及低分組來計算即可，此時請點選SPSS功能表中「資料」→「選擇觀察值」，來選擇高低分組的資料，如下圖所示。

　　點取選擇觀察值之後，會出現選取觀察值的對話方框，請選取第2個如果滿足設定條件的選項，並點選「若(I)」的按鈕。下圖即為輸入選擇觀察值條件的對話方框，因為只需要選擇高分組（分組=3）以及低分組（分組=1），所以請在輸入的方框中輸入「分組=1 or 分組=3」，輸入完成後請點選「繼續」的按鈕，即會完成高低分組資料的選擇。

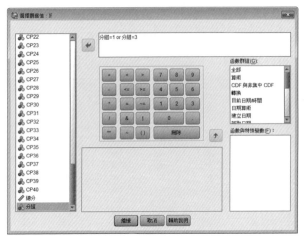

當「選擇觀察值IF」的對話方框中輸入選擇資料的邏輯運算完成，點選「繼續」後，即會重新回到選擇觀察值的對話方框，此時請點選「確定」，完成選擇觀察值的步驟，如下圖，此時會發現中分組的資料被摒除在工作的資料之外，亦即發現只要是分組2的資料，皆被劃上斜線表示不被選擇為工作的資料，如下圖中前12筆資料的第1、4以及8。

	CP37	CP38	CP39	CP40	總分	分組	filter_$
1	1.00	1.00	1.00	1.00	29.00	2.00	0
2	.00	.00	.00	1.00	20.00	1.00	1
3	1.00	1.00	1.00	1.00	31.00	3.00	1
4	1.00	1.00	1.00	1.00	29.00	2.00	0
5	1.00	1.00	1.00	1.00	36.00	3.00	1
6	.00	1.00	.00	1.00	20.00	1.00	1
7	.00	1.00	.00	.00	18.00	1.00	1
8	1.00	1.00	1.00	1.00	25.00	2.00	0
9	1.00	1.00	1.00	1.00	31.00	3.00	1
10	1.00	1.00	1.00	1.00	35.00	3.00	1
11	1.00	1.00	1.00	1.00	36.00	3.00	1
12	1.00	1.00	1.00	1.00	31.00	3.00	1

因為答對百分比法中，分組人數的難度即是高分組與低分組的平均數，上述步驟已經將目前資料選擇範圍僅限於高分組與低分組的資料，所以要計算答對百分比法中的分組人數的難度值，僅選擇描述性統計量中的「平均數」即可，所以請點選SPSS功能表中描述性統計量中的描述統計，出現描述性統計量的對話方框時，將要計算的試題（CP01至CP40）選至變數的方框中(如下圖)，並點選「選項」按鈕來選擇所要輸出的描述性統計量。

點取選項之後即會出現「描述性統計量：選項」的對話方框（如下圖），因僅需計算試題的平均數(難度)，所以請點選「平均數」即可。

點選「平均數」的選項後，再點選「繼續」，出現描述性統計量的對話方框後，再點選「確定」後即會出現各題（CP01至CP40）的平均數，此平均數即是各題難度值，以下是40題試題中的10題難度資料。

敘述統計		
	個數	平均數
CP01	27	.7407
CP02	27	.6667
CP03	27	.7778
CP04	27	.5556
CP05	27	.5556
CP06	27	.8148
CP07	27	.4815
CP08	27	.6296
CP09	27	.8889
CP10	27	.4444

　　由上表中10題依分組人數計算的試題難度值中可知，最簡單的試題為
CP09，難度值為0.8889；最難的試題是CP10，難度值為0.4444。若想要進
一步了解各題高分組與低分組的難度值，可利用SPSS中資料功能的分割檔
案來完成，點選SPSS功能中的「資料」→「分割檔案」，如下圖所示。

　　下圖為分割檔案的對話方框，SPSS的內定值是分析所有觀察值，若要
分別計算高分組與低分組的難度值，請點選「依群組組織輸出」，並且將
「分組」這個變項移至「依此群組」的方框中，並且選擇「依分組變數排
序檔案」，再點選「確定」。

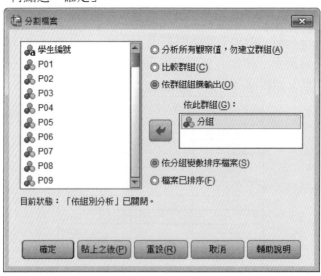

　　上述點選「依群組組織輸出」後，SPSS並不會有任何的輸出動作，分割檔案只將後續所有的分析動作，以「分組」這個變項類別來分別輸出。因為要分別輸出高分組與低分組的難度，請點選SPSS功能表中的「分析」→「敘述統計」→「描述性統計量」，即會出現描述性統計量的對話方框，並選取所要分析的試題（CP01至CP40），如下圖所示。

　　因為要計算難度，所以請點選「選項」，即會出現以下「描述性統計量：選項」的對話方框，點選「平均數」即可，如下圖所示。

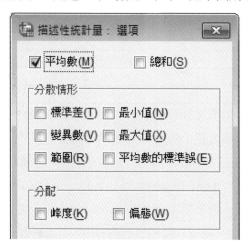

　　完成後請點選「繼續」，在出現描述性統計量的對話方框中，再點選「確定」，即會依高低分組來分別輸出各題的難度，下表為低分組中，40題中前10題的試題難度。

敘述統計a		
	個數	平均數
CP01	12	.5833
CP02	12	.5833
CP03	12	.5000
CP04	12	.3333
CP05	12	.4167
CP06	12	.7500
CP07	12	.3333
CP08	12	.3333
CP09	12	.7500
CP10	12	.3333

下表則爲高分組中前10題各題難度結果。

敘述統計a		
	個數	平均數
CP01	15	.8667
CP02	15	.7333
CP03	15	1.0000
CP04	15	.7333
CP05	15	.6667
CP06	15	.8667
CP07	15	.6000
CP08	15	.8667
CP09	15	1.0000
CP10	15	.5333

若要與上述分組難度計算的結果驗證，以CP01爲例，高分組的難度爲0.8667，低分組的難度爲0.5833，分組計算的難度值則爲高分組的難度再加上低分組難度值的平均數，但是因爲高低分組的人數並不相同，所以其難度值應該修正爲（0.8667×15+0.5833×12）÷27=0.7407，所以CP01答對百分比法中分組人數計算的難度值爲0.7407，以下要繼續進行試題鑑別度的計算，依高中低分組結果計算試題分析中的鑑別度。

四、計算鑑別度

前述談到古典測驗理論的試題鑑別度，其計算公式爲高分組的難度值與低分組難度值的差，以上述分析結果中的CP01爲例，高分組的難度爲

0.8667，低分組難度為0.5833，因此依照古典測驗理論中試題鑑別度的計算公式，CP01的鑑別度為0.8667－0.5833=0.2834，而如何利用SPSS統計軟體來進行鑑別度的計算呢？說明如下。

　　因為上述分組計算難度時，選取觀察值時是依群組輸出，計算鑑別度時是要計算所有觀察值，所以先要恢復為分析所有觀察值。另外，因為上述計算難度時是依高分組、低分組分別顯示試題難度，此時若未恢復分析所有觀察值，逕行計算鑑別度的獨立樣本t檢定時，即會出現以下的警告。

警　告
分組 未執行獨立樣本檢定，因為此變數已同時被指定為 分組變數及分割變數。
此指令的執行已停止。

　　為了避免出現如上的警告訊息，請將分割檔案恢復系統的預設值「分析所有的觀察值，勿建立群組」。將資料的選擇恢復為分析所有的資料時，即可開始進行試題鑑別度的計算。請選取SPSS功能表中的「分析」→「比較平均數法」→「獨立樣本T檢定」，如下圖所示。

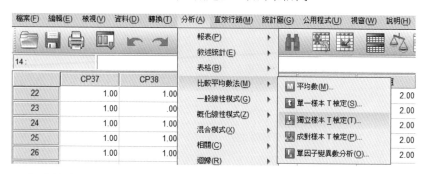

　　此時將會出現獨立樣本T檢定的對話方框，請將要計算試題鑑別度的試題選至「檢定變數」的方框中（CP01至CP40），如下圖所示。

　　接下來將分組變數「分組」選取至「分組變數」的方框中，如下圖所示。

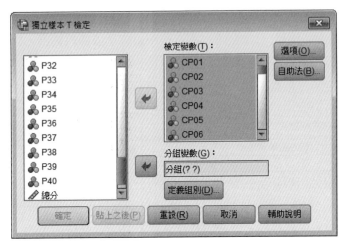

　　此時要將分組變數「定義組別」，請點選「定義組別」的按鈕，即會出現定義組別的對話方框，如下圖所示。

　　因為前述在組別分組中，高分組的編碼為3，低分組編碼為1，所以請在「組別1」的方框中輸入低分組的編碼1，「組別2」的方框中輸入高分組的編碼3，如上圖所示。當定義組別的編碼數值輸入完成後，即可開始計算試題的鑑別度，請點選「繼續」，出現獨立樣本T檢定的對話方框再點選「確定」，即會計算出各試題的鑑別度，以下將擷取呈現範例40題中前10題的計算結果，如下頁表所示。

組別統計量					
	分組	個數	平均數	標準差	平均數的標準誤
CP01	1.00	12	.5833	.51493	.14865
	3.00	15	.8667	.35187	.09085
CP02	1.00	12	.5833	.51493	.14865
	3.00	15	.7333	.45774	.11819
CP03	1.00	12	.5000	.52223	.15076
	3.00	15	1.0000	.00000	.00000
CP04	1.00	12	.3333	.49237	.14213
	3.00	15	.7333	.45774	.11819
CP05	1.00	12	.4167	.51493	.14865
	3.00	15	.6667	.48795	.12599
CP06	1.00	12	.7500	.45227	.13056
	3.00	15	.8667	.35187	.09085
CP07	1.00	12	.3333	.49237	.14213
	3.00	15	.6000	.50709	.13093
CP08	1.00	12	.3333	.49237	.14213
	3.00	15	.8667	.35187	.09085
CP09	1.00	12	.7500	.45227	.13056
	3.00	15	1.0000	.00000	.00000
CP10	1.00	12	.3333	.49237	.14213
	3.00	15	.5333	.51640	.13333

上表是各題高低分組的難度值及其個數等基本統計量，以CP01為例，高分組的個數為15，試題難度為0.8667；低分組的個數為12，試題難度為0.5833。

獨立樣本檢定		變異數相等的 Levene 檢定		平均數相等的 t 檢定						
		F 檢定	顯著性	t	自由度	顯著性 (雙尾)	平均差異	標準誤 差異	差異的 95% 信賴區間	
									下界	上界
CP01	假設變異數相等	10.697	.003	-1.696	25	.102	-.28333	.16703	-.62734	.06068
	不假設變異數相等			-1.626	18.703	.121	-.28333	.17421	-.64836	.08169
CP02	假設變異數相等	2.090	.161	-.801	25	.431	-.15000	.18735	-.53585	.23585
	不假設變異數相等			-.790	22.301	.438	-.15000	.18991	-.54353	.24353
CP03	假設變異數相等	.	.	-3.727	25	.001	-.50000	.13416	-.77632	-.22368
	不假設變異數相等			-3.317	11.000	.007	-.50000	.15076	-.83181	-.16819
CP04	假設變異數相等	.507	.483	-2.182	25	.039	-.40000	.18330	-.77752	-.02248
	不假設變異數相等			-2.164	22.877	.041	-.40000	.18485	-.78251	-.01749
CP05	假設變異數相等	.641	.431	-1.291	25	.209	-.25000	.19365	-.64883	.14883
	不假設變異數相等			-1.283	23.110	.212	-.25000	.19486	-.65298	.15298
CP06	假設變異數相等	2.309	.141	-.755	25	.458	-.11667	.15460	-.43506	.20173
	不假設變異數相等			-.733	20.463	.472	-.11667	.15906	-.44798	.21464
CP07	假設變異數相等	.479	.495	-1.375	25	.181	-.26667	.19391	-.66603	.13269
	不假設變異數相等			-1.380	24.007	.180	-.26667	.19325	-.66551	.13217
CP08	假設變異數相等	6.175	.020	-3.282	25	.003	-.53333	.16248	-.86797	-.19870
	不假設變異數相等			-3.162	19.294	.005	-.53333	.16869	-.88604	-.18063
CP09	假設變異數相等	41.667	.000	-2.152	25	.041	-.25000	.11619	-.48930	-.01070
	不假設變異數相等			-1.915	11.000	.082	-.25000	.13056	-.53736	.03736
CP10	假設變異數相等	1.515	.230	-1.021	25	.317	-.20000	.19596	-.60359	.20359
	不假設變異數相等			-1.026	24.171	.315	-.20000	.19488	-.60207	.20207

上表為獨立樣本T檢定的結果，試題的鑑別度即為平均差異那一欄，以CP01為例其鑑別度為0.28333，因為試題的鑑別度是高分組難度與低分組難度的差，而SPSS計算時是以低分組減去高分組，所以是為負值（-0.28333），依此類推CP02的試題鑑別度為0.15000、CP03為0.50000，CP04為0.4000。試題分析中若是試題類型是選擇題的話，則需進行誘答力分析，以下即說明利用SPSS來進行誘答力分析的步驟。

五、誘答力分析

誘答力分析是計算選擇題各誘答項被選擇的情形，此時需要利用SPSS中交叉表的功能，請點選SPSS功能表中的「分析」→「敘述統計」→「交叉表」，如下圖所示。

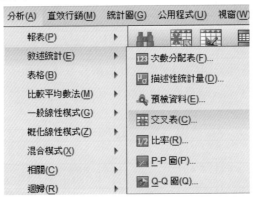

出現交叉表的對話方框時，將分組變數「分組」選至列的方框中，未計分前的試題資料（P01至P40）則選至欄的方框中，點選儲存格的選項，如下圖所示。

　　因為要出現各個誘答項被選答的比率，所以請在「交叉表：儲存格顯示」的對話方框中，除了「個數」的觀察值之外，另加上列的「百分比」選項，如下圖所示。

　　設定完成後，點選「繼續」，當又再次出現交叉表的對話方框後，點選「確定」即會出現各試題誘答力的分析結果，以下為第1題P01的結果。

分組 * P01 交叉表							
			P01				總和
			1	2	3	4	
分組	1.00	個數	2	3	7	0	12
		在 分組 之內的	16.7%	25.0%	58.3%	0.0%	100.0%
	2.00	個數	0	3	11	3	17
		在 分組 之內的	0.0%	17.6%	64.7%	17.6%	100.0%
	3.00	個數	1	0	13	1	15
		在 分組 之內的	6.7%	0.0%	86.7%	6.7%	100.0%
總和		個數	3	6	31	4	44
		在 分組 之內的	6.8%	13.6%	70.5%	9.1%	100.0%

　　上表中分組1代表低分組、2代表中分組、3代表高分組，因此可以得知低分組在選項1的比率為16.7%、選項2為24.0%、選項3為58.3%、選項4則為0.0%，至於高分組在選項1的比率為6.7%、選項2為0.0%、選項3為86.7%、選項4則為6.70%，全部人數的誘答力在選項1的比率為6.8%、選項2為13.6%、選項3為70.5%、選項4則為9.1%，若是需要讓分組的意義更為清楚，可以在分析的觀察值中，加入數值註解（如下圖），例如：1.00=低分組，2.00=中分組，3.00=高分組，再次分析後，則會呈現數值註解，增加報表的可讀性。

　　下表爲重新分析後CP02誘答力分析結果，此時即會出現分組是以數值註解加以呈現低分組、中分組以及高分組，而不再是1、2與3。其中選項3與4在低分組以及高分組中完全沒有誘答力，也許誘答項的3與4需要再加以修正，增加誘答力。

			分組 * P02 交叉表				
			P02				總和
			1	2	3	4	
分組	低分組	個數	5	7	0	0	12
		在分組之內的	41.7%	58.3%	0.0%	0.0%	100.0%
	中分組	個數	4	11	1	1	17
		在分組之內的	23.5%	64.7%	5.9%	5.9%	100.0%
	高分組	個數	4	11	0	0	15
		在分組之內的	26.7%	73.3%	0.0%	0.0%	100.0%
總和		個數	13	29	1	1	44
		在分組之內的	29.5%	65.9%	2.3%	2.3%	100.0%

六、試題分析結果整理

　　依據上述SPSS進行常模參照二元計分試題的分析結果，將該試題分析的結果整理如下所示（摘述前10題）。

題號	難度1	難度2	高分組難度	低分組難度	鑑別度
01	0.70	0.75	0.87	0.58	0.28
02	0.66	0.67	0.73	0.58	0.15
03	0.84	0.78	1.00	0.50	0.50
04	0.52	0.56	0.73	0.33	0.40
05	0.52	0.56	0.67	0.42	0.25
06	0.84	0.81	0.87	0.75	0.12
07	0.52	0.48	0.60	0.33	0.27
08	0.70	0.63	0.87	0.33	0.53
09	0.89	0.89	1.00	0.75	0.25
10	0.45	0.44	0.53	0.33	0.20

肆、JITAS

　　JITAS（Java for Item and Test Analysis Software）是一套作者自行研發的試題與測驗分析軟體，開發系統的軟體是JAVA，JAVA屬於自由軟體（freeware software），只要利用瀏覽器無論是Microsoft的IE、Google的Chrome、Firefox或者是MAC的Safari，JITAS皆可順利執行，具有跨平台的特性，以下即說明如何運用JITAS來進行試題分析。

一、開啓瀏覽器

　　開啓瀏覽器，以下範例是以Microsoft所開發之瀏覽器Internet Explorer（IE）來做說明，請輸入網址http://cat.nptu.edu.tw/JWS/wtest/，即會進入JITAS的試題分析網頁（如下圖），並且點選「JAVA Item and Test analysis software」執行JITAS試題分析軟體。

　　JAVA線上使用時，需要先檢查JAVA是否安裝，已安裝適當的JAVA版本後，若未設定JAVA執行的安全性，JAVA並無法執行，因此，以下將說明JAVA的設定，若使用者已經設定JAVA的安全性之後，下次即可逕行執行JITAS而不用再次設定，只需要設定一次即可。

二、JAVA的安全性設定

　　JITAS是一套利用JAVA發展的試題與測驗分析的軟體，因為JAVA的發展與使用愈來愈重視系統的安全性，使用JAVA所發展的軟體需要在安全性中加以設定，以下即說明在執行JITAS這套軟體可能需要的安全性設定。要進行JAVA的安全性及其相關的設定，需要從JAVA的控制面版中加以設定，而JAVA控制面板可以從以下二個方式來加以啓動。

（一）程式集開啓

　　使用者若要啓動JAVA的控制面版，可以選擇從「開始」的按鈕中，選擇「所有程式」，再點選JAVA中的「設定Java」即可啓動。

（二）控制台開啓

　　開啓JAVA控制面版的另外一個方法則是點選控制台中的Java，亦可以啓動JAVA的控制面版。

（三）JAVA控制面板

　　JAVA的控制面版有五個主要的頁面，分別是「一般」、「更新」、

「Java」、「安全」以及「進階」等五個設定頁面。

1.一般

一般設定頁面有三個主要選項，分別是「關於」、「網路設定」、「暫存網際網路檔案」等，其中「關於」是顯示目前系統中JAVA的版本。

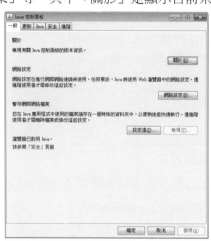

（1）關於

點選「關於」按鈕後即會出現Java的版本資料，以下圖為例，Java的版本是8，第77個更新版，JITAS的版本只要是版本7以上即可順利執行。

（2）網路設定

網路設定的頁面中，內定是使用瀏覽器設定，因為JITAS的版本會因為使用者的建議以及測驗理論上需要，更新版本，為了避免使用者因為瀏覽器設定而執行舊的版本，所以建議使用者選擇「直接連線」的選項，若JITAS有更新版本，會直接讀取新的版本。

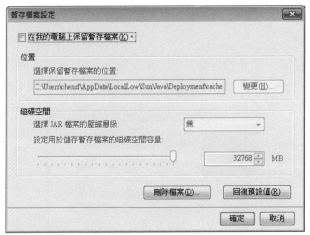

（3）暫存網際網路檔案

JAVA內定網際網路暫存檔案設定是在「我的電腦上保留暫存檔案」，建議將之取消，直接讀取網路上的檔案即可，如下圖所示。

2.更新

JAVA控制面板中的更新頁面，主要是關於控制如何取得和套用更新的方式，建議保留內定設定，「自動檢查更新」來更新JAVA的版本，操作畫面如下頁圖所示。

3.Java

　　JAVA控制面版中的Java是檢視與管理Java應用程式和Applet的Java Runtime版本及設定，點選「檢視」的按鈕即可檢視目前Java Runtime的版本，建議使用者使用內定的預設值即可，以免造成無法執行的問題產生。

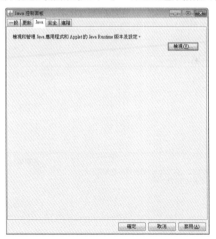

4.安全

　　JAVA控制面板中的安全設定，是使用JITAS中最需要加以注意的一個設定頁面，建議使用內定的選項即可，只是需要在「例外網路清單」中新增網路啟動應用程式的網站位置，操作畫面如下頁圖所示。

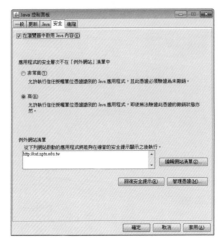

因為JITAS的執行網址是http://cat.nptu.edu.tw/JWS/wtest，所以請新增例外網站清單「http://cat.nptu.edu.tw」，否則無法啟動JITAS，請點選「編輯網站清單」按鈕，即會出現例外網站清單的編輯畫面，如下圖所示。

點選「新增」，並新增「http://cat.nptu.edu.tw」位置，再點選「確定」，新增完成(如上圖)後，點選「確定」後返回JAVA安全設定頁面。

5.進階

JAVA控制面板中的進階主要是提供進階使用者，進行系統偵錯或者是進階使用設定，JITAS的使用無需特別的進階設定即可符合一般使用者進行試題與測驗分析，因此進階頁面中建議只採用內定的設定即可。

三、線上執行JITAS

　　JAVA線上執行程式，會先檢查JAVA執行的版本，若發現有新的JAVA更新程式會加以提示，使用者只要確定JAVA的執行環境版本大於1.7以上即可。當出現下列「JAVA應用程式已封鎖」應用程式的警告畫面時，表示安全性未設定，請在前述JAVA控制面版安全的頁面中，加入「http://cat.nptu.edu.tw」的網址即可順利執行。

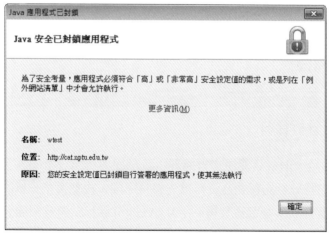

　　當出現下列安全性警告的對話方框時，點選「我接受風險且欲執行此應用程式（I）」，並再次點選執行的按鈕後，會出現JITAS的工作視窗。

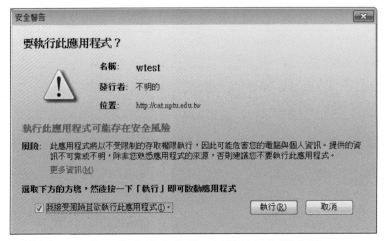

以下即為JITAS的工作主視窗畫面，目前執行的版本是1.0.1.1。

四、開啓分析資料

　　JITAS是一個兼具簡易文書處理以及試題與測驗分析的線上軟體，使用者可以先將分析的程式及資料檔先編寫完成，後然再將分析的資料利用文書編輯器打開，全選複製再貼上JITAS即可進行試題及測驗分析，亦可直接在JITAS上編輯輸入資料，或者是在另外的文書編輯器編輯後由JITAS軟體「開啓檔案」讀入分析，以下將說明這三種資料輸入的方式，說明檔案的資料輸入之前，目前先說明分析資料的格式。

（一）分析資料格式

JITAS是一套線上的試題與測驗分析軟體，其分析的檔案內容主要分為二個部分，一為資料控制列，另一則為受試者的反應資料，資料控制列主要有四行，分別說明如下。

1.資料控制列

資料控制列的第一列包括試題的題數、空白題代碼、未答完題代碼、受試者身分識別欄位的個數、是否具效標分數等，第一列輸入格式說明如下。

第一列

第一行總共有12個欄位，各欄位說明如下。

1-3 試題數，第1、2、3 個欄位分別代表百位、十位以及個位數。

4 空白。

5 空白題（Omitted response）的代碼，請輸入9。

6 空白。

7 未答完題（Not response）的代碼，請輸入9。

8 空白。

9-10 受試者身分代碼所佔欄位數。

11 空白。

12 有無效標分數代碼，Y 代表有，N 代表無，可計算效標關聯效度。

第二列

試題的正確答案，長度與試題的題數相同。

第三列

試題的選項數，長度與試題的題數相同。

第四列

每一試題所歸屬於某一分測驗的代碼，可以分開或者混合代碼別。

2.受試者反應資料

第五列起開始輸入受試者的身份代碼以及答題資料，以下將以一個範例來說明。

```
020 9 N 03 Y
23421213444232322133
44444444444444444444
00000000001111111111
01 23421323442232323133 68
02 23421213442232322433 92
03 23421213444232422133 86
04 23442121444232122242 60
```

上述範例中，資料控制列的第一行為020 9 N 03 Y代表有20題，空白題代碼是9，未反應題代碼是N，受試者ID長度是3，有效標變項，亦即系統需要計算效標關聯效度。第二行是20題的標準答案，第三行代表所有試題都是四選一的選項數，第四行則是代表這20題有2個分測驗，前10題是1個分測驗後10題是第2個分測驗。接下來就是所有的反應資料，前3欄是ID，接下來是20題的原始反應資料，20題的反應資料後間隔一個空白後即是效標分數。

（二）啓用文書編輯器

JITAS啓動之後的主視窗畫面即是工作視窗，因此只要利用一般的文書編輯器，例如：記事本、小作家、WORD、VI等使用者熟悉的文書編輯器完成後，全選複製編輯的內容即可進行分析，或者是利用JITAS本身所提供的輸入編輯功能，以下以記事本為例（如下頁圖）來進行資料的輸入編輯，首先在記事本將要分析的資料控制列和受試者反應資料編輯完成後，選擇「編輯」功能中的「全選」。

之後點選「複製」，開啓JITAS主視窗畫面，選取編輯功能中的「貼上」即可，開始進行試題分析時，點選「編輯」功能中的「計算」即完成試題分析。

（三）JITAS文書編輯

利用JITAS試題與測驗分析軟體中的文書編輯功能，編輯完成後再執行「編輯」功能中的「計算」，亦可以完成試題與測驗的分析，如下頁圖所示。

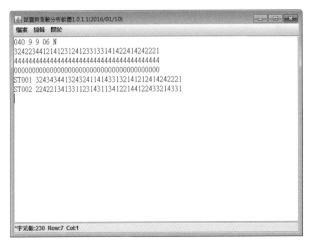

（四）JITAS開啓檔案

利用任何文書編輯器，將資料控制列以及受試者的反應資料儲成純文字檔案，然後利用JITAS的「檔案」→「開啓舊檔」，即會出現開啓舊檔的對話方框，選取所要分析的檔案後，再點選「編輯」功能中的「計算」，即可完成試題與測驗分析，如下圖所示。

分析的資料檔讀入或輸入後，點選「編輯」→「計算」開始進行試題與測驗分析，如下頁圖所示。

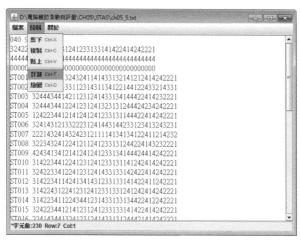

計算完成，沒有任何錯誤時即會出現計算完成訊息，如下圖的對話方框。並且會出現分析結果的輸出檔名，以下面對話方框為例，系統即會將輸出結果儲存至「output.txt」這個檔名，內定的路徑為我的文件資料夾。

此時若想要馬上在系統中檢視資料的分析結果，可以點選下列詢問「是否要呈現資料分析結果」中的「是」，即會出現資料分析的結果在視窗之中。

下頁圖即為資料分析的結果。

五、試題分析結果

以下將針對試題分析結果說明，至於測驗分析結果的說明，將留待下個章節再加以敘述。

（一）試題分析

下圖為試題逐題分析的結果，所有試題均有答對人數、答對百分比法(全部人數、分組人數)之二種難度、鑑別度（D值）、誘答力分析以及點二系列相關（r_{pb}），以上述第1題為例，本題有44位受試者答對，高分組有15位、低分組有12位、答對人數有31位、答對百分比法中的全部人數計算難度為0.70、分組人數計算的難度值為0.73、鑑別度為0.28、誘答力分析、各個選項的點二系列相關、標準答案(Key)等資訊，分析結果相當完整。

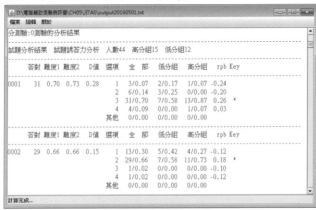

（二）分析摘要

下圖為試題分析摘要，其中Right代表答對人數，P1代表答對百分比法中以全部人數計算的難度值，P2為答對百分比法中以分組方式計算的難度值，Delta是范氏試題分析表法（Fan's item analysis table），其公式為 $\triangle = 13+4Z$（$\triangle$介於1~25，平均難度13），至於D值為鑑別度指數，α 值為刪除該題後的 α 值，值愈高代表試題與試題的相關愈不一致；若數值愈低，表示試題愈具測量精確性。「注意」則是注意係數，若是數值＜0.50以下，愈小表示試題的反應組型愈正常；若是數值≧0.50以上，愈大表示試題的反應組型愈不尋常。判定類別中，若是A型則是代表「適當試題」類型，A'型代表「欠當試題」類型，B型代表「困難試題」類型，B'型代表「異常試題」類型。r_{pb}是點二系列相關，值愈高代表與總分的相關愈密切，亦表示試題愈具鑑別度，試題品質愈好，r則是當有效標分數時，試題與總分之關的效標關聯係數。

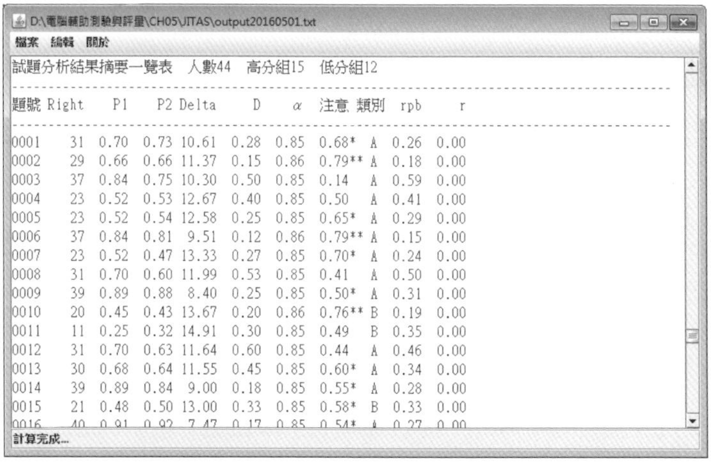

```
D:\電腦輔助測驗與評量\CH05\JITAS\output20160501.txt

檔案　編輯　關於

試題分析結果摘要一覽表　人數44　高分組15　低分組12
-------------------------------------------------------------
題號 Right  P1   P2  Delta   D     α    注意    類別  rpb    r
-------------------------------------------------------------
0001   31  0.70 0.73 10.61 0.28  0.85  0.68*  A   0.26  0.00
0002   29  0.66 0.66 11.37 0.15  0.86  0.79** A   0.18  0.00
0003   37  0.84 0.75 10.30 0.50  0.85  0.14   A   0.59  0.00
0004   23  0.52 0.53 12.67 0.40  0.85  0.50   A   0.41  0.00
0005   23  0.52 0.54 12.58 0.25  0.85  0.65*  A   0.29  0.00
0006   37  0.84 0.81  9.51 0.12  0.86  0.79** A   0.08  0.00
0007   23  0.52 0.47 13.33 0.27  0.85  0.70*  A   0.24  0.00
0008   31  0.70 0.60 11.99 0.53  0.85  0.41   A   0.50  0.00
0009   39  0.89 0.88  8.40 0.25  0.85  0.50*  A   0.31  0.00
0010   20  0.45 0.43 13.67 0.20  0.86  0.76** B   0.19  0.00
0011   11  0.25 0.32 14.91 0.30  0.85  0.49   B   0.35  0.00
0012   31  0.70 0.63 11.64 0.60  0.85  0.44   A   0.46  0.00
0013   30  0.68 0.64 11.55 0.45  0.85  0.60*  A   0.34  0.00
0014   39  0.89 0.84  9.00 0.18  0.85  0.55*  A   0.28  0.00
0015   21  0.48 0.50 13.00 0.33  0.85  0.58*  B   0.33  0.00
0016   40  0.91 0.92  7.47 0.17  0.85  0.54*  A   0.27  0.00
計算完成...
```

六、試題分析結果整理

依據上述JITAS進行常模參照二元計分試題的分析結果，將該試題分析的結果整理如下頁表所示（摘述前10題）。由下表的分析結果中可以得知，10題中以第9題最簡單，第10題最難，鑑別度指數中除了第2題與第6題外，皆達到可接受的程度。

題號	答對人數	難度1	難度2	Delta係數	鑑別度	刪題後α值	注意係數	判定類別	點二系列相關
01	31	0.70	0.73	10.61	0.28	0.85	0.68*	A	0.26
02	29	0.66	0.66	11.37	0.15	0.86	0.79**	A	0.18
03	37	0.84	0.75	10.30	0.50	0.85	0.14	A	0.59
04	23	0.52	0.53	12.67	0.40	0.85	0.50	A	0.41
05	23	0.52	0.54	12.58	0.25	0.85	0.65*	A	0.29
06	37	0.84	0.81	9.51	0.12	0.86	0.79**	A	0.15
07	23	0.52	0.47	13.33	0.27	0.85	0.70*	A	0.24
08	31	0.70	0.60	11.99	0.53	0.85	0.41	A	0.50
09	39	0.89	0.88	8.40	0.25	0.85	0.50*	A	0.31
10	20	0.45	0.43	13.67	0.20	0.86	0.76**	B	0.19

伍、R

　　R軟體是一套具資料分析、統計報告與繪製圖表功能的工具，廣泛地運用到眾多領域，當然在測驗與評量的計量領域中也不例外，以下將從R分析資料的格式、如何撰寫試題分析的程序檔、執行並解釋試題分析後的結果，說明如下。

一、分析資料格式

　　R軟體提供了數種讀取資料的格式，其中最常見的資料格式即是CSV（Comma Separated Values）以及純文字格式檔案，以下為本範例的資料內容（ch05_8.csv），檔案格式為CSV，內容有44筆資料，每1筆資料中有40題反應資料，CSV格式檔案也可視為是具逗號分隔的純文字檔案。

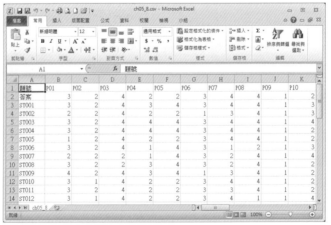

二、撰寫指令分析檔

　　R是一種開放性架構的軟體，每位R的使用者都可以撰寫函數，將常用的函數及功能組合在一起，使得分析的功能更爲強大且快速，R使用者也可以將自己撰寫的若干個函數包裝成套件，上傳至網路上供人下載，目前R最多的套件是集中在R的官方網站CRAN（http://cran.r-projetc.org/），內容包羅萬象，從初階到進階的測驗評量統計上都有。學習R，建議由執行與改寫已有的程式集開始學習，不用特別需要去記憶程式的指令及分析的語法，多多模仿之後能自己組合與創新更適合的套件，以下即是利用R常見的指令來進行測驗與評量中的試題分析，包括答對百分比法中全部人數與分組人數的難度數值、鑑別度、CR值、刪題後的α值等試題分析的係數，以下爲R中的指令分析檔。

　　撰寫程式語法建議要常用註解來說明程式或函數的意義，R中的註解符號爲#，因此只要R中的指令分析檔中是以#爲起始的一行，R並不會執行，只是說明註解程式的意義而已，以下四行即爲註解行。

#試題及測驗分析　2016/05/02

#屏東大學教育學系　陳新豐

#教育測驗與學習評量研究室　http://cat.nptu.edu.tw

#原始資料檔案　ch05_8.csv

接下來為了讓R讀取資料時,有相對的位置,因此需要設定工作目錄,R中設定工作目錄的函數為setwd( ),以下即為設定往後進行試題與測驗分析時讀寫資料文件的工作目錄,不用再加上路徑了。

```
setwd("D:/電腦輔助測驗與評量/CH05/R")
```

R提供了許多讀寫檔案的資料格式,其中CSV是R中讀取資料格式最常見的方法之一,以下第1行為讀取CSV檔案格式的指令,並且檢查是否資料正確讀入,第2行為列出資料結構,第3行則為列出最後的6筆資料。

```
sdata0 <- read.table("ch05_8.csv", header = T, sep=",")
str(sdata0)
tail(sdata0)
```

以下的程序是將上述讀取的原始資料,利用第二行的答案來加以計分,答對為1,答錯為0。

```
sdata1 <- matrix(0, nrow=snum, ncol=pnum)
i <- 1
while (i <= pnum){
 j <- 1
 while (j <= snum) {
  if (sdata0[1,i+1] == sdata0[j+1,i+1]) sdata1[j,i] <- 1
  j <- j+1
 }
 i <- i+1
}
```

因為讀入的資料是選擇題型四選一單選題的資料,接下來是進行誘答加分析。

```
sdata2 <- apply(sdata0[-1,-1],2, function(x) table(factor(x, levels=1:4)))
sdata2 <- t(sdata2)
show(sdata2)
```

R中有一個CTT的套件,也可以利用distractor.analysis()來進行誘答力分析,操作程序如下所示。

```
library(CTT)
data0 <- sdata0[-1,-1]
data1 <- sdata0[1,-1]
dataresult <- distractor.analysis(data0,data1)
show(dataresult)
```

計算平均數即為試題的難度，而這個難度係數是答對百分比法中，以全部人數加以計算的係數，程序如下，其中my_stats是為自訂的函數，包括計算平均數、標準差、偏態以及峰度。

```
sdata1_desc <- apply(sdata1, 2, my_stats)
rownames(sdata1_desc) <- c("難度值", "標準差", "偏態", "峰度")
result1 <- as.data.frame(t(sdata1_desc))
round(result1,3)
```

接下來要計算的是答對百分比法中，以分組人數為計算基準的難度係數、試題鑑別度、CR值等，首先以受試者答題總分的27%為區分標準，分為高分組以及低分組。

```
sdata1$tot <- apply(sdata1, 1, sum)
sdata1$grp <- NA
LB=0
HB=0
LB=quantile(sdata1$tot,probs=c(0.23))
HB=quantile(sdata1$tot,probs=c(0.73))
sdata1$grp[sdata1$tot <= LB] <- "L"
sdata1$grp[sdata1$tot >= HB] <- "H"
sdata1$grp <- factor(sdata1$grp)
sdata2 <- aggregate(sdata1[,1:pnum], by=list(sdata1$grp), mean)
sdata2 <- t(sdata2[,-1])
item_t <- sapply(sdata1[,1:pnum], function(x) t.test(x ~
sdata1$grp)$statistic)
rslt2 <- data.frame(Item=rownames(sdata2),m.l=sdata2[,2],
```

m.h=sdata2[,1], m.a=(sdata2[,2]+sdata2[,1])/2, m.dif=sdata2[,1]-sdata2[,2], t.stat=item_t)

 rslt2 <- rslt2[,-1]

 names(rslt2) <- c('低分組平均','高分組平均','分組難度', '鑑別度','CR值')

 round(rslt2,3)

 最後進行試題分析的是計算試題刪題後α值，利用R中的psych套件來計算，程序如下所示。

 require(psych)

 itotalpha <- alpha(sdata1[, 1:pnum],check.keys=TRUE)$alpha.drop[,'raw_alpha']

 rslt3 <- as.data.frame(t(rbind(itotalpha)))

 names(rslt3) <- c('總量表信度(刪題)')

 row.names(rslt3) <- names(sdata1[,1:pnum])

 round(rslt3, 3)

三、執行並解釋結果

 下圖所呈現的試題的誘答力分析，例如：P01題選1的有3位、選2的有6位，選3的有31位，選4的則有4位，合計有44位。

 下頁圖是利用R中CTT套件所進行誘答力的分析結果，高分組選1的1

位、選2的有0位、選3的有13位、選4的有1位，高分組有15位，低分組則
是選1至4的則是分別是2、3、9、1，全部選1至4的則是3、6、31、4，合
計44位。

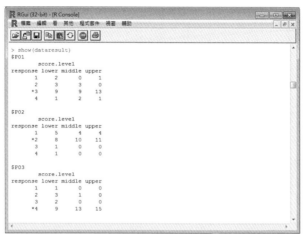

　　下圖呈現的是40題中，答對百分比法以全部人數爲計算基準的試題難
度係數，前10題中，第9題難度值0.886最簡單，第10題0.455最難。

　　下頁圖所呈現的是40題中，答對百分比法中以分組爲計算基準的試題
難度係數、鑑別度以及CR值。前10題中，最簡單的題目是第9題，難度值
0.875，最難度的題目是第10題，難度值是0.433。

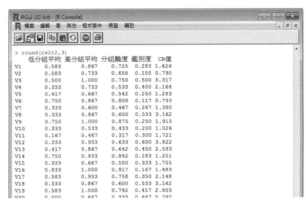

下圖所呈現的是40題中各題的刪題後 α 值。

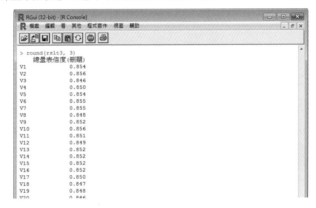

四、試題分析結果整理

依據上述R進行常模參照二元計分試題的分析結果,該試題分析的結果整理如下表所示(摘述前10題)。

題號	難度1	難度2	鑑別度	CR值	刪題後 α 值
01	0.705	0.725	0.283	1.626	0.854
02	0.659	0.658	0.150	0.790	0.856
03	0.841	0.750	0.500	3.317	0.846
04	0.523	0.533	0.400	2.164	0.850
05	0.523	0.542	0.250	1.283	0.854
06	0.841	0.808	0.117	0.733	0.855
07	0.523	0.467	0.267	1.380	0.855
08	0.705	0.600	0.533	3.162	0.848
09	0.886	0.875	0.250	1.915	0.852
10	0.455	0.433	0.200	1.026	0.856

陸、WINSTEPS

　　以下將介紹Rasch模式下二元計分試題的試題分析，使用的分析軟
體為WINSTEPS，WINSTEPS在官方網站中提供教育版的軟體，稱為
MINSTEP，使用者可逕行至http://winsteps.com/ministep.htm網站中下載
MINSTEP來進行分析，MINSTEP使用介面與WINSTEPS幾乎完全相同，
只是在題數（25題）與人數上（75位）有所限制，下圖為WINSTEPS 版本
3.74.0執行的主畫面。

　　本操作範例已事先將受試者的作答反應利用EXCEL檔案輸入完成，
因此在歡迎的畫面中請點選不用設定分析檔案，請點選「NO」，若下次
不希望執行WINSTEPS時出現這個歡迎畫面，亦可以在Don't ask again打
勾，下次即不會出現歡迎畫面。歡迎畫面消失後，請點選右上方的功能表
「Data Setup」開始進行資料設定，點選Data Setup之後即會出現資料設定
的對話方框。

一、資料設定

　　下頁圖為資料設定主畫面，主要資料設定分為三個部分，分別是設定
受試者資料、試題資料以及輸入試題資料，以下將依受試者資料、試題資
料以及輸入試題資料等三部分的設定步驟及內容，詳細說明如下。

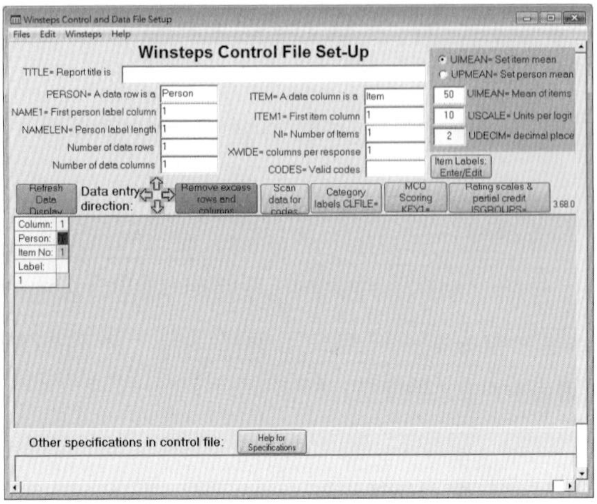

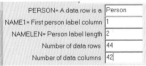

二、受試者資料設定

　　資料設定的畫面中主要分為三個部分，第1個步驟為設定受試者基本資料，有五個選項，亦即畫面中左半部的（1）PERSON=A data row is a，請填入學生基本資料的標籤，例如：Person；（2）NAME1=First person label column，請填寫第一位學生標籤的欄位，例如：1，代表從第1欄開始即是學生的座號標籤；（3）NAMELEN=Person label length，請填寫學生代號標籤的長度，例如：2，代表學生座號標籤的長度為2，01、02、03、……、A1、A2、A3等型式；（4）Number of data rows，請填寫資料的筆數，例如：44，代表有44筆資料；（5）Number of data columns，請填寫一筆資料的寬度，假如受試者編號長度有2位(01至99)，分析的試題有40題，則此欄位則需要填寫2+40=42。

　　首先輸入分析的標題為Educational Measurement Test。

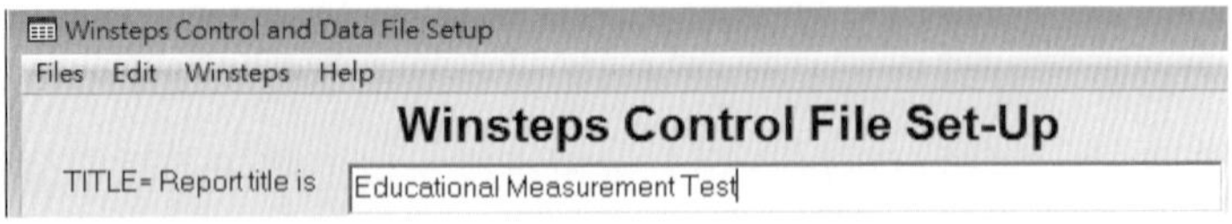

　　進入試題分析的第1個步驟，輸入受試者的相關資料，如下圖。

　　受試者資料的標籤爲Person，第1位受試者的代號標籤從第1個欄位開始，本範例的分析資料有44筆受試者資料，受試者編號長度爲2，分析的試題有40題，每筆資料的寬度爲42（2+40），受試者資料設定如上圖所示。

三、試題資料設定

　　第2個步驟則是設定試題的基本資料，有五個選項，畫面中間部分（1）ITEM=A data column is a，請填寫試題基本資料的標籤，例如：Item：（2）ITEM1=First item column，請填寫第1題試題的位置，假如受試者編號的長度是2，則第1題試題的位置是從第3欄開始，則此欄位需要填寫3；（3）NI=Number of Items，填寫試題的題數，若題數爲 40 題，則此欄位填寫40；（4）XWIDE=columns per response，請填寫每1個試題的寬度爲何？例如：每1個試題的寬度都爲1，則此欄位則填寫1；（5）CODES=Valid codes，請填寫試題有效編碼，例如：0代表答錯，1代表答對，除此之外並無任何編碼，所以只需填寫01。另外，在試題的相關資料中，則有二種選擇，一種爲UIMEAN=Set item mean，設定以試題的平均數；或者是UPMEAN=Set person mean，設定以受試者的平均數，本範例選擇以試題平均數爲主。第三個選項選則是輸入UIMEAN=Mean of Items，試題的平均數，例如：0。第四個選項則是輸入USCALE=Units per logit，設定每個logit的單位，即是標準差，例如：1。至於第五個選項UDECIM=decimal places則是試題的小數位數爲何？Item Labels爲可以提供輸入試題的標籤。

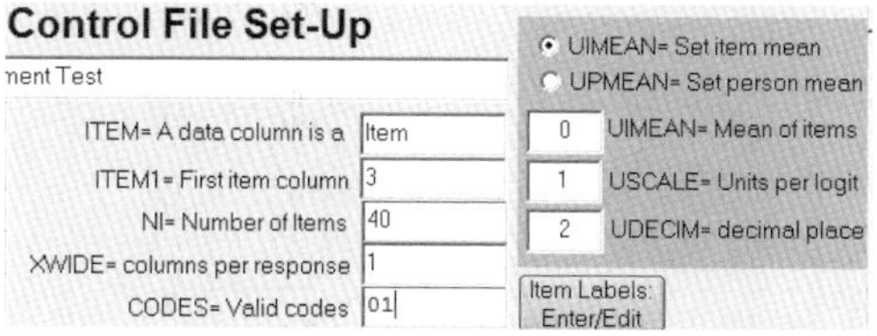

Control File Set-Up

ment Test

	○ UIMEAN= Set item mean	
	○ UPMEAN= Set person mean	
ITEM= A data column is a	Item	0　UIMEAN= Mean of items
ITEM1= First item column	3	1　USCALE= Units per logit
NI= Number of Items	40	2　UDECIM= decimal place
XWIDE= columns per response	1	
CODES= Valid codes	01	Item Labels: Enter/Edit

　　由上圖試題資料設定的畫面中，試題的標籤爲Item，第1個試題從第3個欄位開始，本次的分析試題共40題，每個試題的欄位寬度爲1，有效的編碼爲01，選擇設定每個試題的平均數爲0，標準差爲1，小數位數爲2

位，輸入資料如上圖所示，此時若點選Item Labels則可以進入試題標籤的編輯功能如下圖所示。

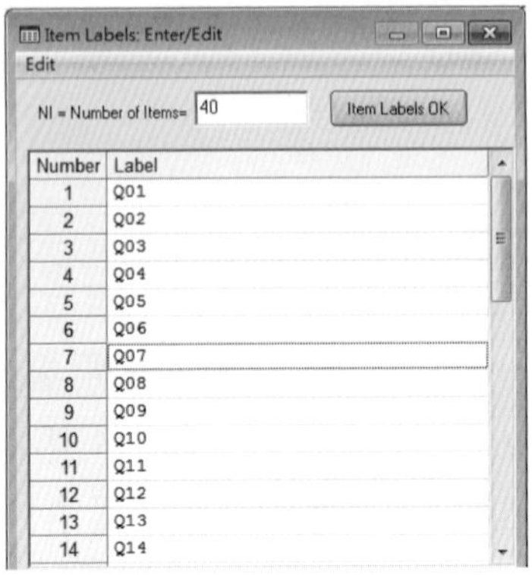

四、試題資料輸入

　　第3個步驟是輸入試題的資料。若是事先在EXCEL輸入學生的反應資料，則可以利用複製與貼上的功能將受試者的反應資料複製於此，以下為事先將受試者的反應資料，輸入至EXCEL檔案中，如下圖所示，前二個欄位為受試者的編號，因為大於10位，所以有2個欄位，若大於100位受試者，請用3個欄位以上，受試者2個欄位編號後，即是40個試題的反應資料。

	C	D	E	F	G	H	I	J	K
1	ID1	ID2	p01	p02	p03	p04	p05	p06	p07
2	0	1	1	1	1	1	1	1	1
3	0	2	1	1	1	1	1	1	1
4	0	3	1	1	1	1	0	1	1
5	0	4	1	1	0	1	0	1	1
6	0	5	1	1	1	1	1	1	1
7	0	6	1	1	1	1	1	1	1
8	0	7	1	1	1	1	1	1	1
9	0	8	1	1	1	1	1	1	1
10	0	9	1	1	1	0	1	0	1
11	1	0	1	0	1	1	0	1	1
12	1	1	1	0	0	1	1	0	1
13	1	2	1	0	0	0	0	1	1
14	1	3	1	1	1	1	1	0	1
15	1	4	1	0	0	1	0	1	1
16	1	5	1	1	1	1	0	1	1
17	1	6	1	0	0	1	1	1	1
18	1	7	1	1	1	1	1	1	1

　　若試題的標籤輸入完成之後，點選「Item Labels OK」後即會完成

試題標籤的編輯，並會再重新回到分析控制檔的輸入畫面，此時即可至EXCEL選擇所有學生的反應資料複製並貼至分析的資料處，如下圖所示。

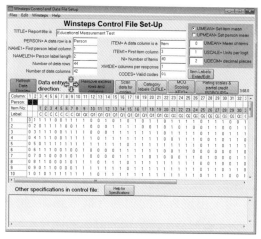

五、進行試題分析

點選功能表上的「Files」並選擇儲存分析控制檔後，即刻進行參數的估計工作，亦即點選「Save control with data file and exit to Winsteps Analysis」的功能表。

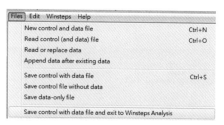

輸入控制檔的檔名後，點選「儲存」即會進入分析的畫面，以下圖為例，將上述所設定的分析參數，儲存成「ch05_4.dat」，若下次不做任何設定參數更動直接分析時，開啟「ch05_4.dat」即可開始分析。

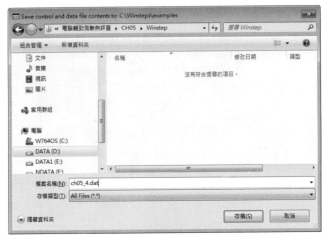

　　點選「存檔」後，出現以下的對話方框確認儲存的檔案名稱是否正確，若是正確，即完成資料分析控制檔的儲存動作。

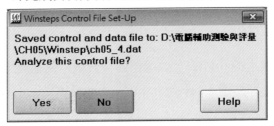

　　以下為儲存完成的畫面，連續按2次「ENTER」即會出現資料分析的結果。

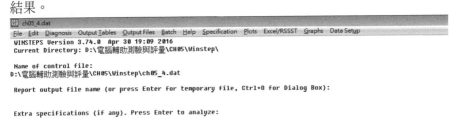

　　下頁圖為分析的結果，WINSTEPS資料輸出的表格非常詳細且豐富，資料分析者可以將輸出的結果儲存成文字檔，並檢視分析結果。

```
File  Edit  Diagnosis  Output Tables  Output Files  Batch  Help  Specification  Plots  Excel/RSSST  Graphs  Data Setup
>=====================================================<
|     2     43     40     2      3.06   4.04      .4361          |
|     3     43     40     2      3.19   4.20      .1217          |
PROBING DATA CONNECTION: to skip out: Ctrl+F - to bypass: subset=no
|Control:\CH05\Winstep\ch05_4.dat      Output:\CH05\Winstep\ZOU984WS.TXT
| JMLE       MAX SCORE   MAX LOGIT    LEAST CONVERGED   CATEGORY STRUCTURE|
| ITERATION  RESIDUAL*   CHANGE   Person  Item   CAT  RESIDUAL  CHANGE|
|     1        -.45      .1870    19*    20                      |
>=====================================================<
|     2        -.29      .0645    19     20*                     |
|     3        -.14      .0318    19     20*                     |
|     4        -.07      .0166    19     11*                     |
-----------------------------------------------------
 Calculating Fit Statistics
>=====================================================<
Standardized Residuals N(0,1)  Mean: .02 S.D.: .96
Time for estimation: 0:0:0.172
Processing Table 0
Educational Measurement Test
-----------------------------------------------------
| Person    44 INPUT    44 MEASURED         INFIT      OUTFIT      |
|          TOTAL   COUNT  MEASURE  REALSE  IMNSQ  ZSTD  OMNSQ  ZSTD|
| MEAN     27.2    40.0    1.14     .47    1.00    .1    .92    -.1|
| S.D.      6.5     .0     1.23     .22     .21   1.0    .39     .9|
| REAL RMSE  .52 TRUE SD  1.12  SEPARATION 2.15  Person RELIABILITY .82|
|                                                                  |
| Item      40 INPUT    40 MEASURED         INFIT      OUTFIT      |
|          TOTAL   COUNT  MEASURE  REALSE  IMNSQ  ZSTD  OMNSQ  ZSTD|
| MEAN     29.9    44.0     .00     .42     .99    .1    .92     .0|
| S.D.      9.0     .0     1.29     .09     .14    .8    .32     .9|
| REAL RMSE  .43 TRUE SD  1.22  SEPARATION 2.80  Item RELIABILITY .89|
-----------------------------------------------------
Output written to D:\電腦輔助測驗與評量\CH05\Winstep\ZOU984WS.TXT
CODES= 01
Measures constructed: use "Diagnosis" and "Output Tables" menus
```

　　下表爲試題分析的結果，表的編號爲14.1，其中MEASURE所代表的是試題反應中的難度參數（b），其值與古典測驗理論的通過率（亦稱爲難度）所代表的意涵相反，試題反應理論的難度值愈大代表試題愈難，而古典測驗理論的難度愈大則是代表試題愈簡單，愈多人答對的意涵，因此由下表的結果可知第9題最簡單，難度值（b）爲－1.36，而第10題最難，難度值爲1.32。

```
TABLE 14.1 Educational Measurement Test        ZOU984WS.TXT  Apr 30 19:32 2016
INPUT: 44 Person  40 Item  REPORTED: 44 Person  40 Item  2 CATS  WINSTEPS 3.74.0
--------------------------------------------------------------------------------
Person: REAL SEP.: 2.15  REL.: .82 ... Item: REAL SEP.: 2.80  REL.: .89
        Item STATISTICS:  ENTRY ORDER
--------------------------------------------------------------------------------
```

ENTRY NUMBER	TOTAL SCORE	TOTAL COUNT	MEASURE	MODEL S.E.	INFIT MNSQ	INFIT ZSTD	OUTFIT MNSQ	OUTFIT ZSTD	PT-MEASURE CORR.	PT-MEASURE EXP.	EXACT MATCH OBS%	EXACT MATCH EXP%	Item
1	31	44	.01	.36	1.16	1.0	1.33	1.2	.25	.38	69.8	73.4	Q01
2	29	44	.27	.35	1.26	1.7	1.39	1.6	.20	.40	62.8	71.8	Q02
3	37	44	-.92	.44	.76	-.9	.50	-1.1	.49	.30	83.7	83.7	Q03
4	23	44	.97	.34	1.05	.4	.97	-.1	.42	.44	58.1	69.0	Q04
5	23	44	.97	.34	1.20	1.5	1.19	1.1	.30	.44	53.5	69.0	Q05
6	37	44	-.92	.44	1.18	.7	1.36	.8	.15	.30	83.7	83.7	Q06
7	23	44	.97	.34	1.22	1.6	1.37	2.0	.26	.44	67.4	69.0	Q07
8	31	44	.01	.36	.91	-.5	.89	-.3	.44	.38	79.1	73.4	Q08
9	39	44	-1.36	.50	1.02	.2	.70	-.3	.28	.26	88.4	88.3	Q09
10	20	44	1.32	.34	1.30	2.1	1.36	1.9	.23	.45	51.2	68.4	Q10
...													
39	35	44	-.57	.40	.68	-1.6	.46	-1.6	.58	.33	86.0	79.7	Q39
40	42	44	-2.42	.74	.88	.0	.35	-.5	.30	.17	95.3	95.3	Q40
MEAN	29.9	44.0	.00	.42	.99	.1	.92	.0			77.7	78.4	
S.D.	9.0	.0	1.29	.09	.14	.8	.32	.9			10.4	7.7	

　　上表中的Outfit是傳統標準化殘差平方和，Infit是加權變異數後的標準化殘差平方和，當題目少以及受試者不多時，Infit與Outfit的ZSTD絕對值小於2.00時，表示符合Rasch模式，當受試者大於500樣本數時，則以介於0.60至1.40之間爲適切標準，因此範例的Infit及Outfit的絕對值皆小於2.00，表示符合Rasch模式。下表亦爲試題分析結果，表的編號爲14.3，第1題答對有31位，占70%（CTT的難度），平均答對者的能力值爲1.34。

```
TABLE 14.3 Educational Measurement Test        ZOU984WS.TXT  Apr 30 19:32 2016
INPUT: 44 Person  40 Item  REPORTED: 44 Person  40 Item  2 CATS  WINSTEPS 3.74.0
-------------------------------------------------------------------------------
       Item CATEGORY/OPTION/DISTRACTOR FREQUENCIES:  ENTRY ORDER
-------------------------------------------------------------------------------
|ENTRY  DATA  SCORE |  DATA    | AVERAGE  S.E.  OUTF PTMEA|       |
|NUMBER CODE  VALUE | COUNT  % | ABILITY  MEAN  MNSQ CORR.| Item  |
|-------------------+----------+--------------------------+-------|
|  1    0     0  |   13  30 |    .66   .30  1.4  -.25 |Q01   |
|       1     1  |   31  70 |   1.34   .23  1.1   .25 |      |
|                |          |                          |       |
|  2    0     0  |   15  34 |    .81   .25  1.4  -.20 |Q02   |
|       1     1  |   29  66 |   1.32   .25  1.3   .20 |      |
|                |          |                          |       |
|  3    0     0  |    7  16 |   -.26   .21   .4  -.49 |Q03   |
|       1     1  |   37  84 |   1.41   .19   .8   .49 |      |
|                |          |                          |       |
|  4    0     0  |   21  48 |    .60   .19   .9  -.42 |Q04   |
|       1     1  |   23  52 |   1.64   .28  1.0   .42 |      |
|                |          |                          |       |
|  5    0     0  |   21  48 |    .75   .21  1.2  -.30 |Q05   |
|       1     1  |   23  52 |   1.50   .29  1.2   .30 |      |
|                |          |                          |       |
|  6    0     0  |    7  16 |    .70   .34  1.4  -.15 |Q06   |
|       1     1  |   37  84 |   1.23   .21  1.1   .15 |      |
|                |          |                          |       |
|  7    0     0  |   21  48 |    .81   .22  1.4  -.26 |Q07   |
|       1     1  |   23  52 |   1.45   .29  1.4   .26 |      |
|                |          |                          |       |
|  8    0     0  |   13  30 |    .30   .26   .9  -.44 |Q08   |
|       1     1  |   31  70 |   1.49   .22   .9   .44 |      |
|                |          |                          |       |
|  9    0     0  |    5  11 |    .17   .20   .7  -.28 |Q09   |
|       1     1  |   39  89 |   1.27   .20  1.0   .28 |      |
|                |          |                          |       |
| 10    0     0  |   24  55 |    .89   .20  1.3  -.23 |Q10   |
|       1     1  |   20  45 |   1.45   .33  1.4   .23 |      |
...
| 39    0     0  |    9  20 |   -.27   .13   .4  -.58 |Q39   |
|       1     1  |   35  80 |   1.51   .19   .8   .58 |      |
|                |          |                          |       |
| 40    0     0  |    2   5 |   -.58   .27   .3  -.30 |Q40   |
|       1     1  |   42  95 |   1.22   .19   .9   .30 |      |
-------------------------------------------------------------------------------
```

六、試題分析結果整理

依據上述WINSTEPS進行常模參照二元計分試題的分析結果，可以將該試題分析的結果整理如下表所示（摘述前10題），由資料中可以得知最簡單的題目是第9題，b值爲－1.36，最難的題目是第10題，b值是1.32。

題號	答對人數	CTT的難度值	IRT的難度值	INFIT	OUTFIT
01	31	0.70	0.01	1.16	1.33
02	29	0.66	0.27	1.26	1.39
03	37	0.84	-0.92	0.76	0.50
04	23	0.52	0.97	1.05	0.97
05	23	0.52	0.97	1.20	1.19
06	37	0.84	-0.92	1.18	1.36
07	23	0.52	0.97	1.22	1.37
08	31	0.70	0.01	0.91	0.89
09	39	0.89	-1.36	1.02	0.70
10	20	0.45	1.32	1.30	1.36

柒、BILOG

BILOG兼具傳統及試題反應理論試題和測驗分析的功能，以下將依分析資料格式、指令批次檔、執行結果解釋等部分說明如下。

一、分析資料格式

BILOG資料檔是純文字檔格式，下圖是BILOG資料檔（ch05_61.dat）。

　　前三橫列依序分別是每一題的正確答案、未呈現試題代碼（miss）及省略未答（omit）的代碼。不過，也可以將「未呈現試題代碼」以及「省略未答的代碼」另外分開成二個檔案，接下來即為受試者反應資料，下圖的範例（ch05_6.dat）中miss和omit的代碼檔分開，因此第二列即受試者的反應資料，其中需要特別注意的是，每一題的正確答案、未呈現代碼及省略未答的代碼，需要與各題所在位置對齊才不會出錯。

二、撰寫指令批次檔

　　執行BILOG時需要將執行的指令依序撰寫在檔案中，然後以批次檔的方式執行，下圖即是指令批次檔範例（ch05_61.blm）。

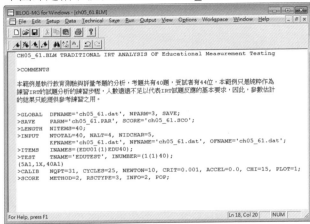

　　BILOG指令批次檔的副檔名爲「.blm」，根據上述BILOG的指令批次檔，說明其指令，BILOG的指令批次檔中前二個橫列是"TITLE"及"COMMENTS"，TITLE是標題說明，COMMENTS是註解，註解中英文皆可，旨在說明指令批次檔的相關註解說明，建議指令批次檔中一定要加註說明，否則日後有維護的困難，"GLOBAL"指令一定要從第三橫列以後開始。"GLOBAL"指令是做整理的設定，其中的參數"DFNAME"是指定資料檔的檔名，"NPARM"是指定參數估計的模式，上述中DFNAME='ch05_61.dat'，表示資料檔名是（ch05_61.dat），NPARM=3表示參數估計的模式是3參數，SAVE是代表將結果存檔。

　　"SAVE"指令是指定要儲存的檔名，SAVE PARM='ch05_61.PAR'代表儲存試題的參數檔名，SAVE SCORE='ch05_61.SCO'代表儲存受試者能力的參數檔名。

　　"LENGTH"是指定各個分測驗之題數。"NITEMS＝40"代表只有一個測驗，並且其題數＝40。

　　"INPUT"指令是指定資料檔的格式及題數，INPUT NTOTAL=40表示分析的總題數是40題，NALT=4表示選擇題的選項數最多爲4，NIDCHAR=5表示受試者的ID所占欄位數是爲5，KFNAME='ch05_61.dat'表示答案是存在ch05_61.dat的檔案中，NFNAME='ch05_61.dat'表示未呈現試題的代碼是存在ch05_61.dat的檔案中，OFNAME='ch05_61.dat'表示省略未答的代碼是存在ch05_61.dat的檔案中。

　　"ITEMS"指令是指定試題的名稱，ITEMS INAMES=(EDU01(1)EDU40)表示試題EDU01每次增加1到EDU40。

　　"TEST1"指令是指定測驗的名稱及所包括的試題，當指令名稱是"TEST"時表"TEST1"、"TEST2"等來加以表示。TNAME="EDUTEST"表示此測驗的測驗名稱是EDUTEST，INUMBER=(1(1)40)表示測驗所包括的試題是從第1題每次間隔1，直到第40題。

　　"(5A1,1X,40A1)"爲反應資料擺放的格式，讀取的是類似FORTURN的格式，其中的"A"表示字元形態、"X"表示空白，因此5A1所表示的是5個寬度1位的字元，1X表示是1個空白，40A1表示40個寬度1位的字元，所以

反應資料的讀取是先讀5個字元，再加上1個空白，之後讀取40個字元，這樣1筆資料；第2筆資料則是繼續5個字元1個空白再加上40個字元，重複讀取，一直讀到檔案結束。

　　"CALIB"是表示試題參數估計的程序及其先驗分布，NQPT=31表示節點數（quadrature point）的數量為31，CYCLES=25表示參數估計中EM步驟完成時最多的循環次數為25，NEWTON=10表示在所有EM的循環中，Gauss-Newton 迭代（iterations）的最高次數為10次，CRIT=0.001表示針對EM與GN迭代時收斂的標準為0.001，ACCEL=0.0是EM步驟加速的選項，CHI=15是顯示試題卡方值（Chi-square），當試題數小於20時是不會顯示卡方值，PLOT=1表示要印出試題的特徵圖形。

　　"SCORE"是表示受試者能力參數估計的程序，其中METHOD=2表示受試者能力估計的方法是利用EAP，METHOD=1為ML，METHOD=3則為MAP，RSCTYPE＝3是指將受試者能力分數重新量尺化為平均數＝0，標準差＝1的分配，INFO=2表示輸出測驗訊息函數以及訊息相關統計量，POP表示輸出母群的期望訊息。

三、執行並解釋結果

　　執行BILOG的指令批次檔，可由BILOG功能中的RUN來加以執行試題及測驗分析，剛開始分析時可以選擇「Classical Statistics Only」這個選項只有分析古典測驗理論的統計量數，並且只產生PH1的報表檔，另外若執行「Stats, Calibration and Scoring」則表示分析的步驟包括古典測驗理論以及試題反應理論，並且產生PH1、PH2以及PH3等三種報表。因此如果第一次選擇「Classical Statistics Only」，分析時順利完成時，即會產生PH1的報表，接下來可再選擇「Calibration Only」參數估計，此時只會估計試題反應理論的試題參數，順利完成後會產生PH2的報表，之後便可選擇「Scoring Only」來估計受試者的能力參數，並產生PH3的報表。綜上所述可以得知BILOG的試題及受試者能力參數估計全部完成即有PH1、PH2以及PH3的報表，其中PH1的報表是古典測驗理論的試題分析結果，PH2是試題反應理論的試題參數估計，PH3則是試題反應理論的受試者能力參數估

計，操作畫面如下圖所示。

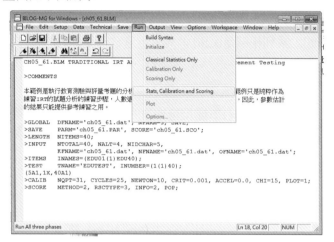

　　若三個階段皆順利完成，即會出現以下的訊息方框。

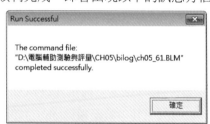

　　以下將依三階段的試題分析結果，說明如下。

（一）第一階段

　　第一階段是古典測驗理論下的試題參數估計結果，結果摘述如下。

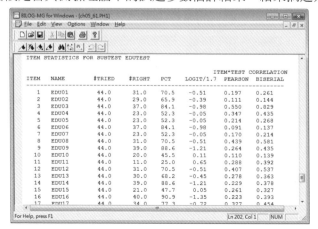

　　上述是第一階段古典測驗理論下的試題統計量，以第1題為例，受試者有44位，答對31位，難度值70.50%，試題與總分的積差相關是0.197，試題與總分的二系列相關是0.261，其中上述試題與總分的積差相關也是點二系列相關。

（二）第二階段

　　BILOG第二階段是進行試題反應理論的參數估計，以下為估計結果。

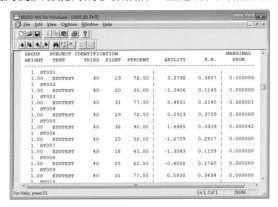

　　上述參數估計的結果是3參數的估計結果，以第1題為例，截距項（INTERCEPT）為0.254、斜率（SLOPE=a）為0.600、閾值（THRESHOLD=b）為-0.422、因素負荷量（LOADING）為0.515、漸近線（ASYMPTOTE）為0.263，其中截距項為-ab，亦即0.254=（-0.600）×（-0.422），其中試題的因素負荷量與古典測驗理論試題估計結果中的二系列相關係數接近。

（三）第三階段

　　第三階段為受試者能力的參數估計，上述範例的估計結果如下。

上述受試者能力參數估計的結果中，包括作答題數（TRIED）、答對題數（RIGHT）、答對率（PERCENT）、能力值（ABILITY）、標準誤（S.E.）以及邊緣機率（PROB）等。例如：第一位受試者，答40題，答對29題，答對百分比為72.50%，能力估計值0.2792，能力估計值的標準誤為0.3807，邊緣估計值為0.000000。其中的能力估計值為0.2792，表示比平均數高0.2792個標準差，因為能力估計值的標準誤為0.3807，所以第一位受試者能力的95%信賴區間為0.2792＋1.96×0.3807與0.2792－1.96×0.3807之間。

四、試題分析結果整理

依據上述BILOG進行常模參照二元計分試題的分析結果，可以將該試題分析的結果整理如下表所示（摘述前10題）。

題號	答對人數	CTT			IRT		
		難度值	積差相關	二系列相關	a	b	c
01	31	0.71	0.197	0.261	0.600	-0.422	0.263
02	29	0.66	0.111	0.144	0.710	0.149	0.308
03	37	0.84	0.550	0.829	1.336	-1.058	0.238
04	23	0.52	0.347	0.435	0.943	0.659	0.273
05	23	0.52	0.214	0.268	0.798	0.889	0.296
06	37	0.84	0.091	0.137	0.605	-1.442	0.263
07	23	0.52	0.170	0.214	0.754	0.843	0.286
08	31	0.70	0.439	0.581	0.958	-0.451	0.233
09	39	0.89	0.264	0.435	0.892	-1.475	0.264
10	20	0.46	0.110	0.139	0.982	1.386	0.310

捌、PARSCALE

PARSCALE是多元計分試題邏輯對數（logistic）模式的試題與測驗分析軟體（IRT Item Analysis and Test Scoring for Rating-Scale Data），適用於多元計分試題的傳統及IRT試題分析。由於PARSCALE同時兼具傳統及多種不同模式，包括等第反應模式（graded response model），部分分數模式（partial credit model），評定量表模式（rating-scale model）的試題反

應理論之試題分析功能，由於使用者的選擇很多，又可同時分析多個分測驗，尚可進行多群體（multiple group）之差別試題功能（Differential Item Function, DIF）分析，是一個相當普及的試題及測驗分析軟體，以下將說明PARSCALE進行試題與測驗分析的步驟及其內涵。

一、分析資料格式

PARSCALE的資料檔亦是純文字檔（ch05_7.dat）。

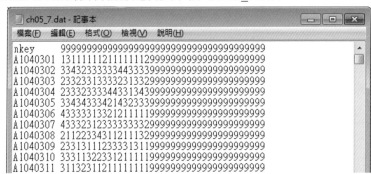

上圖為PARSCALE的資料檔，第一橫列是未呈現試題代碼（NFNAME），但是若沒有未呈現試題之代碼資料，受試者的反應資料即可從第一橫列開始擺放，上述的受試者反應資料中，前9欄是受試者的編號，中間隔1個空白，再接下來放置39個試題的反應資料。

二、撰寫指令批次檔

PARSCALE指令批次檔的副檔名為「.psl」，下圖為PARSCALE的指令批次檔範例（ch05_7.psl）。

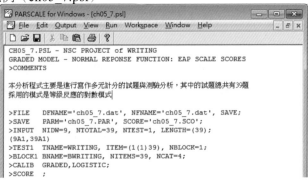

　　PARSCALE前二個橫列分別是"TITLE"（標題）以及"COMMENTS "
（註解），接下來的"FILE"指令一定要從第三橫列以後開始。"FILE"的
"DFNAME"是資料檔檔名，上述分析的範例中資料檔的檔名是（ch05_7.
dat），所以在PARSCALE的指令批次檔中要寫成FILE DFNAME='ch05_7.
dat'，至於資料檔的內容則如上述說明，第1行是定義未反應的代碼，第2
行以後則是受試者的反應資料。"NFNAME"是指未呈現試題代碼的檔名，
由於"NFNAME"與資料檔名（DFNAME）相同，因此資料檔ch05_7.dat的
第一橫列必須是未呈現試題的代碼。"FILE"的"SAVE"表示需要儲存下一個
"SAVE"指令所指定的受試者能力參數檔以及試題參數檔。

　　"SAVE PARM='ch05_7.PAR' , SCORE='ch05_7.SCO'"，表示試題參數
檔的檔名是ch05_7.PAR，而受試者能力參數檔案的檔名是ch05_7.SCO。

　　"INPUT NIDW=9, NTOTAL=39, NTEST=1, LENGTH=(39);"，其中
的"INPUT"指令表示設定受試者編號所占的欄位數=9、總題數=39、分
測驗數為1、測驗的題數為39等。如" NIDW=9"是表示受試者的編號所
占欄位數為9，"NTOTAL=39"表示所有測驗的總題數為39，"NTEST=1"
表示只有1個分測驗，"LENGTH=(39)"表示該測驗有39題。假如有多個
分測驗，LENGTH括號內的數字必須分別指定各分測驗之題數，例如：
LENGTH=(12,12,15)，代表3個分測驗之題數分別為12、12以及15題，總
測驗的題數有39題。

　　"(9A1,39A1)"中的"A"是指以字元形態，所以"9A1"代表的是9個1個寬
度的字元，因此39A1則是代表39個1個寬度的字元，亦即是受試者每一筆
資料分別有2個部分，1個是受試者編號，另外1個則是反應資料，其中受
試者編號的寬度是9，39個反應試題。

　　"TEST1 TNAME=WRITING, ITEM=(1(1)39), NBLOCK=1;"，
"TEST1"表示有一個分測驗，而這個分測驗的名稱為WRITING，
ITEM=(1(1)39)表示試題的編號從1到39，每次間隔1，NBLOCK=1表示所
有的試題為1至39題，而這39題都是屬於同一個區段的試題，所以區段數
為1。

　　"BLOCK1 BNAME=BWRITING, NITEMS=39, NCAT=4;"，

PARSCALE指令批次檔中這一列是表示第1個區段的名稱（BNAME）為BWRITING，題數（NITEMS）39題，以及每個試題的反應類別數（NCAT）為4。

　　"CALIB　GRADED,LOGISTIC;"中，"CALIB"是表示試題參數估計的試題反應理論模式。"GRADED"是表示「等第反應模式」（graded response model），等級反應模式屬於二參數模式，每題有鑑別力（a）及數個難度（b）參數。另外若是"PARTIAL"則是表示「部分給分模式」（partial credit model），PARTIAL模式屬於多元計分的Rasch 模式（單參數），其試題參數只有難度（b）參數，沒有鑑別度（a）參數。假如部分給分模式中所有試題之反應類別數均相同，只要估計一組各反應類別的步驟參數即可，此即變成「評定量表模式」（rating scale model），多元計分試題中的評定量表（rating scale），其所有試題得分的類別均表示相同。「部分給分模式」及「評定量表模式」只能選用"LOGISTIC"，「等第反應模式」（graded response model）能選擇模式是"LOGISTIC"或者是"NORMAL"。"LOGISTIC"是指所有計算均採用logistic反應函數中的自然量尺，其單位為"logit"，"NORMAL"是指採用常態肩形模式（normal ogive model）來計算，其單位相當於常態分配之Z值。

　　"SCORE ;"是表示受試者能力參數的計分，其中可以選擇的指令有"SMEAN"以及"SSD"，二者分別代表量尺（scale）的平均數及標準差。例如：要將量尺界定為平均數＝500，標準差＝100，其指令可以界定為"SCORE SMEAN=500, SSD=100;"。

三、執行並解釋結果

　　執行PARSCALE的指令批次檔，可由功能表中的RUN來加以執行試題及測驗分析，剛開始分析時可以選擇「Phase 0」這個選項是預備分析結果，並且會產生PH0的報表檔；另外若執行「Phase 1」是進行古典測驗理論的試題與測驗分析，並且會產生PH1的報表檔；「Phase 2」則是試題反應理論的參數估計，會產生PH2的報表檔；「Phase 3」則是進行受試者能力的參數估計，會產生PH3的報表檔；若執行「Run All」則表示分析的步

驟包括預備分析、古典測驗理論以及試題反應理論的試題參數及受試者能
力參數估計，並且產生PH0、PH1、PH2以及PH3等四種報表。

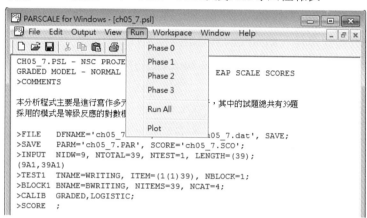

　　若預備分析以及三個階段全部分析完畢之後，可執行「Plot」（繪圖
功能），其中包括試題特徵曲線、試題訊息曲線、測驗訊息曲線、測驗標
準誤曲線等，內容訊息相當豐富。

（一）第0階段

　　第0階段是預備分析的結果，會產生.PH0的報表檔案，預備分析檔案
中具有檢查是否順利且正確地讀入所指定的資料檔。例如：下圖中，觀察
值1的ID是A1040301，其39個反應與讀入之資料代碼是否相同，其中9代表
未反應的類別。

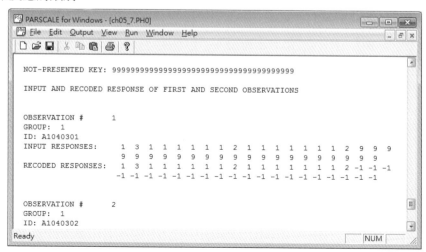

（二）第一階段

第一階段是進行古典測驗理論的試題與測驗分析，部分結果如下圖所示。報表內依序爲區段名稱（BLOCK）、試題名稱（ITEM）、各題平均數及標準差（RESPONSE MEAN S.D.*）、總分平均數及標準差（TOTAL SCORE MEAN S.D.*）、PEARSON及多系列相關（PEARSON & POLYSERIAL CORRELATION）、起始斜率參數（INITIAL SLOPE）、起始位置參數（INITIAL LOCATION）。

以第1題爲例，其平均得分爲2.707，標準差0.883，總分（共39題）平均得分35.904，標準差爲8.652，第1題與總分之PEARSON積差相關及多系列相關分別爲0.316及0.343，第1題起始斜率參數及起始位置參數分別爲0.365及-2.563。其中各題平均得分即爲傳統試題難度，各題與總分之積差相關和多系列相關則可以代表傳統試題鑑別度，起始斜率參數及起始位置參數分別爲試題反應理論中的鑑別度和難度參數之初步估計值。

```
 -----------------------------------------------------------------------------
 BLOCK      |  RESPONSE   TOTAL SCORE | PEARSON  &  |  INITIAL      INITIAL
   ITEM     |    MEAN        MEAN     | POLYSERIAL  |   SLOPE       LOCATION
            |    S.D.*       S.D.*    | CORRELATION |
 -----------------------------------------------------------------------------
  BWRITING  |                         |             |
    1 0001  |    2.707      35.904    |     0.316   |    0.365      -2.563
            |    0.883*      8.652*   |     0.343   |
    2 0002  |    2.325      35.904    |     0.648   |    1.026      -0.086
            |    0.959*      8.652*   |     0.716   |
    3 0003  |    2.057      35.904    |     0.651   |    1.178       0.592
            |    1.030*      8.652*   |     0.762   |
    4 0004  |    2.350      35.904    |     0.466   |    0.578       0.200
            |    0.821*      8.652*   |     0.500   |
    5 0005  |    1.904      35.904    |     0.443   |    0.572       4.120
            |    0.646*      8.652*   |     0.497   |
    6 0006  |    2.554      35.904    |     0.510   |    0.683      -0.781
            |    0.832*      8.652*   |     0.564   |
    7 0007  |    2.057      35.904    |     0.597   |    0.918       1.279
            |    0.932*      8.652*   |     0.676   |
    8 0008  |    2.121      35.904    |     0.547   |    0.749       1.284
            |    0.891*      8.652*   |     0.600   |
    9 0009  |    2.554      35.904    |     0.379   |    0.468      -0.772
            |    0.671*      8.652*   |     0.424   |
```

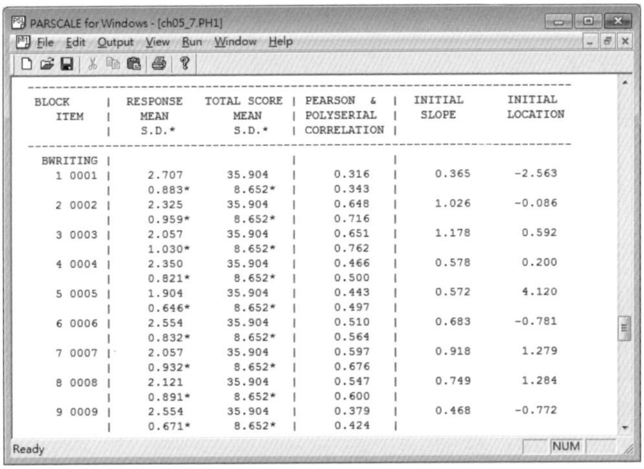

下圖中每個反應類別總分的平均數及步驟參數初步估計值，平均而言，在各試題得分愈低者其總分平均數也明顯愈低，表示各題採用4點來加以計分顯示適當。

PARSCALE for Windows - [ch05_7.PH1]

```
  34 0034 |       2.325       70.569 |       0.641 |       0.976      -0.274
           |       1.081*      14.312* |      0.698 |
  35 0035 |       2.481       70.569 |       0.419 |       0.531      -0.056
           |       0.829*      14.312* |      0.469 |
  36 0036 |       2.381       70.569 |       0.654 |       1.065      -0.250
           |       0.948*      14.312* |      0.729 |
  37 0037 |       2.263       70.569 |       0.625 |       0.990       0.474
           |       0.891*      14.312* |      0.703 |
  38 0038 |       2.106       70.569 |       0.496 |       0.633       1.347
           |       0.863*      14.312* |      0.535 |
  39 0039 |       2.300       70.569 |       0.485 |       0.610       0.140
           |       0.835*      14.312* |      0.521 |
-----------------------------------------------------------------------------
  CATEGORY |              |       MEAN       S.D. | PARAMETER
      1    |              |     44.351     17.407 |    1.336
      2    |              |     54.344     19.285 |    0.359
      3    |              |     63.352     19.354 |   -1.695
      4    |              |     74.378     16.629 |
-----------------------------------------------------------------------------

      11312 BYTES OF NUMERICAL WORKSPACE USED OF    8192000 AVAILABLE IN PHASE 1
        280 BYTES OF CHARACTER WORKSPACE USED OF    2048000 AVAILABLE IN PHASE 1
NORMAL END
```

（三）第二階段

　　下圖爲PARSCALE輸出的第二階段（.PH2）報表，屬於試題反應理論中試題參數及步驟參數的估計。第1部分是步驟參數之估計值及其標準誤，每個試題滿分爲4分，因此有3個參數，分別是1-2、2-3以及3-4等。步驟參數與PH1的參數不同，PH1只是估計的起始值。第2部分則是各題之斜率及標準誤、位置參數及標準誤、猜測參數（相當於二元計分之c參數）及標準誤。

PARSCALE for Windows - [ch05_7.PH2]

```
   ITEM BLOCK    1  BWRITING

   CATEGORY PARAMETER  :     2.015      0.524     -2.539
   S.E.                :     0.033      0.028      0.046
+------+------+-------+-------+----------+-------+----------+-------+
| ITEM |BLOCK| SLOPE  | S.E.  |LOCATION  | S.E.  |GUESSING  | S.E.  |
+======+=====+=======+=======+==========+=======+==========+=======+
| 0001 |  1  | 0.470  | 0.040 | -0.943   | 0.191 | 0.000    | 0.000 |
| 0002 |  1  | 0.578  | 0.050 |  0.039   | 0.157 | 0.000    | 0.000 |
| 0003 |  1  | 0.460  | 0.044 |  0.795   | 0.198 | 0.000    | 0.000 |
| 0004 |  1  | 0.657  | 0.057 |  0.020   | 0.140 | 0.000    | 0.000 |
| 0005 |  1  | 0.948  | 0.094 |  0.955   | 0.103 | 0.000    | 0.000 |
| 0006 |  1  | 0.656  | 0.055 | -0.496   | 0.143 | 0.000    | 0.000 |
| 0007 |  1  | 0.584  | 0.054 |  0.673   | 0.157 | 0.000    | 0.000 |
| 0008 |  1  | 0.621  | 0.057 |  0.550   | 0.148 | 0.000    | 0.000 |
| 0009 |  1  | 0.797  | 0.069 | -0.414   | 0.122 | 0.000    | 0.000 |
| 0010 |  1  | 0.570  | 0.051 |  0.441   | 0.160 | 0.000    | 0.000 |
| 0011 |  1  | 0.391  | 0.044 |  1.887   | 0.265 | 0.000    | 0.000 |
| 0012 |  1  | 0.849  | 0.052 | -0.113   | 0.083 | 0.000    | 0.000 |
| 0013 |  1  | 0.338  | 0.022 | -0.263   | 0.183 | 0.000    | 0.000 |
| 0014 |  1  | 0.470  | 0.035 |  2.059   | 0.151 | 0.000    | 0.000 |
| 0015 |  1  | 0.598  | 0.038 |  0.988   | 0.109 | 0.000    | 0.000 |
| 0016 |  1  | 0.402  | 0.026 |  0.901   | 0.157 | 0.000    | 0.000 |
```

　　第3部分是所有試題反應理論試題參數之摘要統計，包括平均數、標準差及題數。

```
PARSCALE for Windows - [ch05_7.PH2]
 File  Edit  Output  View  Run  Window  Help
| 0028 |    1 |   0.637 |   0.053 |  -0.234 |   0.147 |   0.000 |   0.000 |
| 0029 |    1 |   0.467 |   0.040 |   0.449 |   0.190 |   0.000 |   0.000 |
| 0030 |    1 |   0.659 |   0.055 |   0.602 |   0.141 |   0.000 |   0.000 |
| 0031 |    1 |   0.377 |   0.035 |   1.346 |   0.235 |   0.000 |   0.000 |
| 0032 |    1 |   0.612 |   0.052 |  -0.427 |   0.152 |   0.000 |   0.000 |
| 0033 |    1 |   0.494 |   0.044 |  -0.982 |   0.185 |   0.000 |   0.000 |
| 0034 |    1 |   0.429 |   0.038 |   0.941 |   0.206 |   0.000 |   0.000 |
| 0035 |    1 |   0.616 |   0.052 |   0.535 |   0.149 |   0.000 |   0.000 |
| 0036 |    1 |   0.611 |   0.052 |   0.803 |   0.150 |   0.000 |   0.000 |
| 0037 |    1 |   0.704 |   0.061 |   1.088 |   0.133 |   0.000 |   0.000 |
| 0038 |    1 |   0.609 |   0.055 |   1.490 |   0.151 |   0.000 |   0.000 |
| 0039 |    1 |   0.643 |   0.055 |   0.988 |   0.143 |   0.000 |   0.000 |

  SUMMARY STATISTICS OF PARAMETER ESTIMATES

  |PARAMETER   |  MEAN  | STN DEV | N |
  |SLOPE       |  0.563|  0.148|  39|
  |LOG(SLOPE)  | -0.609|  0.272|  39|
  |THRESHOLD   |  0.438|  0.773|  39|
  |GUESSING    |  0.000|  0.000|   0|

Ready                                                     NUM
```

下圖為測驗中第5題的試題特徵曲線，由下圖的特徵曲線可以發現能力值小於-2時，其最大可能是會得到1分，而當能力值大於2.2時，受試者最大可能會得到4分。

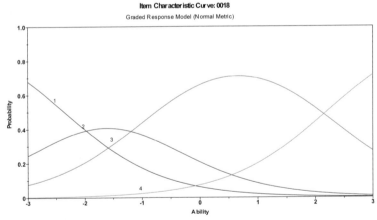

Item Characteristic Curve: 0018
Graded Response Model (Normal Metric)

（四）第三階段

下圖是輸出第三部分（.PH3）的報表，包括受試的平均單題得分類別（MEAN CATEGOR）、IRT能力分數（ABILITY）及標準誤（S.E.）。例如：下圖中第1位受試者平均每題得分是1.24分，能力估計值為−2.3596，表示比平均數低2.3596個標準差，能力估計誤差為0.4676個標準差，表示受試者能力估計的95%信賴區間為−2.3596＋1.96×0.4676以及−2.3596−1.96×0.4676之間。

四、試題分析結果整理

依據上述PARSCALE進行試題反應理論中等第反應模式的分析結果，將試題分析的結果整理如下表所示（摘述前10題）。

題 號	難度	鑑別度	a	b
01	2.707	0.316	0.470	-0.943
02	2.325	0.648	0.578	0.039
03	2.057	0.651	0.460	0.795
04	2.350	0.466	0.657	0.020
05	1.904	0.443	0.948	0.955
06	2.554	0.510	0.656	-0.496
07	2.057	0.597	0.584	0.673
08	2.121	0.547	0.621	0.550
09	2.554	0.379	0.797	-0.414
10	2.172	0.730	0.570	0.441

綜合上述針對試題分析的說明中，測驗中的試題分析包括試題的難度、鑑別度、注意力係數以及誘答力分析，其中上述所介紹的分析軟體中，包括古典測驗理論分析的EXCEL、SPSS、JITAS、R等軟體，試題反應理論分析的WINSTEPS、BILOG、PARSCALE等軟體，各個軟體都有其優點，使用者可以依需要加以選擇最適切的分析軟體。

自我評量

01.請說明古典測驗理論中,試題分析中的難度種類為何?

02.請說明古典測驗理論中,試題分析中的鑑別度種類為何?

03.請說明多元計分下的試題分析,如何計算試題的難度及鑑別度?

04.請說明二系列相關與點二系列相關之間的關係為何?

第六章　測驗分析策略

　　本章主要說明測驗中的測驗分析策略，包括信度與效度分析，分為二個部分說明，第一部分為介紹測驗分析的內涵，另外一部分則是介紹各種統計軟體如何進行測驗的信度與效度分析。

壹、測驗分析

　　測驗分析主包括信度與效度分析，信度的種類包括重測信度、複本信度、內部一致性信度與評分者信度等，效度的種類則包括內容效度、效標關聯效度以及建構效度等。信度與效度二者之間的關係相當地密切，測驗的效度高，其信度一定高，並且效度的最大值恰巧是信度的根號值，以下將分別依信度與效度分析等二部分，說明如下。

一、信度分析

　　信度係數代表的是測驗量表的穩定性，效度係數則是代表測驗量表的內容是否符合研究者企圖、構念等正確測量的程度，信度的種類，常見的是重測信度、複本信度、內部一致係數以及評分者信度。

　　信度是測驗量表中重要的要素之一，其中探討較多的是常模參照測驗的信度係數，效標參照測驗的信度所代表的意涵是指在固定時間內，若對某一團體以同一測驗的複本施測，評估複本這兩式測驗被作成相同決定（精熟或未精熟）人數百分比的一致性，來做為評估測驗結果一致性的表徵，效標參照測驗的信度係數常見的是百分比一致性係數（Percent Agreement, PA）以及Kappa係數。評估測驗的一致性時，測量標準誤（Standard Error of Measurement, SEM）可作為解釋測驗分數的工具之一，測量標準誤的意涵表示就同一事物，重複測量後可能造成變異的範圍，所作的測量結果的標準差是測量誤差，故稱為測量標準誤，測量標準誤呈常態分配，因此可作為測驗評量中，發生誤差可能性的範圍估計。

　　以下依常模、效標參照測驗中信度分析的程序及內涵說明如下。

（一）常模參照測驗

　　常模參照測驗中最常使用的信度係數包括重測信度、複本信度以及

內部一致性信度係數，其中內部一致性的信度係數包括折半信度、庫李信度、α 信度以及Hoyt's方法所計算的信度係數，依序說明如下。

1.重測信度

重測信度（test-retest reliability）是指對同一群受試者在兩個不同時間，利用相同測驗所獲得分數，計算其積差相關係數，所得之相關係數即稱為重測信度係數，亦稱為穩定係數（coefficient of stability），以下為重測信度的計算公式。

$$r_{xy} = \frac{\sum_{i=1}^{n} x_i y_i - \dfrac{\sum_{i=1}^{n} x_i - \sum_{i=1}^{n} y_i}{n}}{\sqrt{\sum_{i=1}^{n} x_i^2 - \dfrac{\left(\sum_{i=1}^{n} x_i\right)^2}{n}} - \sqrt{\sum_{i=1}^{n} y_i^2 - \dfrac{\left(\sum_{i=1}^{n} y_i\right)^2}{n}}}$$

上述計算重測信度的公式中，x與y為不同時間利用相同測驗的二次施測時受試者的得分，n則是代表測驗的題數。

2.複本信度

複本信度（equivalent-forms reliability）是指複本測驗中的AB二式，A式對某組施測，然後再將B式對同一組受試者進行測試，測試完成後計算受試者在AB二式之間的相關係數，此相關係數即為複本信度，複本信度又可以依施測時間點的不同，細分為等值係數以及穩定且等值係數。等值係數是AB二式施測的時間點接近，甚至於施測完A式之後又馬上施測B式，另外穩定且等值係數則是指施測者將A式對某團體施測，間隔一段時間（例如：三或四週後），將B式對該團體進行施測，兼具穩定係數又有等值係數的特性，至於公式則與AB二式所得分數的積差相關計算公式。

3.內部一致性係數

內部一致性係數是代表測驗內容的穩定及一致性，其測量誤差來自於內容的一致性，包括折半、庫李、α 信度及Hoyt's 係數等，說明如下。

（1）折半信度

折半信度（split-half reliability）是指受試者施測後，將題目分成兩半

計分，依受試者在兩半所得分數，計算之間的相關係數即為折半信度。由於折半信度係數，係估量同一測驗內兩部分等量題目的一致性，故亦稱內部一致係數（coefficient of internal consistency）。但折半信度會低估原量表測驗的信度，所以會利用①斯布校正；②盧氏校正以及③佛氏校正等公式來加以校正，三個公式依序說明如下。

①斯布校正公式

運用斯布校正公式（Spearman,1910; Brown, 1910）時要注意它的限制，即折半信度所計算的兩半分數其變異數不能差異太大，否則會有高估原信度的可能，此時則建議採用佛氏或是盧氏校正公式來校正，下述為斯布校正公式的計算公式，g代表倍數，r_h則是代表原始折半信度，因為是校正折半信度，所以g可用2代入以下公式來校正原始折半信度。

$$r_{xx'} = \frac{g \times r_h}{1 + (g-1) \times r_h}$$

②佛氏校正公式

下述是佛氏校正公式（Flanagan, 1937）的計算公式，其中 S_a^2 與 S_b^2 所代表的分別是折半信度中所分兩半題目分數的變異數，至於 S_x^2 所代表的則是全部題目分數的變異數。

$$r_{xx'} = 2 \times \left(1 - \frac{S_a^2 + S_b^2}{S_x^2}\right)$$

③盧氏校正公式

下述是盧氏校正公式（Rulon, 1939）的計算公式，其中的 S_d^2 所代表的是折半信度中所分兩半題目分數差異的變異數，至於 S_x^2 則是全部題目分數的變異數，盧氏校正公式的計算結果會與佛氏校正公式所計算的結果完全相同，佛氏與盧氏校正公式不似斯布校正公式會有兩半題目分數的變異數差異太大時不適用的限制。

$$r_{xx'} = 1 - \frac{S_d^2}{S_x^2}$$

（2）庫李信度

庫李信度（Kuder-Richardson reliability）的原理和折半信度類似，但不需將測驗折半，即可計算出整個測驗的信度，庫李信度仍屬測量內部一致性係數，庫李信度可分為20及21號公式，公式如下所示。

$$KR_{20} = \frac{n}{n-1}\left(1 - \frac{\displaystyle\sum_{i=1}^{n} p_i q_i}{S_x^2}\right)$$

上述KR_{20}的公式中，n代表題數，p代表答對率，q代表答錯率，S_x^2代表示所有受試者得分的變異數。

$$KR_{21} = \frac{n-1}{n}\left(1 - \frac{\overline{X}\left(n - \overline{X}\right)}{n \times S_x^2}\right)$$

上述KR_{21}的公式中，$\overline{X}$代表受試者得分的平均數，其中KR_{21}亦可以利用下述公式加以計算。

$$KR_{21} = \frac{n-1}{n}\left(1 - \frac{\overline{X}\left(1 - \overline{P}\right)}{S_x^2}\right)$$

上述公式中的$\overline{P} = \dfrac{\overline{X}}{n}$。

（3）α信度

α信度可以彌補庫李信度只能計算二元計分測驗的限制，α信度除了可以應用於二元計分測驗的信度計算外，尚且可以應用於多元計分的測驗信度計算，尤其是類似李克特量表多元計分的信度即可適用，應用層面相當地廣泛，在二元計分的測驗中無論是利用α信度或者是庫李信度來表示，二者公式所計算的信度係數值會相等，公式表示如下。

$$\alpha = \frac{n-1}{n}\left(1 - \frac{\sum_{i=1}^{n} S_i^2}{S_x^2}\right)$$

α信度、庫李信度和折半信度的比較之中，如果測驗的題目呈現同質性，α信度、庫李信度和折半信度所估計的信度係數值會很接近，但若是測驗之題目屬於異質時，α信度、庫李信度所估計的信度係數值就低於折半信度，因此α信度係數與庫李信度時常被稱為信度係數估計的下限值。

（4）Hoyt's 信度

Hoyt's 信度（Hoyt, 1941）的計算主要是利用變異數分析的方法來衡量測驗的內部一致性。Hoyt's信度的主要原理是將測驗分數的均方差（MS）分成三個部分：①受試者與受試者之間的差異（persons）；②題目與題目之間的差異（items），以及③受試者與題目之間相互作用的差異性，其中MS_{person}代表受試者之間的差異，$MS_{residual}$為受試者與題目之間相互作用的差異，信度計算公式如下所示。

$$r_{xx'} = \frac{MS_{person} - MS_{residual}}{MS_{person}}$$

Hoyt's信度係數的計算較其他計算信度的方法複雜，因而現在並不常被使用，倒是Hoyt's方法來估計信度的想法，在類推性理論的出現奠定其理論基礎。

4.評分者信度

評分者信度主要在於探討不同評分者其評分的一致性，可以簡略地分為評分者內以及評分者間的評分者信度。

評分者內的評分者信度可以採用同質性信度係數加以表示，評分者間的評分者信度，常使用的信度係數有等級相關係數以及和諧係數，其中等級相關係數適用於二個評分者，和諧係數則可以適用於三位以上評分者的評分者信度，其公式分別如下表示。

$$\rho = 1 - \frac{6 \times \sum\limits_{i=1}^{N} d_i^2}{N\left(N^2 - 1\right)}$$

以上為等級相關係數的計算公式，其中的N所代表的是受評的人數，$\sum\limits_{i=1}^{N} d_i^2$代表的是二位評分者在所有受評者評分差異的平方和。

$$W = \frac{\sum\limits_{i=1}^{N} R_i^2 - \dfrac{\left(\sum\limits_{i=1}^{N} R_i\right)^2}{N}}{\dfrac{1}{12} k^2 \left(N^3 - N\right)}$$

上述為適用於計算三位以上評分者信度和諧係數的公式，其中k所代表的是評分者人數，N則是受評者人數，Ri所代表的是評分者對於受評者所評的等級（名次）。

（二）效標參照測驗

效標參照測驗中常用的信度係數，包括百分比一致性係數以及Kappa係數，以下將分別說明這二種信度係數的計算及其原理。

1.百分比一致性係數

百分比一致性係數（Percent Agreement, PA）係指兩次分類結果是否一致的指標。當分類的決定愈一致時，即表示所採用的分類標準（即效標）適當，因此其所使用的效標參照測驗則具有較高的信度係數，反之則否，計算公式如下所示。

$$P_A = \frac{A}{N} + \frac{D}{N}$$

上述公式中的A、D以及N所表示的意涵如下表，A、D是表示兩次分類結果一致的次數，以下表為例，A是代表兩次都判定精熟的次數，而D則是兩次都判定非精熟的次數，至於N則是代表所有的次數總和（N=A+B+C+D）。

表 6-1 百分比一致性指標計算公式資料表

測驗1的結果				
		精熟	非精熟	小計
測驗2的結果	精熟	A	B	A+B
	非精熟	C	D	C+D
	小計	A+C	B+D	N=A+B+C+D

2.Kappa係數

Kappa係數（Kappa coefficient of agreement, Kappa）（Cohen, 1960）亦適用於判斷效標參照測驗其分類是否一致性的統計指標，計算公式如下所示。

$$Kappa(K) = \frac{P_A - P_C}{1 - P_C}$$

$$P_C = \left(\frac{A+B}{N} \times \frac{A+C}{N} \right) + \left(\frac{C+D}{N} \times \frac{B+D}{N} \right)$$

上述公式中的P_A是上述所討論的百分比一致性係數，至於P_C則如上述的計算公式所示，其中A、D以及N所代表的意義如上述P_A公式相同，至於B與C的意義，以上表中爲範例加以說明，B所代表的是第1次判斷爲非精熟，而第2次判斷爲精熟的次數，至於C則是第1次判斷爲精熟，第2次判斷爲非精熟的次數。

（三）信度的判斷標準

Nunnally（1978）指出，測驗的信度至少需達到0.70以上才具有穩定的程度，Cronbach（1951）提出一項判斷信度之準則中指出：$\alpha \geq 0.90$表示信度是很優良的程度；$0.70 \leq \alpha < 0.90$則是屬於良好的程度；$0.60 \leq \alpha < 0.70$是屬於可接受的程度；$0.50 \leq \alpha < 0.60$則是不佳的信度程度；$\alpha < 0.50$則表示是不能接受的信度程度。另外，Kline（1999）指出$\alpha < 0.35$代表低信度；$0.35 < \alpha < 0.70$代表中信度；$\alpha > 0.70$代表高信度。

（四）信度係數的解釋

信度係數在解釋時需考慮信度的特性，信度的特性主要包括以下幾項：1.團體愈異質，其信度愈高；2.量表中的題目愈多，信度愈高；3.分數的全距愈大，信度愈高；4.難度中等的成就測驗，比艱難或容易的成就測

驗測得的結果，其信度較高；5.信度與效度一樣通常是根據常模所建立，因此在嚴格的條件之下，信度僅可以用於特徵和常模類似的受試者；6.愈能分辨高成就者與低成就者的題目，信度愈高。因此在解釋信度係數時，需要特別地注意測驗和計分的內容，才能適當地解釋信度係數的意涵。

二、效度分析

效度所代表的意涵是指測驗結果可以正確達到測驗目的之程度，這個正確的程度即是有效推論的程度，所以效度即是測驗分數上有效性的推論程度。測驗分數的變異包括共同因素、獨特以及誤差的變異性，效度在數學上的定義是指某個測驗和其他測驗所共同分享的變異，占該測驗總變異的比值。

效度與信度的關係相當地密切，效度是共同因素變異與總變異的比值，信度是真實分數變異與總變異的比值，其中真實分數的變異包括共同的變異與獨特的變異，亦即信度等於效度（共同性）與獨特性之總和，效度包含於信度之內，效度係數不會大於信度係數的平方根。信度是效度的必要條件，但並非充分條件，信度低，效度一定低；信度高，效度不一定高；效度高，信度一定高；但效度低，信度不一定低（余民寧，2011；郭生玉，2004；簡茂發，1978）。

APA（American Psychological Association）指出效度的類型一般可以分為內容效度、效標關聯效度及建構效度等三種，以下將針對這三種效度的內容說明。

（一）內容效度

內容效度（content validity）所指的是測驗使用題目足以代表課程內容或行為層面的程度，編製測驗時為了確保具有內容效度，需先將課程教材範圍或行為領域，作邏輯上的分析，使得所選擇或編製的題目足以代表所包括的課程教材或行為內容，所以內容效度又被稱邏輯效度（logical validity），編製測驗時所建立的雙向細目表即是確保測驗的內容效度。廣義來說，專家效度（expert validity）可視為內容效度的一部分，專家效度是指在量表編製的過程中，量表由該領域的多位專家判斷問卷所包含的內

容代表性與適切性是否足夠，驗證測驗或量表的內容效度可以利用邏輯的分析與實證的分析等二種策略，其中邏輯的分析可利用雙向細目表或者是IOC（the index of item objective congruence）指標來加以判斷內容符合目標的程度，實證的分析則可運用Aiken（1980）的內容效度係數（content validity coefficient）來判斷其內容效度。

（二）效標關聯效度

效標關聯效度（criterion related validity）是指以實證的分析方法，探討測驗分數與外在效標間關聯性的一種指標，又稱實證效度或統計效度（empirical or statistical validity），所採用的外在效標（external criterion）分為同時效標與預測效標，依同時效標所建構的效標關聯效度又稱為同時效度，若是利用預測效標所建構的效標關聯效度可稱為預測效度，外在效標所代表的是測驗所要預測的某些行為或表現標準。在學校情境中外在效標必須符合適切性、可靠性、客觀性和可用性等規準，例如：（1）學業成就、（2）特殊訓練的表現、（3）實際工作表現、（4）評定成績、（5）可用的測驗分數等都可選擇為外在效標。測驗分數和外在效標間的相關愈高，即表示效標關聯效度愈大，效標關聯效度愈大，表示測驗分數愈能有效解釋及預測外在效標。驗證效標關聯效度中的同時效度與預測效度實務上是以積差相關來計算與外在效標的關聯性，所計算的積差相關係數愈大，則代表其效標關聯效度愈大。

（三）建構效度

建構效度又稱為構念效度、理論效度，係指測驗能夠測量某特定素養或構念的程度，尤其測驗評估個人的某些心理素質或能力時，建構效度則為必要條件，建構效度是根據心理學或社會學的理論建構，對測驗分數能否達成它的測驗結構所作之分析或解釋，建構效度常見方法包括內部一致性係數法、外在校標分析法、年齡成長測量、多特質多方法以及因素分析法，其中內部一致性係數法包括二系列、點二系列相關係數的相關分析法以及CR值的團體對照法，外在校標分析法包括相關分析法、團體對照法，多特質多方法（MultiTrait-MultiMethod, MTMM）包括聚斂效度（convergent validity）以及區別效度（discriminant validity），因素分析

方法則包括探索式因素分析（Exploratory Factor Analysis, EFA）以及驗證式因素分析（Confirmatory Factor Analaysis, CFA），EFA主要在於了解蒐集資料的潛在意義，是一種資料簡約的技術，CFA是一種理論驗證的統計方法，量表發展初期以EFA為主，至於複核效度（cross validation）的建立則是以CFA為主，以下將利用各種統計軟體來說明測驗分析的步驟及結果解讀。

貳、EXCEL

以下將說明利用EXCEL來進行測驗分析中的信度分析，包括折半信度、庫李信度、α信度、Hoyt's 信度、等級相關以及和諧係數的計算。

一、折半信度

首先請先開啟資料檔（ch06_1.xlsx），此資料檔包括數個工作表，請點選至第二個工作表SCORE，SCORE工作表中第一行是答案（儲存檔B1至AO1），第二行以後則為受試者編號及計分後資料，總共有40題，B2至AO2儲存檔是第1位受試ST001的反應資料，此資料檔共有44筆資料。

▲	A	B	C	D	E	F	G	H
1	題號	1	2	3	4	5	6	7
2	ST001	1	1	1	0	0	1	1
3	ST002	0	1	1	1	1	0	0
4	ST003	1	1	1	0	0	1	1
5	ST004	1	1	1	0	0	1	1
6	ST005	0	1	1	1	1	1	1
7	ST006	1	1	1	0	0	1	0
8	ST007	0	1	0	0	0	1	1
9	ST008	1	1	0	0	0	1	1
10	ST009	0	1	1	0	0	0	1
11	ST010	1	0	1	1	1	1	1
12	ST011	1	1	1	1	1	1	0
13	ST012	1	0	1	1	1	1	1
14	ST013	1	0	1	1	1	1	1
15	ST014	1	0	1	1	1	1	1

接下來要進行的是內部一致性信度中折半信度的計算，並利用斯布校正、佛氏校正以及盧氏校正公式來校正折半信度。

（一）計算折半的分數

折半信度的計算需先將測驗的得分區分成兩半，折半測驗的方法可以利用題數的奇偶分成二半，也可以採用隨機方式將測驗的40題分為二半，或者是前20題與後20題等，以下的範例是採用前一半（第1至20題）與後一半（第21至40題）的方法將題目分為二半，因此在SCORE工作表的最右邊一個欄位（AR2）輸入「=SUM(B2:U2)」，另外再一個欄位（AS2）輸入「=SUM(V2:AO2)」，計算出前後二半受試者的得分，並且利用複製的方法，將所有受試者前後二半的分數計算出來，如下圖所示。

	AS2		▼	fx	=SUM(V2:AO2)	
	A	AM	AN	AO	AP	AQ	AR	AS
1	題號	38	39	40	得分	分組	前一半	後一半
2	ST001	1	1	1	29	2	12	17
3	ST002	0	0	1	20	3	11	9
4	ST003	1	1	1	31	1	14	17
5	ST004	1	1	1	29	2	16	13
6	ST005	1	1	1	36	1	18	18
7	ST006	1	0	1	20	3	11	9
8	ST007	1	0	0	18	3	9	9
9	ST008	1	1	1	25	2	14	11
10	ST009	1	1	1	31	1	14	17
11	ST010	1	1	1	35	1	18	17

（二）計算折半信度

接下來利用EXCEL的CORREL()來加以計算這二半分數的相關係數，而此相關係數即為折半信度，如下圖所示，接下來進行折半信度的校正。

	AT2		▼	fx	=CORREL(AR2:AR45,AS2:AS45)	
	A	AM	AN	AO	AP	AQ	AR	AS	AT
1	題號	38	39	40	得分	分組	前一半	後一半	折半信度
2	ST001	1	1	1	29	2	12	17	0.63
3	ST002	0	0	1	20	3	11	9	
4	ST003	1	1	1	31	1	14	17	
5	ST004	1	1	1	29	2	16	13	
6	ST005	1	1	1	36	1	18	18	
7	ST006	1	0	1	20	3	11	9	
8	ST007	1	0	0	18	3	9	9	
9	ST008	1	1	1	25	2	14	11	
10	ST009	1	1	1	31	1	14	17	
11	ST010	1	1	1	35	1	18	17	
12	ST011	1	1	1	36	1	17	19	

（三）斯布校正

　　首先利用斯布校正公式來校正折半信度，點選需要排序的範圍（受試者得分AP2至AP45），再點選「排序與篩選」→「從最大到最小排序」。

　　上述所計算出的相關係數為0.63，代表未校正過的折半信度為0.63。以下利用斯布校正公式來加以校正，結果如下。

$$\frac{2 \times r_{xx'}}{1 + r_{xx'}} = \frac{2 \times 0.63}{1 + 0.63} = 0.82$$

　　若利用EXCEL來加以計算時，因為目前的折半信度在儲存格AT2，所以斯布校正後的折半信度其計算公式「=(2*AT2)/(1+AT2)」，如下所示。

	AT4			f_x	=(2*AT2)/(1+AT2)			
▲	A	AM	AN	AO	AP	AQ	AR	AS	AT
1	題號	38	39	40	得分	分組	前一半	後一半	折半信度
2	ST001	1	1	1	29	2	12	17	0.63
3	ST002	0	0	1	20	3	11	9	斯布校正
4	ST003	1	1	1	31	1	14	17	0.77
5	ST004	1	1	1	29	2	16	13	
6	ST005	1	1	1	36	1	18	18	
7	ST006	1	0	1	20	3	11	9	
8	ST007	1	0	0	18	3	9	9	
9	ST008	1	1	1	25	2	14	11	
10	ST009	1	1	1	31	1	14	17	
11	ST010	1	1	1	35	1	18	17	
12	ST011	1	1	1	36	1	17	19	
13	ST012	1	1	1	31	1	12	19	
14	ST013	1	1	1	19	3	5	14	
15	ST014	1		1	29	2	12	17	

　　上述結果表示利用斯布校正折半信度的信度值為0.77，高於原始未校正的折半信度0.63。

（四）佛氏校正

　　佛氏校正是當在計算折半信度所折的二半分數，其變異數的差異太大時，不適合利用斯布校正公式來計算，會有高估的可能，建議用佛氏或者是盧氏校正公式，以下即是佛氏校正來加以校正折半信度的步驟。

　　使用佛氏校正公式時，要先計算受試者前一半、後一半以及全部得分的變異數，因此下圖中的變異數1（AU6）即為前一半的變異數=VAR(AR2:AR45)，變異數2（AU7）為後一半的變異數=VAR(AS2:AS45)，變異數3（AU8）則為受試者全部得分的變異數=VAR(AP2:AP45)，所以佛氏校

正公式的計算公式（AU9）可以寫成=2*(1-(AU6 +AU7)/AU8)。

		AU9	▼	f_x	=2*(1-(AU6+AU7)/AU8)			
	A	AN	AO	AP	AQ	AR	AS	AT	AU
1	題號	39	40	得分	分組	前一半	後一半	折半信度	
2	ST001	1	1	29	2	12	17	0.63	
3	ST002	0	1	20	3	11	9	斯布校正	
4	ST003	1	1	31	1	14	17	0.77	
5	ST004	1	1	29	2	16	13	佛氏校正	
6	ST005	1	1	36	1	18	18	變異數1	11.71
7	ST006	0	1	20	3	11	9	變異數2	14.65
8	ST007	0	0	18	3	9	9	變異數3	42.85
9	ST008	1	1	25	2	14	11		0.77
10	ST009	1	1	31	1	14	17		
11	ST010	1	1	35	1	18	17		
12	ST011	1	1	36	1	17	19		
13	ST012	1	1	31	1	12	19		
14	ST013	1	1	19	3	5	14		

計算結果表示利用佛氏校正折半信度的信度值爲0.77，高於原始未校正的折半信度0.63。

（五）盧氏校正

計算盧氏校正公式時，要先計算折半分數間差異的變異數，其中AV2至AV45爲折半分數間的差異，例如：AV2的-5即爲AR2（12）與AS2（17）的差異，因此可以在AV2的儲存格輸入「=AR2-AS2」，之後再利用複製的方法計算所有受試者得分折半間的差異分數，接下來下圖中的變異數1（AU11）即爲折半分數差異的變異數=VAR(AV2:AV45)，變異數2（AU12）則爲受試者全部得分的變異數=VAR(AP2:AP45)，所以盧氏校正公式的計算公式（AU13）可以寫成=1-AU11/AU12。

		AU13	▼	f_x	=1-AU11/AU12				
	A	AN	AO	AP	AQ	AR	AS	AT	AU	AV
1	題號	39	40	得分	分組	前一半	後一半	折半信度		折半差異
2	ST001	1	1	29	2	12	17	0.63		-5
3	ST002	0	1	20	3	11	9	斯布校正		2
4	ST003	1	1	31	1	14	17	0.77		-3
5	ST004	1	1	29	2	16	13	佛氏校正		3
6	ST005	1	1	36	1	18	18	變異數1	11.71	0
7	ST006	0	1	20	3	11	9	變異數2	14.65	2
8	ST007	0	0	18	3	9	9	變異數3	42.85	0
9	ST008	1	1	25	2	14	11		0.77	3
10	ST009	1	1	31	1	14	17	盧氏校正		-3
11	ST010	1	1	35	1	18	17	變異數1	9.88	1
12	ST011	1	1	36	1	17	19	變異數2	42.85	-2
13	ST012	1	1	31	1	12	19		0.77	-7
14	ST013	1	1	19	3	5	14			-9

計算結果表示利用盧氏校正折半信度的信度值為0.77，高於原始未校正的0.63，若折半分數間的變異數太大，斯布校正公式與佛氏、盧氏校正折半信度後的係數值會有所不同，請注意佛氏與盧氏校正公式所校正折半信度的結果值會相同。

二、庫李信度

以下將說明內部一致性信度中庫李方法的計算過程，並分別計算KR_{20}以及KR_{21}公式的結果。

（一）KR_{20}

庫李信度要先計算每一題的答對率（P）以及答錯率（1-P），因此先計算第1題的答對率，請在B53儲存格輸入「=SUM(B2:B45)/44」，另外在B54答錯率的儲存格輸入「=1-B53」，接下來在B55儲存格的位置輸入「=B53*B54」即完成第1題答對率、答錯率以及其相乘積的結果，第1題完成之後可利用複製的功能計算其餘的39題，如下圖。

	B55		▼	f_x	=B53*B54		
◢	A	B	C	D	E	F	G	H
1	題號	1	2	3	4	5	6	7
44	ST043	1	1	1	0	0	1	1
45	ST044	0	0	1	0	0	0	1
46								
47	難度1	0.70	0.66	0.84	0.52	0.52	0.84	0.52
48	高分組	0.73	0.73	0.87	0.53	0.53	0.80	0.53
49	低分組	0.75	0.67	1.00	0.58	0.67	0.75	0.75
50	難度2	0.74	0.70	0.93	0.56	0.60	0.78	0.64
51	鑑別度	-0.02	0.07	-0.13	-0.05	-0.13	0.05	-0.22
52								
53	答對率	0.70	0.66	0.84	0.52	0.52	0.84	0.52
54	答錯率	0.30	0.34	0.16	0.48	0.48	0.16	0.48
55	P*(1-P)	0.21	0.22	0.13	0.25	0.25	0.13	0.25
56								

因為在二元計分下，答對率與答錯率的乘積恰為該題的變異數，因此將變異總和B56儲存格即是所有題目的變異數加總，亦即該儲存格輸入「=SUM(B55:AO55)」，另外需要計算所有受試者得分的變異數，因此變異數B57儲存格為受試者得分的變異數，亦即該儲存格輸入「=VAR(AP2:AP45)」，根據所有題目的變異數總和以及受試者得分的變異數、題數計算KR20，B58儲存格公式輸入「=40/39*(1- B56/B57)」。

B58			f_x	=40/39*(1-B56/B57)			
A	B	C	D	E	F	G	H
1 題號	1	2	3	4	5	6	7
44 ST043	1	1	1	0	0	1	1
45 ST044	0	0	1	0	0	0	1
46							
47 難度1	0.70	0.66	0.84	0.52	0.52	0.84	0.52
48 高分組	0.73	0.73	0.87	0.53	0.53	0.80	0.53
49 低分組	0.75	0.67	1.00	0.58	0.67	0.75	0.75
50 難度2	0.74	0.70	0.93	0.56	0.60	0.78	0.64
51 鑑別度	-0.02	0.07	-0.13	-0.05	-0.13	0.05	-0.22
52							
53 答對率	0.70	0.66	0.84	0.52	0.52	0.84	0.52
54 答錯率	0.30	0.34	0.16	0.48	0.48	0.16	0.48
55 P*(1-P)	0.21	0.22	0.13	0.25	0.25	0.13	0.25
56 變異總和	7.02						
57 變異數	42.85						
58 KR20	0.86						
59							

上述KR_{20}計算結果內部一致性信度利用庫李方法（KR_{20}）為0.86。以下將繼續介紹KR_{21}的計算方法。

（二）KR_{21}

計算KR_{21}與KR_{20}的公式大同小異，以下為KR_{21}的計算公式，計算過程以及結果如下，首先計算所有受試者得分的平均數以及變異數，因此平均數儲存格B60=AVERAGE(AP2:AP45)，變異數儲存格B61=VAR(AP2:AP45)，KR21儲存格B62=40/39*(1-B60*(40-B60))/(40*B61))或者是「=40/39*(1-B60*(1-B60/40)/B57」，如下圖所示。

B62			f_x	=40/39*(1-(B60*(40-B60))/(40*B61))			
A	B	C	D	E	F	G	H
1 題號	1	2	3	4	5	6	7
53 答對率	0.70	0.66	0.84	0.52	0.52	0.84	0.52
54 答錯率	0.30	0.34	0.16	0.48	0.48	0.16	0.48
55 P*(1-P)	0.21	0.22	0.13	0.25	0.25	0.13	0.25
56 變異總和	7.02						
57 變異數	42.85						
58 KR20	0.86						
59							
60 平均數	27.18						
61 變異數	42.85						
62 KR21	0.82						
63							

上述 KR_{21} 計算結果，利用庫李方法（KR_{21}）所計算之內部一致性信度為0.82。

三、α信度

庫李信度在使用上只能限於二元計分，α 信度除了二元計分的測驗之外，多元計分的測驗亦能適用，並且兩者之計算程序完全相同，使用上比庫李信度更為廣泛，以下將說明內部一致性信度中 α 信度的計算過程。

（一）計算題目變異數

依據上述二元計分的範例來進行 α 信度的計算，首先要計算每一題的變異數，在EXCEL中計算變異數的函數有三種，分別是VAR()、VARA()、VARP()，其中的VAR()與VARA()的計算結果相同，而VARP()則有所不同，VARP()是計算母群的變異數，而VARA()以及VAR()則是計算樣本的變異數，而為了要與上述計算庫李信度中的 KR_{20} 信度互相比較，所以請用VARP()來計算變異數，因此計算第1題的變異數B58儲存格請輸入「=VARP(B2:B45)」，之後請利用複製的功能來計算所有題目的變異數，如下圖所示。

	B58		▼	f_x	=VARP(B2:B45)		
◢	A	B	C	D	E	F	G	H
1	題號	1	2	3	4	5	6	7
44	ST043	1	1	1	0	0	1	1
45	ST044	0	0	1	0	0	0	1
46								
47	答對率	0.70	0.66	0.84	0.52	0.52	0.84	0.52
48	答錯率	0.30	0.34	0.16	0.48	0.48	0.16	0.48
49	P*(1-P)	0.21	0.22	0.13	0.25	0.25	0.13	0.25
50	變異總和	7.02						
51	變異數	42.85						
52	KR20	0.86						
53								
54	平均數	27.18						
55	變異數	42.85						
56	KR21	0.82						
57								
58	變異數	0.21	0.22	0.13	0.25	0.25	0.13	0.25

計算每1題的變異數之後，發現與上述計算 KR_{20} 信度時，所有二元計分題目的變異數完全相同，主要是因為二元計分題目的變異數即是答對率×答錯率。接下來計算所有題目變異數的總和B59儲存格請輸入

「=SUM(B58:AO58)」，計算結果題目變異數的總和為7.02。

	A	B	C	D	E	F	G	H
		B59			f_x	=SUM(B58:AO58)		
1	題號	1	2	3	4	5	6	7
44	ST043	1	1	1	0	0	1	1
45	ST044	0	0	1	0	0	0	1
46								
47	答對率	0.70	0.66	0.84	0.52	0.52	0.84	0.52
48	答錯率	0.30	0.34	0.16	0.48	0.48	0.16	0.48
49	P*(1-P)	0.21	0.22	0.13	0.25	0.25	0.13	0.25
50	變異總和	7.02						
51	變異數	42.85						
52	KR20	0.86						
53								
54	平均數	27.18						
55	變異數	42.85						
56	KR21	0.82						
57								
58	變異數	0.21	0.22	0.13	0.25	0.25	0.13	0.25
59	變異數和	7.02						

（二）計算得分變異數

接下來計算所有受試者得分的變異數後即可以進行 α 信度的計算，如下圖B61儲存格輸入「=40/39*(1-B59/B60)」，結果 α 信度係數為0.86。

	A	B	C	D	E	F	G	H
		B61			f_x	=40/39*(1-B59/B60)		
1	題號	1	2	3	4	5	6	7
47	答對率	0.70	0.66	0.84	0.52	0.52	0.84	0.52
48	答錯率	0.30	0.34	0.16	0.48	0.48	0.16	0.48
49	P*(1-P)	0.21	0.22	0.13	0.25	0.25	0.13	0.25
50	變異總和	7.02						
51	變異數	42.85						
52	KR20	0.86						
53								
54	平均數	27.18						
55	變異數	42.85						
56	KR21	0.82						
57								
58	變異數	0.21	0.22	0.13	0.25	0.25	0.13	0.25
59	變異數和	7.02						
60	變異數2	42.85						
61	α 信度	0.86						

由上述計算的結果可以得知，二元計分下 α 信度與 KR_{20} 信度的係數值完全相同皆為0.86。

四、Hoyt's 信度

依據上述二元計分的範例（ch06_4.xlsx）來進行Hoyt's 信度係數的計算，首先計算受試者得分的離均差平方和 SS_t，如下頁圖所示。

	AN56			f_x	=(AP51-AP53)/AP51		
	A	AK	AL	AM	AN	AO	AP	AQ
1	題號	36	37	38	39	40　得分		得分²
39	ST038	1	1	1	1	1	18	324
40	ST039	1	1	1	1	1	35	1225
41	ST040	1	1	1	1	1	30	900
42	ST041	1	1	1	1	1	24	576
43	ST042	0	1	0	0	1	21	441
44	ST043	0	1	1	1	1	29	841
45	ST044	0	1	1	1	1	22	484
46	總和	29	39	37	35	42	1196	34352
47	總和²	841	1521	1369	1225	1764	39028	
48				題數I	40			
49				人數P	44			
50				SOURCE	SS	df	MS	
51				Persons	46.06	43.00	1.07	
52				Items	74.26	39.00	1.90	
53				Residual	262.94	1677.00	0.16	
54				Total	383.26	1759.00		
55								
56				Hoyt's	0.85			

　　計算 Hoyt's 信度時，因為要計算離均差平方和（SS），所以請先計算受試者得分的總和，因此 AP2 儲存格的公式為「=SUM(B2:AO2)」，再計算受試者得分總和的平方，所以 AQ2 儲存格的公式為「=AP2^2」，計算完受試者得分總和以及平方後，利用複製的方法將所有受試者的得分總和及總和的平方計算完，繼續計算題目答對人數，所以 B46 儲存格為「=SUM(B2:B45)」，題目答對人數的平方，所以 B47 儲存格為「=B46^2」，計算完題目答對人數其平方後，利用複製的方法將所有題目的答對人數及平方計算完。

　　接下來計算總分的離均差平方和（SS_t），儲存格 AN54 依上述總分離均差平方和的公式可以表示為「=(AP46-AP46^2/(AN48*AN49))」，計算結果總分的離均差平方和為 383.26。

　　受試者得分的離均差平方和（$SS_{persons}$），儲存格 AN51 依上述受試者得分離均差平方和的公式可以表示為「=(AQ46-AP46^2/AN49)/AN48」，計算結果受試者得分的離均差平方和為 46.06。

　　題目答對人數的離均差平方和（SS_{items}），儲存格 AN52 依上述題目答對人數離均差平方和的公式可以表示為「=(AP47-AP46^2/AN48)/AN49」，計算結果題目得分的離均差平方和為 74.26。

　　因為 $SS_{residual}=SS_t-SS_{persons}-SS_{items}$，所以 $SS_{residual}$=383.26-46.06-74.26=262.94，因此儲存格 AN53 公式「=AN54-AN51-AN52」，其計

算結果爲262.94，而$MS_{persons}$=46.06/43=1.07，MS_{items}=74.26/39=1.90，
$MS_{residual}$=262.94/ 1637=0.16。

因此Hoyt's信度值爲=(1.07-0.16)/1.07=0.85，整理變異數分析摘要表
如下所示。

變異來源	SS	df	MS
Persons	46.06	43	1.07
Items	74.26	39	1.90
Residual	262.94	1637	0.16
Total	383.26	1719	

五、等級相關

以下爲計算等級相關係數（rank correlation coefficient）的範例，資料
包括10位學生作品成績，有2位評分者A以及B，以下爲二位評分者，評分
者A與B的原始分數資料。

學生編號	評分者A	評分者B
ST001	55	56
ST002	72	70
ST003	45	40
ST004	71	60
ST005	62	65
ST006	64	62
ST007	58	59
ST008	84	80
ST009	76	67
ST010	61	63

首先換算二位評分者原始分數的等級分數，利用EXCEL中的
RANK函數來計算二位評分者原始分數的等級，以評分者B爲例，若
要計算評分者B對於ST001評分分數（在C2儲存格），在評分者B對
所有10位學生作品成績（在C2至C11儲存格）中的等級，可以利用
「=RANK(C2,$C$2:$C:$11)」計算等級，因此評分者B在ST002評分分數的
等級是「=RANK(C3,$C$2:$C:$11)」，依此類推，計算過程如下圖所示。

	E2	▼		f_x	=RANK(C2,$C$2:$C$11)	
	A	B	C	D	E	F	G
1		評分者A	評分者B	等級A	等級B	d	d^2
2	ST001	55	56	9	9	0	0
3	ST002	72	70	3	2	1	1
4	ST003	45	40	10	10	0	0
5	ST004	71	60	4	7	-3	9
6	ST005	62	65	6	4	2	4
7	ST006	64	62	5	6	-1	1
8	ST007	58	59	8	8	0	0
9	ST008	84	80	1	1	0	0
10	ST009	76	67	2	3	-1	1
11	ST010	61	63	7	5	2	4

　　接下來計算評分等級差異以及平方值，上圖中的d代表是二位評分者
等第的差，d^2則是差值的平方，因此儲存格F2的公式為「=D2-E2」，儲存
格G2的公式為「=F2^2」，並且利用EXCEL複製的功能將所有受試者在二
位評分者差及其差異平方的資料完成。

	G13	▼		f_x	=1-(6*SUM(G2:G11)/(B13*(B13^2-1)))	
	A	B	C	D	E	F	G
1		評分者A	評分者B	等級A	等級B	d	d^2
2	ST001	55	56	9	9	0	0
3	ST002	72	70	3	2	1	1
4	ST003	45	40	10	10	0	0
5	ST004	71	60	4	7	-3	9
6	ST005	62	65	6	4	2	4
7	ST006	64	62	5	6	-1	1
8	ST007	58	59	8	8	0	0
9	ST008	84	80	1	1	0	0
10	ST009	76	67	2	3	-1	1
11	ST010	61	63	7	5	2	4
12							
13	被評人數	10				等級相關	0.88

　　上圖為等級相關係數的計算結果，在等級相關係數儲存格G13依照其
計算公式可以表示為「=1-(6*SUM(G2:G11)/(B13*(B13^2-1)))」，計算結
果為0.88，這樣評分者信度的結果，表示這二位評分者的一致性是可被接
受的。

六、和諧係數

以下是Kendall和諧係數（coefficient of concordance)的計算範例，資料中包括4位評分者，10位受評者的資料。

首先請在EXCEL中利用RANK來計算4位評分者的等級資料（ch06_6.xlsx），以評分者C為例，其等級資料在等級C的欄位，以評分者評分ST001的資料為例，要計算ST001在評分者C中的評分等級，可在H2儲存格中輸入公式「=RANK(D2,$D$2:$D$11)」來計算等級，並且利用複製的功能將所有的受試者等級計算完成，其餘評分者A、B以及D亦是如此。之後計算所有評分者在被評者的等級總和以及總和的平方，所以儲存格J2中輸入「=SUM(F2:I2)」，而儲存格K2中輸入「=J2^2」。

	A	B	C	D	E	F	G	H	I	J	K
K13				fx	=(SUM(K2:K11)-SUM(J2:J11)^2/B13)/(1/12*B14^2*(B13^3-B13))					
1		評分者A	評分者B	評分者C	評分者D	等級A	等級B	等級C	等級D	R	R^2
2	ST001	55	56	62	62	9	9	8	7	33	1089
3	ST002	72	70	72	70	3	2	2	2	9	81
4	ST003	45	40	44	60	10	10	10	8	38	1444
5	ST004	71	60	68	64	4	7	4	6	21	441
6	ST005	62	65	67	65	6	4	5	5	20	400
7	ST006	64	62	64	60	5	6	7	8	26	676
8	ST007	58	59	61	59	8	8	9	10	35	1225
9	ST008	84	80	82	90	1	1	1	1	4	16
10	ST009	76	67	69	70	2	3	3	2	10	100
11	ST010	61	63	65	66	7	5	6	4	22	484
12											
13	被評人數	10							和諧係數		0.91
14	評分人數	4									

接下來就可以利用和諧係數的計算公式加以計算，因此和諧係數計算的儲存格K13的公式為「=(SUM(K2:K11)-SUM(J2:J11)^2/B13)/(1/12*B14^2*(B13^3-B13))」。

其中SUM(K2:K11)為所有等級平方的總和，而SUM(J2:J11)是這4位評分人員針對這10位受試者所評等級的和，至於B13是被評者人數，而B14則是評分者人數4，計算結果和諧係數為0.91，代表這4位評分者的一致性程度頗佳。

參、SPSS

　　以下將利用SPSS統計軟體來進行成就測驗的信度分析，至於態度量表或者是多元計分的信度分析，其操作的步驟完全相同。

一、開啓分析資料

　　試題分析的資料檔若是文字檔，請請參考第四章整理資料的方法匯入至SPSS，本範例檔案（ch06_7.sav）即爲SPSS格式資料檔，因此直接開啓舊檔即可，下圖是操作範例的部分資料，受試者44位，成就測驗題數40題（P01到P40），並且已將受試者的反應資料完成計分（CP01到CP40）。

	P39	P40	CP01	CP02	CP03	CP04	CP05
1	3	1	0	1	1	1	1
2	3	1	1	1	1	0	0
3	3	2	0	1	0	0	0
4	2	1	1	0	1	1	1
5	3	1	0	1	0	0	0
6	2	1	1	0	0	0	0
7	3	1	1	0	0	0	0
8	4	4	0	1	0	0	0
9	3	1	1	1	0	0	0
10	3	1	0	0	1	1	0
11	2	1	1	0	1	0	1
12	1	1	1	1	1	1	1
13	2	1	1	1	1	0	0
14	2	1	1	1	1	1	0

二、點選信度分析

　　計分結果若已經完成即可進行信度分析，信度分析的種類一般來說可以分爲重測信度、複本信度、內部一致性係數以及評分者信度，其中的內部一致性係數包括折半信度、庫李信度、α信度，以下將先進行α信度的計算，之後再進行折半信度的說明，請先點選SPSS功能中的「分析」→「尺度」→「信度分析」，如下圖所示。

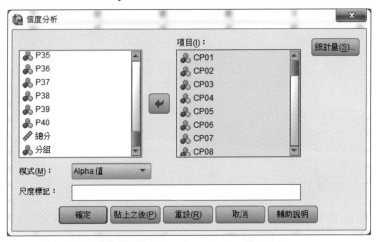

三、選取分析題目

在信度分析的對話方框中，將所要分析的試題拖曳至「項目」的對話方框中，模式請選擇「Alpha值」。

接下來點選確定之後即會出現 α 信度的計算結果，如下所示。

可靠性統計量	
Cronbach's Alpha 值	項目的個數
.854	40

上述SPSS的報表中呈現的即是 α 信度的結果，這40題測驗題目信度值

為0.854。

四、計算折半信度

　　若要計算測驗的折半信度，只需要在「模式」選擇的步驟中選擇「折半信度」即可，如下圖所示。

　　模式選擇折半信度之後，再點選確定即會出現折半信度的計算結果，下表即是折半信度的計算結果，包括第1部分與第2部分的信度，2部分之間的相關係數，為斯布校正、佛氏校正以及盧氏校正公式的計算結果。

可靠性統計量			
Cronbach's Alpha 值	第 1 部分	數值	.710
		項目的個數	20a
	第 2 部分	數值	.810
		項目的個數	20b
	項目的總個數		40
形式間相關			.629
Spearman-Brown 係數	等長		.772
	不等長		.772
Guttman Split-Half 係數			.769
a. 項目為\：CP01, CP02, CP03, CP04, CP05, CP06, CP07, CP08, CP09, CP10, CP11, CP12, CP13, CP14, CP15, CP16, CP17, CP18, CP19, CP20.			
b. 項目為\：CP21, CP22, CP23, CP24, CP25, CP26, CP27, CP28, CP29, CP30, CP31, CP32, CP33, CP34, CP35, CP36, CP37, CP38, CP39, CP40.			

　　由上表可以得知測驗的折半信度為0.629，而斯布校正後之折半信度為0.772，佛氏校正與盧氏校正後之信度為0.769。

肆、JITAS

　　JITAS是一套利用JAVA開發完成的測驗與試題分析的軟體，上一章已完成試題的分析操作，接下來利用之前試題與測驗分析的結果中，測驗分析部分即可獲得內部一致性係數（α信度）的信度資料，操作及注意事項請參考上一個章節之詳細說明，以下將說明測驗分析的結果。

　　開啓瀏覽器，輸入網址「http://cat.nptu.edu.tw/JWS/wtest/」後，即會進入JITAS的試題分析網頁，並且點選「JAVA Item and Test analysis software」執行JITAS試題分析軟體，以下爲上一章進行測驗與試題分析結果中的測驗分析結果部分。

題數:40
正確答案:3242234412141231241233133141422414242221
總和(Sum):1196.00
平均數(Average):27.18
最小值:14.00
最大值:40.00
中數(Median):29.00
全距(Range):26.00
變異數(Variance):41.88
變異數(樣本):42.85
標準差(SD):6.47
標準差(樣本):6.55
平均答對人數:29.90
平均答對率:0.68
題目數:40
內部一致性係數:0.85
估計標準誤:2.48
差異係數:0.45

　　上述是測驗的分析結果，首先是題數、正確答案、以及所有分數的總

分、平均數、受試者最小得分、最多得分、分數的中位數、全距分數、變異數、標準差分別呈現母群及樣本的變異數和標準差。平均答對人數為每一題平均答對的人數，本例為29.90，大約是總人數（44）的3/4左右，代表本份測驗是屬於中間偏易的測驗。

　　平均答對率為答對的百分比，本範例為0.68，代表每一題大約有68%的受試者答對。此時若是有效標分數，會出現效標關聯效度的資料，而效標關聯效度即為測驗得分與效標之間的相關係數，估計標準誤為人數除以人數的根號值，亦即可以利用估計標準誤計算出每位受試者分數的信賴區間，本測驗的差異係數為0.45，其中差異係數為SP表的分析結果，若差異係數的數值＞0.60以上，表示本次施測結果愈不可靠，最好重測，而本測驗的差異係數為0.45，小於0.60，代表測驗結果可靠。

伍、R

　　以下將說明如何運用R來進行二元計分測驗的信度分析，其中可利用R中的psych套件來分析，以下為執行信度分析的程式檔。

```
# 試題及測驗分析    2016/05/02
# 屏東大學教育學系    陳新豐
# 教育測驗與學習評量研究室    http://cat.nptu.edu.tw
# 原始資料檔案    ch06_8.csv
# 設定工作目錄
setwd("D:/電腦輔助測驗與評量/CH06/R")
# 讀取檔案
sdata0 <- read.table("ch06_8.csv", header = T, sep=",")
tail(sdata0)

pnum <- ncol(sdata0)-1
snum <- nrow(sdata0)-1
# 計分,利用第2行的答案來計算,並存成資料檔sdata1<- pnumxsnum
sdata1 <- matrix(0, nrow=snum, ncol=pnum)
i <- 1
while (i <= pnum){
  j <- 1
  while (j <= snum) {
    if (sdata0[1,i+1] == sdata0[j+1,i+1]) sdata1[j,i] <- 1
    j <- j+1
  }
  i <- i+1
}
sdata1 <- as.data.frame(as.matrix(sdata1))
require(psych)
alpha(sdata1)
```

　　執行二元計分測驗的信度分析前需要將原始反應資料計分，而如何計分已在前一章試題分析R的部分中加以說明，而本章主要是說明如何進行測驗分析中的信度分析，上述的程式中，已經資料讀入sdata0這個矩陣中，並且將計分的結果儲入sdata1，R進行信度分析可以直接使用psych這個套件，因此上述語法中的require(psych)即是載入psych這個套件，而alpha(sdata1)則是將sdata1中二元計分的結果進行信度分析，若是多元計分（例如：李克特量表）亦是相同的程序，以下為計算信度後的結果。

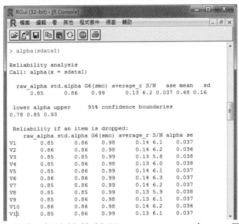

　　上述是測驗分析信度計算的結果，raw_alpha中0.85是二元計分測驗的信度，表示本測驗的內容一致性具可接受的程度。

　　若是根據α信度的公式來加以撰寫，只要加入這二行即可。

　　以下這一行是讀取已計分矩陣的題數。

>nitem <- ncol(sdata1)

　　以下這一行即是根據α信度的計算公式加以撰寫如下，公式如下。

$$\alpha = \frac{n-1}{n}\left(1 - \frac{\sum_{i=1}^{n} S_i^2}{S_x^2}\right)$$

>(nitem/(nitem-1))*(1-sum(apply(sdata1,2,var))/var(apply(sdata1,1,sum)))

　　計算結果為0.8536382，其與上述利用psych這個套件的結果相同。

陸、WINSTEPS

　　持續前一章節進行WINSTEPS的試題分析，可以在分析結果中選取測驗分析的結果，以下將以幾個表來說明WINSTEPS的測驗分析結果。

　　下表是WINSTEPS表3.1的測驗分析結果。

```
TABLE 3.1 Educational Measurement Test       ZOU875WS.TXT  May  8 19:48 2016
INPUT: 44 Person  40 Item  REPORTED: 44 Person  40 Item  2 CATS  WINSTEPS 3.74.0
--------------------------------------------------------------------------------
     SUMMARY OF 43 MEASURED (NON-EXTREME) Person
--------------------------------------------------------------------------------
|           TOTAL                    MODEL        INFIT        OUTFIT      |
|           SCORE    COUNT  MEASURE   ERROR    MNSQ   ZSTD   MNSQ   ZSTD   |
|------------------------------------------------------------------------|
| MEAN      26.9     40.0    1.04     .42     1.00    .1     .92   -.1    |
| S.D.       6.2       .0    1.02     .07      .21   1.0     .39    .9    |
| MAX.      36.0     40.0    2.83     .58     1.56   3.1    2.45   3.2    |
| MIN.      14.0     40.0    -.85     .36      .59  -1.9     .36  -1.5    |
|------------------------------------------------------------------------|
| REAL RMSE    .44 TRUE SD    .92 SEPARATION 2.08  Person RELIABILITY .81 |
|MODEL RMSE    .43 TRUE SD    .93 SEPARATION 2.17  Person RELIABILITY .83 |
| S.E. OF Person MEAN = .16                                              |
--------------------------------------------------------------------------------
  MAXIMUM EXTREME SCORE:      1 Person
```

　　由上述以受試者非極端值43位（有一筆極端值）為主的分析結果中可以發現，本範例測驗實際資料中的信度是0.81，模式信度是0.83。

```
     SUMMARY OF 44 MEASURED (EXTREME AND NON-EXTREME) Person
--------------------------------------------------------------------------------
|           TOTAL                    MODEL        INFIT        OUTFIT      |
|           SCORE    COUNT  MEASURE   ERROR    MNSQ   ZSTD   MNSQ   ZSTD   |
|------------------------------------------------------------------------|
| MEAN      27.2     40.0    1.14     .45                                 |
| S.D.       6.5       .0    1.23     .22                                 |
| MAX.      40.0     40.0    5.76    1.84                                 |
| MIN.      14.0     40.0    -.85     .36      .59  -1.9     .36  -1.5    |
|------------------------------------------------------------------------|
| REAL RMSE    .52 TRUE SD   1.12 SEPARATION 2.15  Person RELIABILITY .82 |
|MODEL RMSE    .51 TRUE SD   1.12 SEPARATION 2.22  Person RELIABILITY .83 |
| S.E. OF Person MEAN = .19                                              |
--------------------------------------------------------------------------------
Person RAW SCORE-TO-MEASURE CORRELATION = .95
CRONBACH ALPHA (KR-20) Person RAW SCORE "TEST" RELIABILITY = .85
```

　　上述中的表是包括極端值與非極端值總共44位受試者的分析結果，與上述的表格相較之下，極端值即為滿分（40）的資料，受試者原始得分與能力值的相關為0.95，傳統 α（KR_{20}）信度值是0.85。

```
      SUMMARY OF 40 MEASURED (NON-EXTREME) Item
--------------------------------------------------------------------------
|          TOTAL                        MODEL      INFIT        OUTFIT    |
|          SCORE    COUNT    MEASURE     ERROR    MNSQ  ZSTD    MNSQ  ZSTD |
|------------------------------------------------------------------------|
| MEAN     29.9     44.0        .00       .42      .99   .1      .92   .0 |
| S.D.      9.0      .0        1.29       .09      .14   .8      .32   .9 |
| MAX.     42.0     44.0       2.99       .74     1.30  2.1     1.90  2.0 |
| MIN.      8.0     44.0      -2.42       .34      .68 -1.6      .35 -1.6 |
|------------------------------------------------------------------------|
| REAL RMSE   .43 TRUE SD  1.22  SEPARATION 2.80  Item  RELIABILITY  .89 |
|MODEL RMSE   .43 TRUE SD  1.22  SEPARATION 2.86  Item  RELIABILITY  .89 |
| S.E. OF Item MEAN = .21                                                |
--------------------------------------------------------------------------
UMEAN=.0000 USCALE=1.0000
Item RAW SCORE-TO-MEASURE CORRELATION = -.99
1720 DATA POINTS. LOG-LIKELIHOOD CHI-SQUARE: 1569.44 with 1638 d.f. p=.8856
Global Root-Mean-Square Residual (excluding extreme scores): .3876
Capped Binomial Deviance = .1937 for 1760.0 dichotomous observations
```

　　上述結果是以40題試題為主的分析結果，實際資料下的信度值是 0.89，而模式信度值亦是0.89，Infit均方（MNSQ）表示對接近受試者能力測量反應的非預期敏感度，Outfit均方是表示遠離受試者能力測量反應的非預期敏感度，均方轉置為t考驗即為ZSTD，因此若介於0.4與1.6之間即不示符合模式，亦即觀察分數與期望分數之間的殘差應該隨機分配，而這也是測驗效度的指標之一，下表是20.1的測驗分析結果。

```
TABLE 20.1 Educational Measurement Test        ZOU875WS.TXT  May  8 19:48 2016
INPUT: 44 Person  40 Item  REPORTED: 44 Person  40 Item  2 CATS  WINSTEPS 3.74.0
------------------------------------------------------------------------------
                TABLE OF MEASURES ON TEST OF 40 Item
------------------------------------------------------------------------------
| SCORE  MEASURE    S.E. | SCORE  MEASURE     S.E. | SCORE  MEASURE     S.E. |
|------------------------+-------------------------+--------------------------|
|    0    -5.56E   1.84  |  14     -.85        .37 |   28     1.08       .40  |
|    1    -4.31   1.03   |  15     -.71        .37 |   29     1.25       .41  |
|    2    -3.56    .75   |  16     -.58        .37 |   30     1.42       .42  |
|    3    -3.09    .63   |  17     -.45        .36 |   31     1.60       .44  |
|    4    -2.74    .56   |  18     -.31        .36 |   32     1.80       .45  |
|    5    -2.45    .51   |  19     -.18        .36 |   33     2.02       .48  |
|    6    -2.21    .48   |  20     -.05        .36 |   34     2.25       .50  |
|    7    -1.99    .45   |  21      .08        .36 |   35     2.52       .54  |
|    8    -1.80    .43   |  22      .22        .37 |   36     2.84       .58  |
|    9    -1.62    .42   |  23      .35        .37 |   37     3.21       .65  |
|   10    -1.45    .40   |  24      .49        .37 |   38     3.71       .77  |
|   11    -1.29    .39   |  25      .63        .38 |   39     4.50      1.05  |
|   12    -1.14    .39   |  26      .78        .38 |   40     5.77E     1.85  |
|   13     -.99    .38   |  27      .93        .39 |                          |
------------------------------------------------------------------------------
CURRENT VALUES, UMEAN=.0000 USCALE=1.0000
TO SET MEASURE RANGE AS 0-100, UMEAN=49.0707 USCALE=8.8247
```

TO SET MEASURE RANGE TO MATCH RAW SCORE RANGE, UMEAN=19.6283 USCALE=3.5299
Predicting Score from Measure: Score = Measure * 4.9398 + 19.9876
Predicting Measure from Score: Measure = Score * .1910 + -3.8177

　　上表是原始分數與標準分數的對照結果，類似於常模的分數轉換。

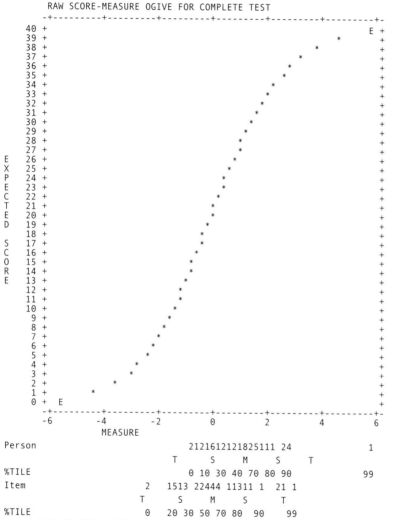

```
       RAW SCORE-MEASURE OGIVE FOR COMPLETE TEST
   -+---------+---------+---------+---------+---------+---------+-
 40 +                                                      E +
 39 +                                               *        +
 38 +                                             *          +
 37 +                                          *             +
 36 +                                        *               +
 35 +                                      *                 +
 34 +                                    *                   +
 33 +                                  *                     +
 32 +                                 *                      +
 31 +                               *                        +
 30 +                              *                         +
 29 +                            *                           +
 28 +                           *                            +
 27 +                          *                             +
E 26 +                         *                              +
X 25 +                        *                               +
P 24 +                       *                                +
E 23 +                      *                                 +
C 22 +                     *                                  +
T 21 +                    *                                   +
E 20 +                   *                                    +
D 19 +                  *                                     +
  18 +                 *                                      +
S 17 +                *                                       +
C 16 +               *                                        +
O 15 +              *                                         +
R 14 +             *                                          +
E 13 +           *                                            +
  12 +          *                                             +
  11 +         *                                              +
  10 +        *                                               +
  9 +        *                                                +
  8 +       *                                                 +
  7 +      *                                                  +
  6 +     *                                                   +
  5 +    *                                                    +
  4 +   *                                                     +
  3 +  *                                                      +
  2 + *                                                       +
  1 +*                                                        +
  0 + E                                                       +
   -+---------+---------+---------+---------+---------+---------+-
   -6        -4        -2         0         2         4         6
                        MEASURE
```

Person   2121612121825111 24   1
                         T   S   M   S   T
%TILE   0 10 30 40 70 80 90   99
Item   2   1513 22444 11311 1 21 1
                T   S   M   S   T
%TILE   0   20 30 50 70 80 90   99

　　　　上圖為測驗分數轉換的曲線圖，這代表測驗特徵曲線，提供將原始分數轉換為評量分數的資料，最下方會呈現以受試者為主及試題為主的評量分布，M代表平均數，S代表離平均數一個標準差（母群），T則是代表離平均數二個標準差，%TILE則是百分等級。

柒、BILOG

　　BILOG的試題與測驗分析包括傳統及試題反應理論下的分析結果，包括三個部分，分別是PH1的傳統試題分析，PH2試題反應理論的參數估計，PH3受試者能力參數估計，其中試題分析大部分已於前一章試題分析中說明，接下來在本章即承續前一章如何準備BILOG的分析資料檔、撰寫BILOG的指令批次檔後，僅就結果與測驗分析的內容說明如下，其結果為上一章分析之測驗結果。

一、第二階段（參數估計結果）

　　下列為第二階段測驗試題參數的估計結果摘要表，由下述結果可以得知，整份測驗的試題參數其漸近線（ASYMPTOTE）平均數為0.247，斜率（SLOPE）為0.956，斜率的自然對數值為-0.070，閾值（THRESHOLD）平均數為-0.333。

```
PARAMETER        MEAN      STN DEV
--------------------------------------------
ASYMPTOTE        0.247       0.035
SLOPE            0.956       0.233
LOG(SLOPE)      -0.070       0.221
THRESHOLD       -0.333       1.073
```

二、第三階段（重新量尺化的結果）

　　下列為第三階段測驗將試題參數估計值重新量尺化的結果摘要表，由下述結果可以得知，整份測驗的試題參數其平均數漸近線（ASYMPTOTE）為0.247，斜率（SLOPE）為0.904，斜率的自然對數值LOG（SLOPE）為-0.125，閾值（THRESHOLD）為-0.359。

```
PARAMETER        MEAN      STN DEV
--------------------------------------------
ASYMPTOTE        0.247       0.035
SLOPE            0.904       0.221
LOG(SLOPE)      -0.125       0.221
THRESHOLD       -0.359       1.134
```

三、測驗分析圖表

　　BILOG的分析結果完成，可以在RUN的功能表下，點選PLOT後，會出現BILOG的繪圖功能視窗（如下圖），其中有許多的圖表與測驗分析有關，以下將分別說明。

　　點選上圖中的「Total Info」可以檢視測驗訊息，如下圖所示。

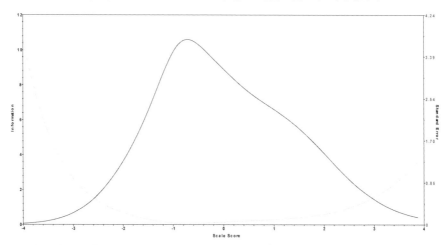

　　由上圖測驗訊息圖可以得知，整份測驗對於中等偏左的受試者可以提供最大的訊息，並且在能力值-3與+3之間皆能提供相當的訊息量。

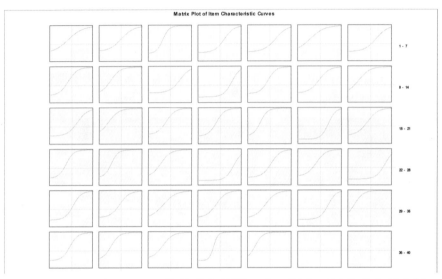

　　上圖是本測驗所有題目的特徵曲線圖，由上圖中可以發現大部分題目的斜率（鑑別度）都達到一定的程度，表示本測驗的題目其鑑別能力應具有一定的效能。

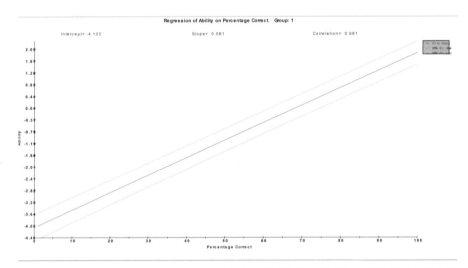

　　上圖為點選「Bivariate Plot」後出現的圖表，此圖主要是依照受試者的答對百分比來預測其能力值，類似量表解釋中常模的功能，對於測驗結果的解釋有很大的功能。

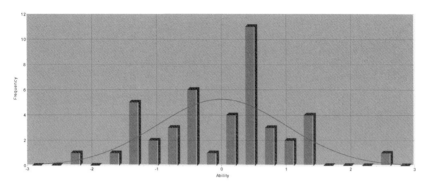

上圖為點選Histogram後出現的圖表，此圖主要是受試者估計能力值的長條圖，可以了解受試者在此份測驗中能力估計的分布情形。

捌、PARSCALE

PARSCALE是試題反應理論下多元計分模式的分析軟體，分析過程包括Phase0、1、2、3等四個步驟，並且有4個輸出報表，分別是PH0、PH1、PH2、PH3，其中PH0是預備分析的結果；PH1是古典測驗理論的試題與測驗分析；PH2是試題反應理論的參數估計；PH3則是受試者能力參數估計的結果，以下將從這四個報表中關於測驗分析的結果加以說明，至於分析資料準備、分析指令批次檔及執行的步驟範例仍然是上一章PARSCALE的範例。

一、第一階段（古典測驗估計結果）

以下為PARSCALE輸出報表中PH1的古典測驗估計結果，由下表的輸出結果中可以得知，測驗量尺中分為四個類別，其平均數分別是44.351、54.344、63.352以及74.378。

```
CATEGORY |              |   MEAN   |   S.D.   | PARAMETER
    1    |              |  44.351  |  17.407  |   1.336
    2    |              |  54.344  |  19.285  |   0.359
    3    |              |  63.352  |  19.354  |  -1.695
    4    |              |  74.378  |  16.629  |
```

二、第二階段（試題參數估計結果）

以下為PARSCALE多元計分模式下輸出報表中PH2試題參數估計的結果，由下表的輸出結果中可以得知，試題反應理論下參數估計結果摘要表呈現出整份測驗的試題參數其斜率（SLOPE）為0.563，斜率的自然對數值為−0.609，閾值（THRESHOLD）平均數為0.438，因為是多元計分，所以其猜測率的平均數為0.000。

```
SUMMARY STATISTICS OF PARAMETER ESTIMATES

+-----------------+------------+------------+------+
|PARAMETER        |    MEAN    |  STN DEV   |  N   |
+-----------------+------------+------------+------+
|SLOPE            |     0.563| |     0.148| |  39| |
|LOG(SLOPE)       |    -0.609| |     0.272| |  39| |
|THRESHOLD        |     0.438| |     0.773| |  39| |
|GUESSING         |     0.000| |     0.000| |   0| |
+-----------------+------------+------------+------+
```

三、測驗分析圖表

PARSCALE分析結果完成後，可以在「RUN」的功能表下，點選「PLOT」後，會出現繪圖功能視窗，其中有許多的圖表與測驗分析有關，以下將分別說明。

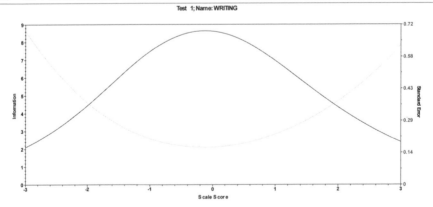

在PARSCALE繪圖功能表上點選「Total Info」可以檢視測驗的測驗訊息，本範例測驗訊息如上圖所示。由測驗訊息圖可以得知，整份測驗對於中等偏左的受試者可以提供最大的訊息，並且在能力值-3與+3之間皆能提

供相當的訊息量。

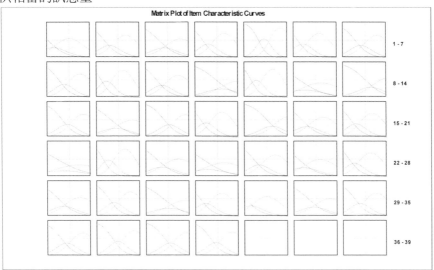

　　上圖是本測驗所有多元計分題目的特徵曲線圖，由上圖中可以發現大部分的題目各個類別可以清楚地分類，表示本測驗的題目其鑑別能力應具有一定的效能。

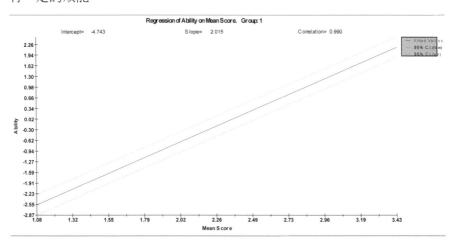

　　上圖為點選「Bivariate Plot」後出現的圖表，此圖主要是依照受試者答對的平均分數來預測其能力值，類似量表解釋中常模的功能，對於測驗結果的解釋有很大的用處。

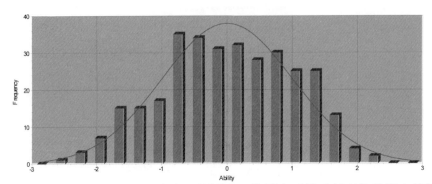

上圖為點選Histogram後出現的圖表，此圖主要是受試者估計能力值的長條圖，可以了解受試者在此份測驗中能力估計的分布情形。

本章主要是介紹社會科學中建立測驗時的測驗分析，其中的信度分析包括常模與效標測驗時可以進行的信度分析類型，信度判斷標準以及如何針對信度係數進行解釋；測驗分析中另外一個重要的效度分析則包括內容、效標關聯以及建構效度分析的內容則於下一章節加以介紹及實例說明，並且利用EXCEL、SPSS、JITAS、R等相關測驗分析軟體進行實務上的操作及報表的解讀，期待對於日後人文社會科學的研究者進行測驗分析的相關工作時，可以提供具體有效的參考。

自我評量

01.請說明常模參照測驗信度分析的主要項目及其意涵為何？
02.請說明效標參照測驗信度分析的主要項目及其意涵為何？
03.請說明信度係數解釋的特性為何？
04.請說明效度分析中效標關聯效度的種類及其意涵？
05.請說明信度與效度的關係為何？

第七章　量表編製實務

本章旨在說明心理測驗中量表編製的基本概念、如何撰寫量表題目、決定樣本的人數、進行量表預試時需要注意的事項、題目分析、測驗分析以及量表編製報告之撰寫等，期待對於從事研究人員在研究計畫中研究工具的編製及報告撰寫上具實務應用之參考價值。

壹、量表編製概論

人文社會科學研究為了蒐集所需資料，常常需要利用各種工具來蒐集，心理測驗、調查問卷和成就測驗等為最常被運用的量表測驗。心理測驗旨在描述測量人類行為中具有代表性的若干部分，可用以比較二個（含）以上的個體在特定時間的行為表現；或比較一個（含）以上的個體，在不同時間的行為表現。成就或性向測驗測量受試者可能的最大表現，至於心理測驗往往是希望獲得受試者的典型表現，量表即是一種典型的心理測驗。量表常被用來測量：（1）描述目前觀察變項的狀態或在某特定時間中趨勢的內涵；（2）因素改變而導致狀態變化的情形；（3）根據目前觀察變項來預測未來的行為表現等狀況。

以下將就量表的構造、量表基本資料、量表中常見的社經地位指數計算以及量表編製流程分別說明如下。

一、量表的結構

量表的構造包括問卷的目的、作答方式、基本資料、正式量表內容、作答說明、提醒用語、結束以及感謝用語等部分，分述如下。

（一）問卷的目的及作答方式

量表最開端需要說明問卷的目的以及作答方法，讓填答者放心、據實且正確的回答，藉以提高問卷效度，問卷中若有特別需要說明的題型及回答方式，也可以在此說明。問卷目的以及作答方式說明可包括問卷的標題、研究主題與此研究的重要性，請填答者協助合作、說明對於基本資料的處理方式，請填答者放心、說明問卷量表的作答方式及交卷方式時間、量表編製者的資料、填答時有疑問時的協助方法等。

範例7-1 問卷目的及作答方式範例

親愛的小朋友，你好：

　　這是一份國小高年級學童閱讀行為、動機與環境的調查問卷，不是考試。填寫這份問卷的用意，是想了解你的學習情形和生活狀況，幫助你快樂的學習與成長。這份問卷的資料，我們會保密，對你的學習成績沒有任何影響，請你放心、誠實的填答。填答時只要根據你真實的情況，在適當選項的□打Ｖ或在 _____ 裡填答就可以了，謝謝你的協助！

祝你 身體健康、學業進步

國立屏東教育大學教育行政研究所

指導教授：陳○○ 博士

研 究 生：戴○○

　　由以上閱讀行為、動機與環境的調查問卷作答說明的範例中可以了解，量表一開始的問卷目的以及作答說明中，量表編製要精簡地說明量表主要的內涵為何，並且以誠懇的語氣來表示希望填答者真實地回答，至於後續資料的處理情形，必須說明清楚讓填答者放心作答，若有需要的話，亦可以將回收的時間標註出，提醒填答者可以準時地交回寄發者。

（二）基本資料

範例7-2 基本資料撰寫範例

第一部分：基本資料

一、就讀學校：屏東縣（　　　　　）國民小學

二、班級座號：_____年_____班_____號

三、請在下列各題中選擇與你實際情況相符的答案，在□內打Ｖ。

1. 性　　別：（1）□女　　（2）□男。

2. 父親的教育程度：

（1）□不知道　　（2）□國小或不識字　（3）□國中　（4）□高職、高中

（5）□專科或大學　（6）□研究所（博士、碩士）

3. 母親的教育程度：

（1）□不知道　　（2）□國小或不識字　（3）□國中　（4）□高職、高中

（5）□專科或大學　（6）□研究所（博士、碩士）

4. 父親的籍貫或族群：

（1）□閩南（台灣）（2）□客家 （3）□中國大陸 （4）□原住民

（5）□其他國家：請勾選國家（地區）

□越南　　　□印尼　　　□菲律賓　　□柬埔寨　　□泰國　　　□美國

□英國　　　□日本　　　□緬甸　　　□馬來西亞　□香港

□其他：_____

5. 母親的籍貫或族群：

（1）□閩南（台灣）（2）□客家 （3）□中國大陸 （4）□原住民

（5）□其他國家：請勾選國家（地區）

□越南　　　□印尼　　　□菲律賓　　□柬埔寨　　□泰國　　　□美國

□英國　　　□日本　　　□緬甸　　　□馬來西亞　□香港

□其他：_____

　　填答者在設計基本資料填寫的部分，應該要把握選項之間需獨立且周延的原則，另外儘量將題目設計成連續性資料，以利後續的資料處理，並盡可能獲得最多的訊息量。

（三）正式量表內容

　　量表結構中，由開始資料蒐集中說明問卷的目的、作答方式以及基本資料，亦即背景變項後，接下來為正式量表的內容，例如：自我調整學習量表、閱讀動機量表、壓力知覺量表、認知負荷量表、生涯興趣量表、後設認知量表、校長領導風格量表、創意教學量表、網路成癮量表……等。

（四）作答說明及提醒用語

　　正式量表中若有分量表時，每一個分量表都要再提醒填答者該如何針對不同的分量表來進行填答，甚至針對每一個題目都要有更明確的作答說明以利填答者作答，避免回收資料不正確，以下將以2個範例加以說明正式量表中的作答說明以及提醒用語。

範例 7- 3 作答說明及提醒用語（1）

你在下列哪些地方使用過電腦？每小題勾選一項

	沒有	有
家裡	☐	☐
學校	☐	☐
朋友家裡	☐	☐
網咖	☐	☐
其他地方	☐	☐

範例 7- 4 作答說明及提醒用語（2）

　　【填答說明】這是一份有關國小學生日常生活經驗的問卷，不是考試，答案沒有對或錯，所以，請您仔細閱讀下列句子後，依照您實際經驗或感覺回答問題。問卷題目以沒有、很少、有時、時常、總是有這種感覺等五種選項；如果題目所陳述的事情沒有發生過，則請在右邊1.2.3.4.5.中的1.☐內打，若是很少發生，則勾選2.，依此類推。謝謝您。例如：

您經常到學校圖書館找課外書嗎？

1.☐沒有　2.☐很少　3.☐有時　4.☐時常　5.☐總是

（五）結束語以及感謝詞

量表填答完畢時，最好提醒填答者作答完成，並且感謝填答者耐心的回答等應謝詞，結束語及感謝詞的範例如下所示。

範例 7- 5 結束及感謝詞（1）

請再次檢查您是否有遺漏掉的問題，並請您填寫完畢直接交給問卷訪問人員，感謝您用心回答！

範例 7- 6 結束及感謝詞（2）

最後，請您仔細檢查是否有漏答任何題目，再次感謝您所提供的寶貴資訊。謝謝！

二、編製基本資料

基本資料在教育研究中大致有性別、年齡、教育程度、種族等，以下將依各類的基本資料編寫方式說明如下。

（一）性別

性別

□男

□女

（二）年齡

請問您的實際年齡為何？

□17歲以下

□18~24

□25~34

□35~44

□45~54

□55~64

□65~74

□75歲以上

（三）學歷（教育程度）

請問您的學歷為何？

☐ 國中及以下

☐ 高中職

☐ 專科

☐ 大學

☐ 研究所

（四）收入

請問您個人平均一個月的收入為何？（新台幣：元）

☐ 無收入

☐ 20,000以下

☐ 20,001~40,000

☐ 40,001~60,000

☐ 60,001~80,000

☐ 80,000以上

（五）時間頻率

請問您使用自行車道的頻率為何？

☐ 無

☐ 每週一次

☐ 每週二次以上

☐ 每月少於二次

（六）種族族群

請問您的族群屬性為何？

☐ 外省人

☐ 閩南人

☐ 客家人

☐ 原住民

☐ 外國人

☐ 其他

（七）居住地

請問您所居住的地區為何？

☐ 北部（台北市、新北市、基隆市、桃園市、新竹縣市、宜蘭縣）

　　□中部（苗栗縣、台中市、南投縣、彰化縣、雲林縣）

　　□南部（嘉義縣市、台南市、高雄市、屏東縣）

　　□東部（花蓮縣、台東縣）

　　□外島（澎湖縣、金門縣）

　　□國外＿＿＿＿＿

（八）職業

請問您的職業為何？

　　□軍人

　　□公務員

　　□教師

　　□學生

　　□勞工

　　□退休

　　□家務

　　□商業

　　□自營企業

　　□待業中

　　□農、林、漁、牧業

　　□服務業雇員

　　□其他＿＿＿

（九）婚姻狀況

請問您目前的婚姻狀況為何？

　　□單身

　　□情侶

　　□結婚

　　□其他（分居/婚/喪偶）

三、量表編製的流程

　　許多的專家學者都提出具體的量表編製流程（Clark & Watson,1995;

Hinkin, 1995; Smith, Fischer, & Fister, 2003）。DeVellis（2003）提出量表編製的主要程序包括：（1）決定測量的目標；（2）建立題庫；（3）決定測量格式；（4）評估初編題庫；（5）編製效度驗證題；（6）進行預試；（7）評估題目品質；（8）決定量表長度。Ross（2015）認為測驗編製的主要步驟分為：（1）內容分析製作雙向細目表；（2）編製題目；（3）檢視題目；（4）考慮實務上的議題；（5）決定題目的計分；（6）題目預試；（7）處理回收資料；（8）題目分析；（9）修訂題目；（10）題目組卷。綜合許多專家提供的意見（Clark & Watson,1995; DeVellis,2003; Hinkin, 1995; Smith, Fischer, & Fister, 2003），歸納出量表編製的主要流程可以分為：（1）決定測量之目的與施測對象；（2）決定待測量之心理建構層面、或成就測驗領域（雙向細目表，事後檢核即建立量表的內容效度）；（3）找出能真正代表心理建構層面的外顯特質、行為樣本、主要能力之代表性題目；（4）決定問卷的型態（結構、半結構、開放性）；（5）擬題與審核題目（請專家審核建立專家效度）；（6）決定發放的方式；（7）進行預試；（8）題目分析；（9）測驗分析；（10）進行題目的組卷。詳細說明如下所示。

（一）決定測量的目的

　　測驗編製的第一個步驟即是決定測量的目的與施測對象，測量的目的若依表現層次來分，可分為最大表現（成就）以及典型表現（態度），但若是以分數結果的解釋模式即可分為常模參照與效標參照。施測對象的明確決定，在測驗編製時扮演著重要的角色，以李克特量表為例，許多專家學者在潛在類別的分析結果上，都呈現出年齡層較低的受試者，等級太多（6點以上），正確的反應比較偏低，反而造成干擾效果。

（二）決定測量之建構

　　測量目的確定之後，需要決定測量之心理建構層面或成就測驗的領域，態度量表的建構可以利用文獻分析、邏輯內容分析、專家意見、臨床經驗、焦點團體、實地觀察、晤談、既有理論等加以探討與確認，至於成就測驗則可以依據教學目標、專家學者、課程內容分析、雙向細目表等為成就測驗編製的理論依據，整理出量表的概念性及操作性定義。

（三）找出代表性題目

當決定待測量之心理建構層面或成就測驗領域之後，接下來的步驟即是需要找出能真正代表心理建構層面的外顯特質、行為樣本或者是主要能力的代表性題目。此時要編製的是具簡單結構原則的題目（Cattell,1978），獲致簡單結構的原則即是進行因素分析的主要目的，獲致簡單結構的內涵主要包括以下幾項，分別是：（1）代表性的變項抽樣；（2）代表性的樣本抽樣，同質性的樣本亦導致變異量下降，及產生過多小因素的後果；（3）使用100以上之大樣本，或樣本與變項之比率最好在10:1以上；（4）利用不同方法決定因素個數；（5）適當的轉軸方法，以獲致簡單結構原則；（6）利用外在效標再驗證新因素，或利用指標因素（marker factor）鑑定其在相關因素空間之位置。

此時若編製者需要找出真正代表量表建構層面的外顯特質、行為樣本以及主要能力的代表性題目可以依下述方法來建立，分別是：（1）透過理論基礎之分析與探討來確認各構面；（2）利用焦點團體之觀察與面談來確認代表性的題目；（3）樣本中盡可能包含相關之代表性行為樣本；（4）不相關之行為樣本盡可能先排除，以免產生干擾。

（四）決定問卷的型態

問卷的型態大致可以分為結構、半結構以及非結構性問卷等三種。其中結構問卷（structured questionnaire）是依據假設需要，列出所有的問題，受訪者依據自己的想法，每題圈選其中一個答案或填上一兩句話，亦可以利用圖形來指示回答，這種方式適用於知識程度較低的受訪者。

非結構性問卷（unstructured questionnaire）是表示結構較鬆散，非結構性問卷向每位受訪者問差不多的問題，大都使用於深度訪談的研究，受訪者數量較少時，有時也不需要將資料加以量化。訪問員可隨情況改變提問方式，只要問題主軸（內容）不變，受訪者亦可以就其所知回答，全無限制，非結構性問卷可以輔助量化研究之不足，挑選具有代表性的樣本進行非結構性問卷訪談，可將量化所呈現問題導向更深入的層次來探討。

半結構性問卷（semistructured questionnaire）是介於非結構性與結構性問卷之間，同時兼具二種問卷的特性。

（五）擬題與審核題目

量表問卷題目的擬題以及審核題目可以參考下列原則。包括：（1）每一建構至少草擬6題以上的題目；（2）每一因素最後至少要有三個指標，以維持較佳的信度與內容效度（可以是題目，或者是題組item set/testlet）；（3）一個有效構念（潛在因素）沒有太多不必要的觀察變項；（4）一個構念（潛在因素）需要多少題目來反映才算是足夠呢？Kenny（1979）對觀察變項數目的看法是「二個指標還好，三個指標更好，四個指標最好」，此種說明也被許多專家學者所認同（Bollen, 1989；Kline,2011），Noar（2003）亦主張保留四個觀察變項就足以建構一個有效的概念；（6）無法使用連續量尺時，最好能使用4~6點的量尺，但仍需要特別注意受試對象是否有足夠的區辨力；（7）撰寫出來的題目重新隨機排列後，委請若干專家或臨床實務者加以分類，只保留與預先設定歸類較相符的題目。

（六）決定發放的方式

郵寄問卷調查和電話訪問的問題比人員訪問的問題較為複雜，電話和人員訪問的問卷應以「交談式、口語式」的語氣編撰，問題的格式必須依據資料蒐集方式的不同，而加以修改，採用郵寄問卷調查時，其答案選項設計時可達9個等級，若採用電話訪問時，其答案選項以5個等級為宜，不適合過長或過多，不過目前線上問卷可利用的資源愈來愈多，建議可以適時地採用線上問卷來進行調查訪問。

（七）進行樣本的預試

決定量表發放的方式後，即抽取代表性的樣本來進行預試，因此進行預試時的樣本一定是與測驗目的相符的代表性樣本。

（八）分析題目的品質

回收預試資料後，需要進行題目品質的分析，傳統的分析方法包括難度、鑑別度以及注意係數等，若是選擇題時，需要進行選項誘答力分析。

（九）進行測驗的分析

測驗分析包括信度與效度，信度所代表的是測驗的穩定性，而效度則是測驗的正確性與代表性。

（十）進行題目的組卷

進行題目組卷時，需要考慮題目的長度、題型的排序以及作答指導語等內容。

以下將針對上述量表編製流程中的主要內容，摘要說明如下。

貳、編寫量表題目

編擬量表的題目是量表編製的重心，一份量表是否具有良好的特徵，題目編擬品質的好壞占了絕大部分的核心，編擬量表的題目時，應遵守編擬量表題目的原則，如此才能編製出品質優良的量表。

一、一般撰寫原則

量表編製題目時應該遵守的原則，說明如下。

(一)量表的題數上，原則是愈多愈好，預試的題數是正式施測題數的三至四倍以上，而最後的量表題數，受試人數要大於題數的十倍以上。

(二)題意的表達上，原則是能夠反映出結構上的概念，或者是潛在變項。

(三)題目的措辭上，語意宜符合受試者的閱讀水準，題幹與選項的描述，需保持一致的文法規則和邏輯性。

(四)題目的特徵上，良好題目其命題的語句要表達清晰，用字簡短，避免使用罕用字或者是雙關語，並且特別要注意的是，千萬不要使用雙重或者是多重否定，以免受試者對題義產生混淆。

(五)概念的向度上，撰寫題目只能描述一個概念或者是一個問題，避免使用「或」與「和」等用詞，造成題目有雙重的意義，上述的作法是希望題目只測量到一個主要潛在變項概念。

(六)題目撰寫時，多編寫概念相似但是不同表達形式的題目，以提高量表測量的內部一致性。

(七)負向題的設計上，題目撰寫上，為了避免產生一致性的偏見，量表中適時的加入負向題，可以提高量表的作答信度。

(八)測謊題的設計上，避免社會期許或者是有一致性偏見的作答情形，量

表題目的撰寫上可以加入測謊題的設計,可以提高量表的作答效度。

上述量表題目的編製原則中,不可以拘泥於上述原則,這只是參考原則,編製時仍然需要因應個人研究工具需求來決定。

二、題目的格式

測量格式的基本特性依不同功能的問卷而有不同的分類,若依問卷的整體形式來分類,可以分為結構化測量以及非結構化測量;但若是依問卷題目的特性來加以分類的話,則可以分為封閉測量以及開放性測量,以下依這四種不同類型的測量格式說明如下。

結構化測量,具有一定格式與作答內容的測量問卷,適用於大樣本研究。非結構化測量,此種測量方法標準化程度低,但是資料蒐集的豐富性高,非結構化測量大部分使用於質化研究與訪談研究,且樣本規模不宜過多,以免造成分析上的困擾。有時候訪問者會預先擬定一個問題綱要,在一定的範圍內,採非結構化、非標準化的測量,稱為半結構測量。

開放性測量指的是研究者設計問卷時,題目答案的分布是介於一定的範圍內,無法指定選項,即使強制指定選項,可能會造成題目過度冗長,因此採用開放式的作答方式,例如:家中人口數、居住縣市等等,此類問卷稱為開放式問卷。

開放式測量可以再細分為數字型問題以及文字型問題。數字型問題屬於順序或等距量尺,由受試者直接填入數字。文字型問題類似於問答題,受試者填入可能的文字,或者是一些繪圖反應。

封閉式測量指的是在結構化的測量工具中,研究者多會預設受測者回答的內容或範圍,設定題目的選項,此種有特定選項的問卷,稱為封閉式問卷。

三、測量的量尺

依量化研究的測量量尺格式可以分為類別性(間斷)的測量以及連續性的測量,若是依照Stevens的分類,即是名義(間斷)、順序(間斷),等距(連續)、比率(連續)的測量量尺格式。

類別性測量是問卷調查中最簡單且經常被使用的測量格式。例如：性別、宗教信仰、通勤方式等等，類別性測量的基本要件有二項包括獨立且周延，題目的選項必須是完全互斥（亦即獨立），能夠包括所有可能的選項，以免測試者填答上的困難（周延）。

連續性測量是爲進行觀察變項程度上的測量，以測量某些概念或現象的強度大小，而類別性測量的主要功能是在鑑別差異性，確認受試者所歸屬的類別，二者截然不同。

量化研究中常被運用在蒐集資料的量尺工具，主要有李克特量表、塞斯通量表、高特曼量表、語意差別法、強迫選擇法等，研究者可以依照研究問題的需求選擇適切的量尺工具。

參、決定預試樣本

人文社會科學研究中，研究樣本人數大小的決定也是一項重要議題，當然針對抽樣偏差的探討也是在人文社會科學研究中需要加以注意的項目，以下將針對抽樣策略、調查研究中施測樣本的撰寫範例、樣本數大小的決定等三個部分，說明如下。

一、選擇抽樣的策略

抽樣策略基本上可分爲機率與非機率抽樣，其中機率抽樣的方法包括隨機抽樣、系統抽樣、分層隨機抽樣、區域或叢集抽樣等方法。非機率抽樣程序，因爲被選出之樣本的機率無法獲知，會導致樣本不足以代表母群體，以致無法準確反映母群體的特徵，非機率抽樣的方法，常見的有方便抽樣、配額抽樣、立意抽樣、滾雪球抽樣等，抽樣的策略主要依照研究的性質、母群以及樣本的特性等加以決定如何抽取出有代表性的樣本。

二、決定樣本的大小

樣本數的大小，似無絕對的標準可循，端視研究形式、假設、經費限制、研究結果重要性、研究變項數目、蒐集資料方法、需要準確度、母群

體大小而定（McMillan & Schumacher, 2006），逐項說明如下。

（一）研究的類型

　　依照研究的類型中，樣本大小的決定有以下幾個原則提供參考。Gay, Mills 和 Airasian（2009）指出敘述研究的樣本，須占母群體的10%；如母群體少（少於500），樣本至少須占20%（亦有人主張30%，Neuman, 2003），如母群體100人以下，則宜全部施測。相關研究為了確立有無關係存在，至少需30名受試者，因果比較研究以及實驗研究至少需要30人，但實驗研究如有嚴密的實驗控制，每組至少需要15人，每組30人以下最為理想，萬一取樣有困難，15人應是基本的人數。Gall、Gall 和 Borg（2007）指出相關研究至少需30個受試者；因果比較和實驗研究為了便於比較每組效應至少需15人；後者的說法與Airasian 和 Gay的觀點接近。Gall等又參考Seymour Sudman的建議，指出調查研究為了便於分析樣本需要加以分組來比較時，每個較大子群至少需要有100個受試者，每個較少群組至少需要有20到50個受試者。Williamson、Karp、Dolphin 和 Gray（1982）建議，對大多數的研究者來說，至少需樣本30至40人，但以100人或更多樣本數為宜。Creswell（2008）認為調查研究約需350人，但仍須視若干因素來決定。Lodico、Spaulding和Voegtle（2006）進一步指出，如母群體少於200人，則應將整個母群體當做調查樣本，如母群體在400人左右，適當的樣本數應占40%，若母群體超過1,000人，適當樣本需要有20%，5,000人以上的母群體，樣本數則以350至500人即可。Guadagnoli 和 Velicer（1988）指出研究樣本150位以上，在探索式的因素分析上可獲得較正確的推論，Bollen（1989）則指出驗證性因素分析上至少需要100位以上的受試者反應資料，當然人數較多對於驗證性因素的結果具有更高的類推性。

　　Burns和Bush（2009）提出計算樣本人數的公式，分二種情形，第一種為母群人數大於50,000人，可視為無限大的母群，此時樣本大小的決定可以利用下列公式。

$$\rho_{xx} = \frac{g \times r_h}{1+(g-1) \times r_h} = \frac{2 \times 0.800}{1+(2-1) \times 0.800} = 0.889$$

其中n為所計算出的樣本人數，P（1-P）為母群體異質性程度，即為變異數，C表示可容忍的抽樣誤差（一般為0.03或者是0.04的抽樣誤差），Z表示為可接受的信賴區間（信心水準，95%信賴水準下為1.96個標準差）。

若是母群人數小於50,000時，此時的母群人數即視為有限的母群人數，需要加以校正，此時的抽樣人數可利用下列公式加以計算。

$$r_{xx'} = 2(1 - \frac{S_x^2 + S_y^2}{S_t^2}) = 2 \times (1 - \frac{65.879 + 52.668}{212.747})$$
$$= \frac{2 \times (212.747 - 65.879 - 52.668)}{212.747}$$
$$= 0.886 = \frac{2(S_t^2 - S_x^2 - S_y^2)}{S_t^2} = 1 - \frac{S_d^2}{S_t^2}$$

上述校正公式（cn）中的n代表的是無限大母群的條件下所計算出的抽樣人數，而N則是有限母群的母群人數。

若將上述二個公式加以合併即為下列公式。

$$cn = \frac{(\frac{Z}{C})^2 \times P \times (1-P)}{1 + (\frac{(\frac{Z}{C})^2 \times P \times (1-P) - 1}{N})}$$
$$= \frac{N \times (\frac{Z}{C})^2 \times P \times (1-P)}{N + (\frac{Z}{C})^2 \times P \times (1-P) - 1}$$
$$= \frac{N \times P \times (1-P)}{(N-1) \times (\frac{C}{Z})^2 + P \times (1-P)}$$

其中n為所計算出的樣本人數，N為母群體的規模人數，P（1-P）為母群體異質性程度，即為變異數，C表示可容忍的抽樣誤差，Z表示為可接受的信賴區間（信心水準），下列將以一個範例來說明計算所需抽取的樣本人數。

假設研究對象為高雄市九年級的學生，根據教育部101學年度的教育統計資料中顯示，九年級學生人數為35,131人，包括男生18,263以及女生

17,050。研究者假設P（1-P）之變異程度為P=0.5，可容忍的抽樣誤差為0.03（3%），可接受的信賴區間（信心水準）設定為1.96，亦即為95%信賴區間所對應之Z值，計算出的樣本人數為1,036，計算過程如下。

$$cn = \frac{N \times P \times (1-P)}{(N-1) \times (\frac{C}{Z})^2 + P \times (1-P)}$$

$$= \frac{35313 \times 0.5 \times 0.5}{(35313-1) \times (\frac{0.03}{1.96})^2 + (0.5 \times 0.5)}$$

$$= 1036$$

（二）統計的顯著性

另外一項決定預試樣本人數，需考慮達到高的統計顯著性或統計力，即所謂統計力，係指為了拒絕錯誤的虛無假設，而使用的統計顯著性考驗的機率。此種統計力分析統計考驗的顯著水準、假設的方向性、效果值與樣本數密切相關。因此少數樣本在0.05水準比在0.01水準容易拒絕虛無假設，探究性研究經常以小樣本進行，研究者常把顯著水準（α）定在0.10，至於統計力，因係指經由統計考驗，拒絕錯誤虛無假設機率，通常需要大樣本，或者使用單側檢定。

依照Dillman（2007）提出樣本決定公式可以用來計算研究所需的樣本人數，其公式如下所示。

$$N_s = \frac{N_p \times p \times (1-p)}{(N_p-1) \times (\frac{B}{C})^2 + p \times (1-p)}$$

其中的N_s表示所需要的樣本人數，N_p為母群大小，p是表示期望比率（50%或0.5是一般使用的數值），B是可接受的抽樣誤差（0.05或者是0.03是常用的數值），C是信賴水準下的Z值，例如：0.90的信賴水準取1.645，0.95的信賴水準則是取1.960，0.99的信賴水準下則是取2.576。

以下將以一個範例來說明在考慮統計顯著性的原則下，來估計樣本大小的公式，以下列資料為例，若母群的大小為4,200，在95%信賴水準之下，樣本誤差容許在0.05之下，需要的樣本人數則大約為352位。

$$N_s = \frac{4200 \times 0.5 \times (1-0.5)}{(4200-1) \times (\frac{0.05}{1.96})^2 + (0.5) \times (1-0.5)} = 352$$

若樣本人數已知，需要計算其抽樣誤差可以利用下列公式加以計算。

$$B = C \times \sqrt{\frac{p \times (1-p)}{N_s} - \frac{p \times (1-p)}{N_p}}$$

如下，若已知抽取的樣本數為1,126，而母群的大小為1,812,374，此時抽樣的誤差在95%的信賴水準下為0.029。

$$B = C \times \sqrt{\frac{p \times (1-p)}{N_s} - \frac{p \times (1-p)}{N_p}}$$
$$= 1.96 \times \sqrt{\frac{0.5(1-0.5)}{1126} - \frac{0.5(1-0.5)}{1812374}}$$
$$= 0.029$$

（三）經費的限制

執行研究所需的費用會限制樣本的數量，因此在開始研究之前，最好把經費做一估算，以評估研究時可抽取的樣本人數數量。

（四）結果的重要性

探索性的研究方面，研究者可以忍受研究結果中較大的誤差，故可接受較小的樣本數。但在研究議題對人類社會影響較為重大的研究時，研究者須以較大的樣本數，必將誤差減至最低程度為宜。

（五）研究的變項數

有許多自變項或依變項的研究，或者是有許多無法控制之變項的研究時，均需要較大的樣本數，受試者的樣本人數最好為大於研究變項數的10倍以上，否則至少要5倍以上較為適切。

（六）資料分析的方法

若蒐集資料的方法位具有高度的準確性或一致性時，需有較大樣本數

以抵消在資料蒐集過程中所造成的誤差。

（七）所需的準確性

一般言之，樣本數愈多，研究結果的準確性就愈會提高，但樣本的母群體同質性高時，只要小樣本便具有足夠的代表性；反之，母群體的異質性變大時，則需較大的樣本數，方可減少誤差，提升結果的準確性。

（八）母群體的大小

考量母群體的大小來決定樣本人數時，隨著母群體大小人數的增加，研究者須以漸進方式從母群中，選取較多的樣本數，以提高研究的有效性。

若純就質的研究而言，樣本數決定的參考建議如下（1）人種誌研究可以僅研究1個文化共享團體；（2）個案研究至少3至5個個案；（3）紮根理論研究訪談15至20人等；另Gay，Mills和Airasian（2009）認爲值得研究之參與者，少則1人，多則60~70人，但通常超過20人的情況並不多見。

三、研究樣本的撰寫範例

以下將以一個調查研究法中發展量表時，預試研究樣本的撰寫範例，來加以說明量表發展過程中，如何撰寫研究樣本的章節內容。

範例 7-7 調查研究法抽樣範例

第三節　研究樣本

本研究的目的在於了解屏東地區國小五、六年級學生家庭閱讀環境、閱讀行為與閱讀理解能力的相關情形。

壹、研究母群

研究母群爲屏東地區公立國民小學五、六年級學童，利用分層隨機抽樣爲主要的抽樣方法抽取研究對象，並以問卷調查進行研究。

貳、抽樣辦法

分層主要共分爲3層，第1層抽樣的來源係依屏東縣政府教育處教育視導區各分區：東港視導區、枋寮視導區、恆春視導區、潮州視導區、內埔視導區、屏東視導區、里港視導區爲第1層，　第2層爲學校，第3層則爲班級，一經抽取至班級，該班級的所有學生則視爲研究樣本。

　　屏東地區的公立小學共有189所學校，其中一般學校有167所，分校有16所，分班有6所，其中分為7個視導區，五年級人數為8368、六年級人數為9493，五年級班級數為373班，六年級班級數為395班，五年級每班平均人數為20.62，六年級每班平均為21.05，因此屏東地區高年級班級的平均人數大約為21位。陳新豐（2015）認為預試對象人數以問卷中包括最多題目之分量表的3~5倍為原則，本問卷最多題目分量表為23題，預試對象應在69位至115位間。故預試問卷對象依學校規模取樣，抽取屏東縣大、中、小型學校各2所，五、六年級各1班，共6個班級進行預試。因此為考慮各視導區的平均分配，預試樣本擬由屏北到屏南的視導區中抽取大、中、小5所學校10班，240位預試樣本來建立研究工具的信效度。

表3-3-1 研究樣本以及母群資料一覽表

視導區	學校數	五年級人數	五年級班級	六年級人數	六年級班級數	預試樣本	正式樣本
東港	26	1629	66	1882	72	2	4
枋寮	28	778	40	831	42	2	4
恆春	21	513	28	612	30	2	4
潮州	26	1050	46	1170	48	0	4
內埔	30	1155	57	1272	56	2	4
屏東	24	2150	83	2568	92	0	4
里港	34	1093	53	1158	55	2	4
小計	189	8368	373	9493	395	10	28

資料來源：屏東縣政府教育處網站（2012）

　　參、預試樣本

　　本研究預試問卷共抽取5校10班，以五年級學生127位、六年級學生113位，合計240位，抽樣內容如下表3-3-2所示。

表3-3-2 預試問卷抽樣人數及對象一覽表

視導區/學校	抽樣班數	五年級	六年級	小計
內埔（長興）	2	25	26	51
里港（三地）	2	25	20	45
東港（興化）	2	26	19	45
恆春（恆春）	2	25	31	56
枋寮（楓港）	2	26	17	43
小計	10	127	113	240

範例資料來源：戴秋華（2012）。屏東地區國小高年級學童家庭閱讀環境、閱讀行為與閱讀理解能力之相關研究（未出版之碩士論文）。屏東教育大學教育行政研究所，屏東市。

四、進行量表的預試

　　進行預試與題目分析時，預試樣本的大小最好為題數的十倍以上，樣本人數的決定與抽樣的方法亦有密切的關係，若抽取樣本的方法愈隨機，愈有代表性的樣本，樣本人數就可減少其數目。

肆、量表題目分析

　　量表分析的步驟是先進行以題目為主的題目分析，之後才是以分量表、全量表的信度與效度分析，就量表題目分析所需進行的分析項目、如何判斷不適當的題目以及題目分析範例等，依序說明如下。

一、題目分析內容

　　態度量表題目分析中，常見的分析項目包括：（1）計算所有題目與總分的積差相關；（2）CR值；（3）刪題後 α 信度；（4）共同性與因素負荷量等題目分析策略，這些項目都可以有效地建立測驗題目的鑑別力以及相關題目訊息，若要知道受試者答題傾向，也可以加入平均數的計算。

二、判斷不適當的題目

　　根據上述題目與總分的積差相關以及CR值等二種題目分析策略，判斷不適當題目的原則如下：（1）題目不跟任何其他題目具有密切關係者（例如：相關係數均小於0.30）；（2）題目之間相關太高者（例如：高於0.85~0.90以上者）；（3）CR值小於3或者未顯著的題目；（4）題目與總分之間的相關未達顯著，或者是小於0.4者；（5）題目與超過二個因素具有密切相關，如果是重要題目無法刪除，可將它置於內容相同的因素中。

三、題目分析的範例

　　以下將以國小高年級學童閱讀行為量表資料為分析範例，說明如下。

（一）反向計分

　　若量表中有反向題時，分析時要加以反向計分，步驟說明如下。首先

開啟資料檔（ch07_1.sav），點選「資料」→「重新編碼成不同變數」即
會出現以下的對話方框。

　　輸入輸出新變數之後點選「變更」，接著點選「舊值」與「新值」按
鈕即會出現舊值與新值轉換的對話方框，並將轉換的新舊值輸入即可。

　　舊值與新值對照表輸入完成後，點選「繼續」→「確定」之後，反向
計分的步驟就完成了。

（二）檢核資料

　　以下將說明資料檢核中的操作。

1.缺失值的界定

　　問卷回收中，往往會有一些受試者因某種因素未答，此即為缺失值，下圖A01-A07等7個變項皆定義9為缺失值，操作時需將SPSS的資料檔切換至變數檢視的頁面，點選定義缺失值變項中的遺漏欄位，輸入定義的缺失值即可完成，如下圖所示。

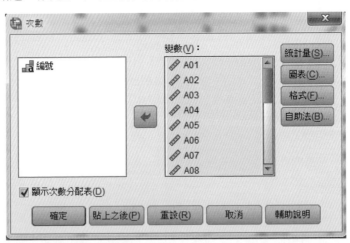

2.次數分配

　　點選SPSS功能表中的「分析」→「描述統計」→「次數分配」即會出現以下的對話方框，並將需要顯示次數的變項點選至右邊的變數對話方框中後，點選「確定」即可查看次數分配的情形。

　　下表即是A01這個變項的次數分配資料，由變數的次數分析資料中，可以檢核資料是否有所缺漏或者是誤植的情形。

A01		次數	百分比	有效百分比	累積百分比
有效的	1	24	7.8	7.9	7.9
	2	84	27.4	27.7	35.6
	3	126	41.0	41.6	77.2
	4	69	22.5	22.8	100.0
	總和	303	98.7	100.0	
遺漏值	9	4	1.3		
總和		307	100.0		

由上述A01變數次數分配的情形可以得知，在A01變項中，總共有307位受試者，其中答1有24位、答2有84位、答3有126位，答4有69位，有效的填答人數為303位，其中4位並未填答是為缺失值。

3.常態檢核

資料常態分配的假定是許多統計方法中的基本假定，所以常態分配的檢核在資料分析中相當重要，簡單地判定變項是否符合常態分配原則，是在變項的描述性統計資料中，觀察偏態值的絕對值小於3，峰度值的絕對值小於10時，即未違反常態分配，另外SPSS中有常態分配的檢定以及運用QQ圖來判斷資料是否符合常態，說明如下。

（1）描述性統計量數

利用SPSS來計算描述性統計量數中的偏態與峰度係數，藉以判斷是否符合常態分配，在SPSS的功能表中點選「分析」→「描述性統計量」→「選項」→勾選「峰度」與「偏態」，進行描述性統計量的分析。

以下為分析的結果。

		敘述統計							
	個數	最小值	最大值	平均數	標準差	偏態		峰度	
	統計量	統計量	統計量	統計量	統計量	統計量	標準誤	統計量	標準誤
A01	303	1	4	2.79	.884	-.276	.140	-.662	.279
A02	303	1	4	1.91	1.013	.808	.140	-.523	.279
A03	302	1	4	2.41	1.033	.105	.140	-1.136	.280
A04	300	1	4	2.63	1.076	-.113	.141	-1.258	.281
A05	298	1	4	2.71	1.033	-.246	.141	-1.100	.281
A06	300	1	4	2.52	1.071	.022	.141	-1.246	.281
A07	298	1	4	2.19	1.032	.350	.141	-1.058	.281
A08	297	1	4	2.41	1.142	.182	.141	-1.380	.282
A09	300	1	4	2.67	1.073	-.154	.141	-1.250	.281
A10	299	1	4	2.65	1.078	-.155	.141	-1.250	.281
A11	300	1	4	3.46	.886	-1.536	.141	1.262	.281
A12	299	1	4	2.76	1.051	-.214	.141	-1.211	.281
A13	299	1	4	2.81	1.024	-.301	.141	-1.095	.281
A14	297	1	4	3.23	.973	-.982	.141	-.239	.282
A15	296	1	4	2.99	1.018	-.549	.142	-.943	.282
A16	298	1	4	3.18	1.004	-.925	.141	-.381	.281
A17	296	1	4	3.30	.981	-1.189	.142	.184	.282
A18	297	1	4	2.57	1.057	-.028	.141	-1.219	.282
A19	297	1	4	3.07	1.044	-.795	.141	-.635	.282
A20	300	1	4	2.70	1.039	-.184	.141	-1.160	.281
A21	297	1	4	3.18	1.015	-.943	.141	-.364	.282
有效的 N（完全排除）	247								

　　由上述的偏態與峰度的係數值來觀察A01至A21是屬於常態的，因為這21個變項的偏態絕對值並未大於3，而峰度的絕對值也未大於10，所以可以判定這21個變項屬於常態分配。

　　（2）常態分配的檢定

　　進行常態分配的檢定是另外一種檢驗變數是否符合常態分配假設的方式，在SPSS的功能表中點選「分析」→「預檢資料」→選擇依變數清單→點選「圖形」→勾選「常態機率圖附檢定」，如下圖所示，選擇完成後請點選「繼續」按鈕後回到預檢資料的對話方框中，再點選「確定」即會出現常態分配的檢定結果。

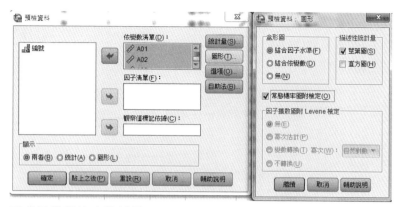

下表為常態檢定的結果。

常態檢定						
	Kolmogorov-Smirnov檢定a			Shapiro-Wilk 常態性檢定		
	統計量	自由度	顯著性	統計量	自由度	顯著性
A01	.231	247	.000	.868	247	.000
A02	.268	247	.000	.794	247	.000
A03	.193	247	.000	.872	247	.000
A04	.189	247	.000	.866	247	.000
A05	.197	247	.000	.864	247	.000
A06	.203	247	.000	.869	247	.000
A07	.196	247	.000	.856	247	.000
A08	.211	247	.000	.848	247	.000
A09	.190	247	.000	.857	247	.000
A10	.188	247	.000	.859	247	.000
A11	.409	247	.000	.630	247	.000
A12	.199	247	.000	.856	247	.000
A13	.197	247	.000	.857	247	.000
A14	.317	247	.000	.758	247	.000
A15	.246	247	.000	.829	247	.000
A16	.309	247	.000	.762	247	.000
A17	.358	247	.000	.701	247	.000
A18	.205	247	.000	.866	247	.000
A19	.280	247	.000	.788	247	.000
A20	.192	247	.000	.865	247	.000
A21	.317	247	.000	.755	247	.000
a. Lilliefors 顯著性校正						

由以上常態機率檢定的結果都達顯著（$p < 0.001$），表示所有的資料

都是符合常態分配的假設。

（3）繪製常態Q-Q圖

若要繪製常態Q-Q圖，點選「分析」→「敘述統計」→「Q-Q圖」。

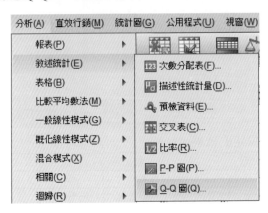

下圖為選擇變項的對話方框，將要分析的變項點選至變數的方框中，再點選「確定」即會出現Q-Q圖。

下圖為Q-Q圖的繪製結果。

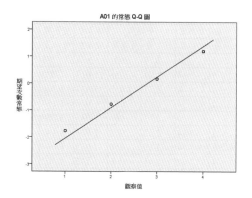

由以上的Q-Q圖中，因為資料大致是圍繞在45度線左右，所以應該符合常態分配。

（三）計算描述性統計量數

計算描述性統計量數包括平均數、最小值、最大值、變異數以及標準差等量數，其中的變異數亦可以為題目鑑別度的參考性指標之一，若是變異程度大代表數值的離散程度大，亦即代表受試者在題目上的得分愈分散，所以該題目的鑑別度則會有較大的趨勢。

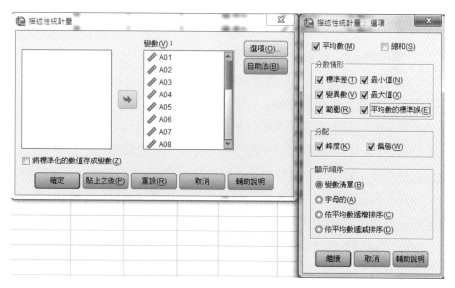

下頁表為敘述統計的分析結果。

敘述統計											
	個數	範圍	最小值	最大值	平均數		標準差	變異數	偏態		峰度	
	統計量	統計量	統計量	統計量	統計量	標準誤	統計量	統計量	統計量	標準誤	統計量	標準誤
A01	303	3	1	4	2.79	.051	.884	.781	-.276	.140	-.662	.279
A02	303	3	1	4	1.91	.058	1.013	1.026	.808	.140	-.523	.279
A03	302	3	1	4	2.41	.059	1.033	1.066	.105	.140	-1.136	.280
A04	300	3	1	4	2.63	.062	1.076	1.157	-.113	.141	-1.258	.281
A05	298	3	1	4	2.71	.060	1.033	1.068	-.246	.141	-1.100	.281
A06	300	3	1	4	2.52	.062	1.071	1.147	.022	.141	-1.246	.281
A07	298	3	1	4	2.19	.060	1.032	1.064	.350	.141	-1.058	.281
A08	297	3	1	4	2.41	.066	1.142	1.303	.182	.141	-1.380	.282
A09	300	3	1	4	2.67	.062	1.073	1.150	-.154	.141	-1.250	.281
A10	299	3	1	4	2.65	.062	1.078	1.162	-.155	.141	-1.250	.281
A11	300	3	1	4	3.46	.051	.886	.784	-1.536	.141	1.262	.281
A12	299	3	1	4	2.76	.061	1.051	1.105	-.214	.141	-1.211	.281
A13	299	3	1	4	2.81	.059	1.024	1.049	-.301	.141	-1.095	.281
A14	297	3	1	4	3.23	.056	.973	.947	-.982	.141	-.239	.282
A15	296	3	1	4	2.99	.059	1.018	1.037	-.549	.142	-.943	.282
A16	298	3	1	4	3.18	.058	1.004	1.009	-.925	.141	-.381	.281
A17	296	3	1	4	3.30	.057	.981	.962	-1.189	.142	.184	.282
A18	297	3	1	4	2.57	.061	1.057	1.117	-.028	.141	-1.219	.282
A19	297	3	1	4	3.07	.061	1.044	1.089	-.795	.141	-.635	.282
A20	300	3	1	4	2.70	.060	1.039	1.080	-.184	.141	-1.160	.281
A21	297	3	1	4	3.18	.059	1.015	1.030	-.943	.141	-.364	.282
有效的 N (完全排除)	247											

（四）題目與總分相關

　　CR值是極端組的差異是否達到顯著來作爲題目分析的指標，除此之外，也可以採用「同質性考驗」作爲個別題目篩選的另一指標，若是個別題目與總分的相關愈高，表示題目與整體量表的同質性愈高，所要測量的心理特質更爲接近，個別題目與總分的相關係數未達顯著的題目或二者相關爲低度相關，表示題目與整體量表的同質性不高，最好刪除。一個CR值低的題目，其題目與總分的相關也可能較低，同質性考驗即在求出個別題目與總分的積差相關係數。

　　首先在SPSS功能表中點選「轉換」→「計算變數」後即會出現計算變數的對話方框，如下頁圖所示。

　　要計算題目與總分的相關時，只要將上述步驟所計算的總分與所有題目的「雙變數相關」即可。因此請在SPSS功能表中點選「分析」→「相關」→「雙變數」即會出現雙變數相關分析的對話方框。

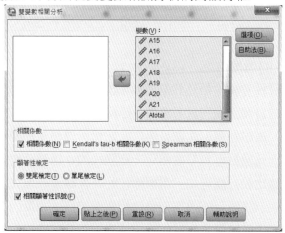

　　出現以上的對話方框之後，請將欲計算相關的變項全部移入變數的對話方框後，再點選「確定」計算題目與總分的相關，以下即是計算的部分結果。

　　下頁表中積差相關的部分結果中，A01至A07與總分（Atotal）的相關最小0.490，最大達0.765，皆達0.30以上且達顯著，表示A01與A07等七個題目之間有一定程度的同質性。

		A16	A17	A18	A19	A20	A21	Atotal
A01	Pearson 相關	.296**	.260**	.554**	.146*	.521**	.466**	.728**
	顯著性(雙尾)	.000	.000	.000	.012	.000	.000	.000
	個數	297	295	296	296	298	295	303
A02	Pearson 相關	.141*	.081	.392**	.086	.367**	.198**	.490**
	顯著性(雙尾)	.015	.166	.000	.141	.000	.001	.000
	個數	297	295	297	296	298	295	303
A03	Pearson 相關	.280**	.213**	.484**	.183**	.490**	.329**	.666**
	顯著性(雙尾)	.000	.000	.000	.002	.000	.000	.000
	個數	296	294	296	295	297	294	302
A04	Pearson 相關	.316**	.303**	.545**	.172**	.568**	.465**	.724**
	顯著性(雙尾)	.000	.000	.000	.003	.000	.000	.000
	個數	294	292	293	293	295	292	300
A05	Pearson 相關	.331**	.278**	.535**	.183**	.531**	.420**	.737**
	顯著性(雙尾)	.000	.000	.000	.002	.000	.000	.000
	個數	291	289	290	290	293	290	298
A06	Pearson 相關	.356**	.314**	.583**	.196**	.590**	.460**	.764**
	顯著性(雙尾)	.000	.000	.000	.001	.000	.000	.000
	個數	293	291	293	293	295	294	300
A07	Pearson 相關	.234**	.151**	.449**	.159**	.513**	.299**	.648**
	顯著性(雙尾)	.000	.010	.000	.007	.000	.000	.000
	個數	293	291	293	292	294	291	298

（五）刪題後的信度

第二種同質性考驗，是計算題目刪除後，量表 α 信度係數的變化來加以評估，如果題目刪除後的量表整體 α 信度係數比原先的 α 信度係數（內部一致性係數）高出許多，此題目與其餘題目所要測量的屬性或心理特質可能不相同，則此題目可以考慮刪除。刪除後的 α 係數改變要與原先量表整體的 α 係數值比較方能得知，當刪除後的 α 係數值較原先整體量表的 α 係數值為低，表示該題目的內部一致性相對地較高；相反的，如果刪除後的 α 係數值較原先整體量表的 α 係數值為高，表示該題目的內部一致性相對地較低，如果二者差異值很大，則此題目所要測量的屬性或心理特質可能與其他題目不同，可考慮將之刪除。請在SPSS功能表中點選「分析」→「尺度」→「信度分析」即會出現信度分析的對話方框，如下頁圖中所示。

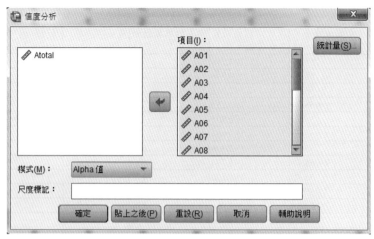

　　請點選「統計量」，然後點選敘述統計量對象中的項目、尺度、刪除項目後之量尺摘要以及各分量表內項之目之間的相關等項目，如下圖。

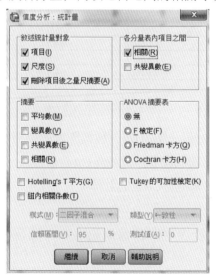

　　下頁表爲輸出的部分結果，最右邊欄位爲刪題後的信度值，由分析結果中可以得知，A01至A21的刪題後 α 值最小是0.936，最大值是0.943，可說是變化不大，而整體量表的 α 信度是0.941，若要考慮刪除題目時，A11的刪題後 α 值0.942以及A19的0.943，均大於原量表 α 信度值0.941，因此可以考慮刪除這二題。

	項目整體統計量				
	項目刪除時的尺度平均數	項目刪除時的尺度變異數	修正的項目總相關	複相關平方	項目刪除時的Cronbach's Alpha 值
A01	55.27	194.719	.704	.584	.937
A02	56.16	199.096	.441	.321	.941
A03	55.67	192.613	.664	.545	.938
A04	55.44	190.239	.732	.629	.936
A05	55.32	189.805	.774	.688	.936
A06	55.54	189.087	.778	.664	.936
A07	55.87	193.308	.639	.588	.938
A08	55.65	191.724	.633	.506	.938
A09	55.40	188.566	.773	.670	.936
A10	55.43	192.872	.621	.460	.938
A11	54.58	203.838	.327	.368	.942
A12	55.34	189.804	.752	.639	.936
A13	55.30	190.123	.748	.679	.936
A14	54.85	195.171	.609	.530	.938
A15	55.11	190.696	.745	.673	.936
A16	54.88	198.039	.483	.490	.940
A17	54.73	200.337	.424	.524	.941
A18	55.53	189.462	.755	.622	.936
A19	54.98	201.609	.340	.395	.943
A20	55.43	190.060	.740	.660	.936
A21	54.89	193.166	.647	.562	.938

（六）CR值的計算

題目分析中的CR值(決斷值)是一種鑑別度的指標，題目適切的判斷指標一般會以CR值是否達到顯著，或者是CR值是否大於3為判斷標準，以下將說明如何運用SPSS來進行CR值的計算。

1.開啓資料檔

請利用SPSS功能表中開啓舊檔的功能，開啓CR值計算範例檔案（ch07_2.sav）。

2.計算總分

在SPSS功能表中點選「轉換」→「計算變數」後即會出現計算變數的對話方框（如下頁圖）。出現對話方框後輸入目標變數Atotal，數值運算式輸入sum（a01 to a21）或者是輸入a01+a02+a03+a04+a05+a06+a07+a08+a09+a10+a11+a12+a13+a14+ a15+a16+a17+a18+a19+a20+a21後，點選確定後Atotal這個變數將從a01加至a21，亦即是總量表的分數。

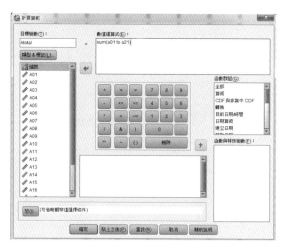

3.排序總分

點選「資料」→「觀察值排序」後即會出現以下的對話方框，因本範例是以總分Atotal為排序的依據，所以需要點選「Atotal」至排序依據中，排序順序時點選「遞增」或「遞減」皆可。

4.取高低分組的臨界值

上述範例的總人數為307，所以高低分組各為83位，亦即高分組第83名為69，但有同分的資料，所以取至224名為高分組；而低分組的臨界分數則為48，亦可以利用描述統計中的次數分配中，選擇計算百分位數27以及百分位數73，亦可以獲得分組的臨界值48以及69，如下頁圖所示。

5.重新編碼取高低分組

點選「轉換」→「重新編碼成不同變數」後即出現以下的對話方框。

首先在舊值選取範圍，LOWEST到值，並且在以下的方框中輸入48後，在新值為的數值方框中輸入1，點選「新增」，即會出現Lowest thru 48→1在舊值→新值的方框中，完成低分組編碼，依此步驟，輸入69在範圍，值到HIGHEST下的方框中，新值的數值輸入2，點選「新增」完成高分組編碼，第3步驟則是在舊值中選擇全部其他值，新值的數值輸入3，點選「新增」完成中分組編碼，完成低(1)、高(2)、中(3)分組後，點選「繼續」即會回到重新編碼成不同變數的對話方框中，再點選「確定」即完成編碼，本範例低分組編碼1，高分組2，中分組3，亦可以交換編碼。

　　利用描述統計的次數分配可以計算出各組的人數以及所占百分比，雖然在上述的分組中是以27%和73%為分組的依據，但實際的分組過程中可能有同分的問題，所以並不會剛好是27%、46%以及27%的分組比例。

group		次數	百分比	有效百分比	累積百分比
有效的	1.00	84	27.4	27.4	27.4
	2.00	83	27.0	27.0	54.4
	3.00	140	45.6	45.6	100.0
	總和	307	100.0	100.0	

6.計算CR值

　　接下來即可以開始進行獨立樣本t檢定考驗二組在每題題目上的差異，而此時的t值即是為CR值，在SPSS中點選「分析」→「比較平均數法」→「獨立樣本T檢定」後進行t檢定。

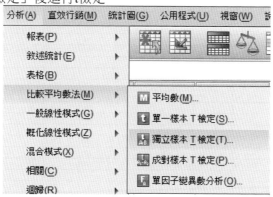

利用獨立樣本t檢定，將A01至A21選至檢定變數，並且將group選至分組變數，指定組別1(低分組)與2(高分組)的比較，如下圖所示。

檢視分析結果如下表所示。

		變異數相等的 Levene 檢定		平均數相等的 t 檢定					差異的 95% 信賴區間	
		F 檢定	顯著性	t	自由度	顯著性(雙尾)	平均差異	標準誤差異	下界	上界
A01	假設變異數相等	.013	.908	-14.470	163	.000	-1.542	.107	-1.752	-1.331
	不假設變異數相等			-14.447	151.632	.000	-1.542	.107	-1.753	-1.331
A02	假設變異數相等	41.330	.000	-8.036	163	.000	-1.165	.145	-1.451	-.878
	不假設變異數相等			-8.059	136.598	.000	-1.165	.145	-1.450	-.879
A03	假設變異數相等	2.695	.103	-13.992	163	.000	-1.716	.123	-1.958	-1.474
	不假設變異數相等			-14.010	157.330	.000	-1.716	.122	-1.958	-1.474
A04	假設變異數相等	5.020	.026	-17.284	163	.000	-1.956	.113	-2.179	-1.732
	不假設變異數相等			-17.260	154.415	.000	-1.956	.113	-2.180	-1.732
A05	假設變異數相等	19.912	.000	-17.137	162	.000	-1.902	.111	-2.122	-1.683
	不假設變異數相等			-17.137	130.894	.000	-1.902	.111	-2.122	-1.683
A06	假設變異數相等	3.850	.051	-21.009	161	.000	-2.027	.096	-2.217	-1.836
	不假設變異數相等			-20.940	153.960	.000	-2.027	.097	-2.218	-1.836
A07	假設變異數相等	.575	.449	-12.606	160	.000	-1.606	.127	-1.858	-1.355
	不假設變異數相等			-12.666	156.777	.000	-1.606	.127	-1.857	-1.356
A08	假設變異數相等	5.866	.017	-11.198	159	.000	-1.650	.147	-1.941	-1.359
	不假設變異數相等			-11.236	155.669	.000	-1.650	.147	-1.940	-1.360
A09	假設變異數相等	10.862	.001	-19.995	162	.000	-2.094	.105	-2.301	-1.887
	不假設變異數相等			-19.918	145.647	.000	-2.094	.105	-2.302	-1.886
A10	假設變異數相等	2.962	.087	-12.769	161	.000	-1.681	.132	-1.940	-1.421
	不假設變異數相等			-12.714	150.327	.000	-1.681	.132	-1.942	-1.419
A11	假設變異數相等	18.611	.000	-5.769	161	.000	-.784	.136	-1.052	-.516
	不假設變異數相等			-5.730	138.431	.000	-.784	.137	-1.055	-.513
A12	假設變異數相等	13.712	.000	-19.279	160	.000	-1.995	.103	-2.199	-1.790
	不假設變異數相等			-19.182	135.181	.000	-1.995	.104	-2.200	-1.789
A13	假設變異數相等	8.756	.004	-18.517	160	.000	-1.908	.103	-2.111	-1.704
	不假設變異數相等			-18.414	131.168	.000	-1.908	.104	-2.113	-1.703
A14	假設變異數相等	50.119	.000	-12.548	159	.000	-1.536	.122	-1.778	-1.295
	不假設變異數相等			-12.327	114.596	.000	-1.536	.125	-1.783	-1.290
A15	假設變異數相等	24.981	.000	-19.755	159	.000	-1.972	.100	-2.169	-1.774
	不假設變異數相等			-19.344	104.550	.000	-1.972	.102	-2.174	-1.769
A16	假設變異數相等	50.038	.000	-8.907	161	.000	-1.220	.137	-1.491	-.950
	不假設變異數相等			-8.830	128.503	.000	-1.220	.138	-1.494	-.947
A17	假設變異數相等	35.575	.000	-8.175	159	.000	-1.115	.136	-1.384	-.845

獨立樣本檢定

				-8.153	133.070		.000	-1.115	.137	-1.385	-.844
A18	假設變異數相等	6.862	.010	-15.629	159		.000	-1.888	.121	-2.127	-1.650
	不假設變異數相等			-15.554	146.398		.000	-1.888	.121	-2.128	-1.648
A19	假設變異數相等	12.830	.000	-6.357	159		.000	-1.004	.158	-1.315	-.692
	不假設變異數相等			-6.332	149.572		.000	-1.004	.158	-1.317	-.690
A20	假設變異數相等	13.049	.000	-15.997	163		.000	-1.894	.118	-2.128	-1.660
	不假設變異數相等			-15.962	142.846		.000	-1.894	.119	-2.129	-1.660
A21	假設變異數相等	80.367	.000	-12.247	160		.000	-1.605	.131	-1.864	-1.346
	不假設變異數相等			-12.247	106.531		.000	-1.605	.131	-1.865	-1.345

　　CR值即爲t值，而是否顯著的資料來源則爲顯著性（雙尾）部分，請注意，部分研究者在撰寫顯著性的值即直接抄錄報表，往往造成很大的誤解，例如：A01這個題目的顯著性上的值報表是呈現.000，而在論文的結果中往往就會出.000，其實這個顯著性的值並不是爲.000，而是因爲顯示欄位寬度的限制軟體無法將眞正的值呈現，若是.000代表的意義是完全沒有犯錯的可能，這對於人文社會科學的世界中所出現的事件機率是不太可能的，若想知道其眞正的值，在SPSS表的軟體中可以利用滑鼠點選二下進去編輯即可以設定，因此在報告中，建議以<0.001來表示較爲合理眞實。

（七）共同性與因素負荷量

　　因素的共同性（communalities）是表示題目能解釋共同特質或屬性的變異量，如將閱讀行爲限定爲一個因素時，表示只有一個心理特質，因此共同性的數值愈高，表示能測量到此心理特質的程度愈多；相反的，如果題目的共同性愈低，表示此題目能測量到的心理特質之程度愈少，共同性較低的題目與量表的同質性較少，此時題目可考慮刪除。至於因素負荷量（factor loading）則表示題目與因素（心理特質）關係的程度，題目在共同因素的因素負荷量愈高，表示題目與共同因素（總量表）的關係愈密切，亦即其同質性愈高；相對的，題目在共同因素的因素負荷量愈低，表示題目與共同因素（總量表）的關係愈不密切，亦即其同質性愈低。進行因素共同性的分析時，請在SPSS中請點選「分析」→「維度縮減」→「因子」，如下頁圖所示。

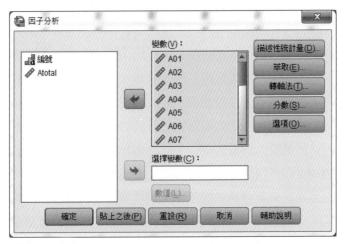

此時即會出現因素分析的對話方框（如下圖），請將需要進行因素分析的變數點選至變數的方框中，例如：本範例A01至A21。

因為要計算題目的因素共同性，所以不用設定任何的選項，直接點選「確定」後就會預設計算題目的因素共同性，結果如下頁圖所示，由下表中的因素共同性分析結果中可以得知，各題的因素共同性最小值是0.111，最大值是0.672，若要刪除題目，A11(0.111)、A19(0.118)、A17(0.183)這三題的共同性明顯較小，可考慮刪除。

共同性		
	初始	萃取
A01	1.000	.567
A02	1.000	.239
A03	1.000	.498
A04	1.000	.605
A05	1.000	.666
A06	1.000	.672
A07	1.000	.481
A08	1.000	.453
A09	1.000	.661
A10	1.000	.443
A11	1.000	.111
A12	1.000	.629
A13	1.000	.626
A14	1.000	.426
A15	1.000	.615
A16	1.000	.242
A17	1.000	.183
A18	1.000	.638
A19	1.000	.118
A20	1.000	.612
A21	1.000	.480
萃取法：主成份分析。		

　　由上述中計算題目與總分之間的相關、刪題後的 α 信度、計算CR值和因素共同性等題目分析的步驟後，即可以將分析的結果整理成題目分析摘要表，以下為國小高年級學童閱讀行為量表分析整理後的撰寫範例。

（八）題目分析撰寫範例

　　以下的範例是根據上述題目分析結果，所撰寫的題目分析結果一覽表。

範例 7- 7 問卷題目分析摘要表範例

　　「閱讀行為量表」之題目分析結果如表3-4-2所示。本研究以決斷值、題目與總分相關以及刪題後的 α 值、共同性等進行題目分析。各題中若有一項判斷指標未符合，便予以刪除。「閱讀行為量表」共有21題，在進行題目分析後，其結果如表3-4-2。依分析結果所有的CR值皆達3.0以上，題目與總分相關係數皆達0.4以上，以及刪題後的 α 值、共同性皆無顯著不佳，故此一量表全部保留。

表3-4-2:閱讀行為量表題目分析摘要表

題號	題號內容	CR	r	刪題後 α	共同性	不良指標	刪題結果
A01	只要有空，我就會拿書來看	14.470*	0.704	0.937	.567	0	保留
A02	我常會用我的零用錢買我想看的書	8.059*	0.441	0.941	.239	0	保留
A03	我喜歡去圖書館看書或查資料	13.992*	0.664	0.938	.498	0	保留
A04	我喜歡在家裏閱讀	17.260*	0.732	0.936	.605	0	保留
A05	我經常閱讀課外書	17.137*	0.774	0.936	.666	0	保留
A06	空閒時，我會閱讀各種書籍	21.009*	0.778	0.936	.672	0	保留
A07	看書是我最常打發時間的方法	12.606*	0.639	0.938	.481	0	保留
A08	我喜歡去逛書局或去圖書館	11.236*	0.633	0.938	.453	0	保留
A09	老師沒有指定的書，我也會閱讀	19.918*	0.773	0.936	.661	0	保留
A10	同學向我推薦一本書時，我會找來閱讀	12.769*	0.621	0.938	.443	0	保留
A11	我覺得讀書不太有用	5.730*	0.483	0.942	.111	0	保留
A12	我喜歡閱讀各種類型的讀物	19.182*	0.752	0.936	.629	0	保留
A13	閱讀對我而言是一件愉快的事	18.517*	0.748	0.936	.626	0	保留
A14	多讀書可以讓我更聰明	12.327*	0.609	0.938	.426	0	保留
A15	我很喜歡看書，因為可以獲得很多得知識	19.344*	0.745	0.936	.615	0	保留
A16	我從不主動閱讀課外書籍	8.830*	0.483	0.940	.242	0	保留
A17	閱讀課外書對我來說是一件很痛苦的事	8.153*	0.424	0.941	.183	0	保留
A18	不需要父母的催促，我會自己閱讀書籍	15.554*	0.755	0.936	.638	0	保留
A19	我覺得在下課時間閱讀課外書是最無聊的活動	6.332*	0.424	0.943	.118	0	保留
A20	我在空閒時，常會閱讀各種書籍	15.962*	0.740	0.936	.612	0	保留
A21	我覺得閱讀是一件重要的事	12.247*	0.647	0.938	.480	0	保留

*p<0.05

伍、量表信度分析

　　量表的信度代表的是量表的穩定性，而效度是代表量表是否符合研究者的企圖、構念等正確測量的程度。在信度的分析方面，一般是分爲重測信度、複本信度、內部一致性信度、評分者信度等四種；而量表的效度則主要以內容效度、因素結構效度（建構效度）、效標關聯效度等三種。

　　信效度考驗的樣本大小最好爲題數的10倍以上，以利於因素分析與因素結構的穩定，假如樣本過大，可將樣本隨機分成二個部分，以進行信效度複核（cross-validation）的驗證，進行建構與確認信效度考驗是一種持續進行的歷程，並非一次信效度考驗即能確定。Kline（1994）建議以二種策略檢驗新測驗之效度：1.利用已知的指標因素或變項，同時進行因素分析以標定新因素在因素空間之位置；2.研究因素結構，再標定新因素在因素空間的位置。

　　以下將說明如何運用SPSS來進行測驗的信度分析，重測信度以及複本

信度只是將二次施測的結果分數求其相關係數，因此以下主要介紹折半信度以及α信度的計算，首先說明SPSS中α信度的計算步驟。

一、α信度

以下α信度的計算是以國小高年級學童閱讀行爲量表資料爲範例（ch07_3.sav），包括21題資料，307位受試者。

（一）開啓資料檔

請先開啓資料檔，資料檔內容如下圖所示。

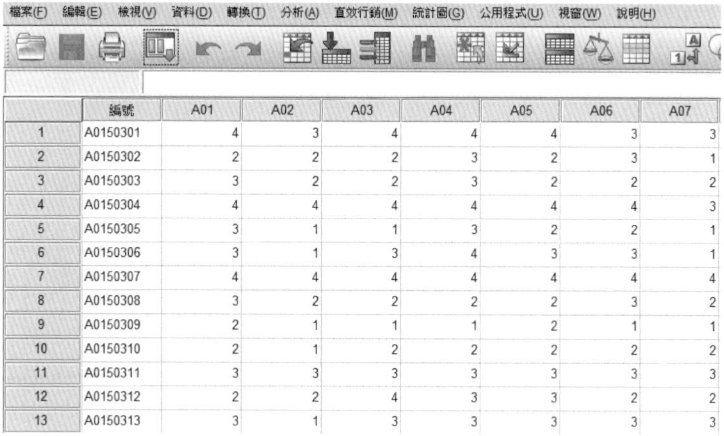

	編號	A01	A02	A03	A04	A05	A06	A07
1	A0150301	4	3	4	4	4	3	3
2	A0150302	2	2	2	3	2	3	1
3	A0150303	3	2	2	3	2	2	2
4	A0150304	4	4	4	4	4	4	3
5	A0150305	3	1	1	3	2	2	1
6	A0150306	3	1	3	4	3	3	1
7	A0150307	4	4	4	4	4	4	4
8	A0150308	3	2	2	2	2	3	2
9	A0150309	2	1	1	1	2	1	1
10	A0150310	2	1	2	2	2	2	2
11	A0150311	3	3	3	3	3	3	3
12	A0150312	2	2	4	3	3	2	2
13	A0150313	3	1	3	3	3	3	3

（二）點選信度分析

請點選SPSS功能表中「分析」→「尺度」→「信度分析」來進行信度分析，如下圖。

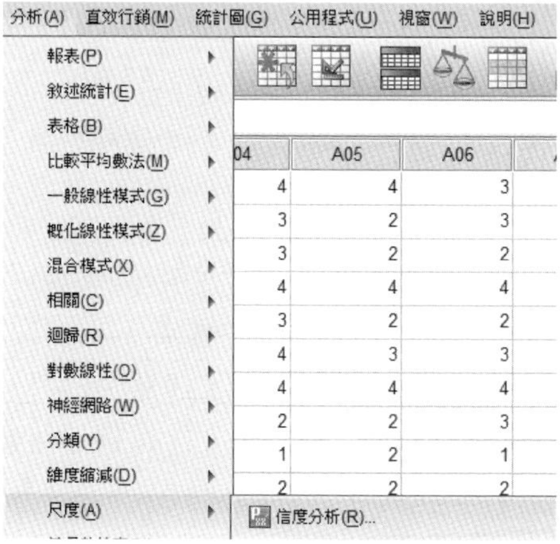

（三）選擇 α 信度模式

出現信度分析的對話方框後，請將所要計算信度的題目選擇至項目的方框中，並且選擇所要計算信度的模式，SPSS信度分析的模式中總共Alpha值、折半信度、Guttman值、平行模式檢定、嚴格平行模式檢定等，因為本範例是計算 α 信度，所以模式請選擇「Alpha值」（計算 α 信度係數），如下圖所示。

（四）點選統計量

計算模式選擇完成後，請點選「統計量」選項，選取敘述統計量對象中項目、尺度以及刪除項目後之量尺摘要、各分量內項目之間的相關等項目，以進行相關的題目分析。

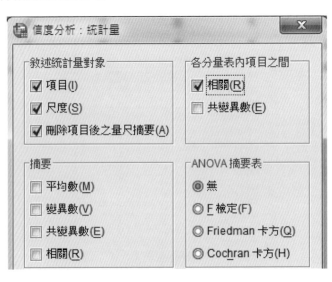

（五）查看結果

點選確定之後即可查看信度計算的結果，如下表。

可靠性統計量		
Cronbach's Alpha 值	以標準化項目為準的 Cronbach's Alpha 值	項目的個數
.941	.940	21

由上述的資料中可以知道這21題的閱讀行為調查中，量表的 α 信度係數值為.941，而這樣的信度值即表示本量表內部呈現一致且穩定的情形。

因閱讀行為調查問卷是一種李克特量表，屬於多元計分的量尺，平均數表示各題的集中情形，以本量表為例，因為是1至4分的李克特量表，分別是非常不符合、少部分符合、一半符合、非常符合，所以只要數值大於2即表示傾向同意選擇，結果呈現除第2題之外，其餘皆表示傾向於同意的選擇，但若是成就測驗二元計分的情形時，平均數即為各題的難度值。

項目統計量			
	平均數	標準離差	個數
A01	2.80	.879	247
A02	1.91	1.014	247
A03	2.40	1.035	247
A04	2.63	1.059	247
A05	2.74	1.026	247
A06	2.53	1.054	247
A07	2.20	1.035	247
A08	2.42	1.126	247
A09	2.67	1.083	247
A10	2.64	1.084	247
A11	3.49	.874	247
A12	2.72	1.054	247
A13	2.77	1.044	247
A14	3.22	.977	247
A15	2.96	1.021	247
A16	3.19	1.007	247
A17	3.34	.957	247
A18	2.54	1.066	247
A19	3.09	1.042	247
A20	2.64	1.058	247
A21	3.18	1.030	247

下表中的項目刪除時的Cronbach's Alpha值是題目分析時一個重要的指標，若是此值與其他項目的值大許多時，代表此項目非常不穩定，可列為刪除的項目之一。

項目整體統計量				
	項目刪除時的尺度平均數	項目刪除時的尺度變異數	修正的項目總相關	複相關平方	項目刪除時的Cronbach's Alpha 值
A01	55.27	194.719	.704	.584	.937
A02	56.16	199.096	.441	.321	.941
A03	55.67	192.613	.664	.545	.938
A04	55.44	190.239	.732	.629	.936
A05	55.32	189.805	.774	.688	.936
A06	55.54	189.087	.778	.664	.936
A07	55.87	193.308	.639	.588	.938
A08	55.65	191.724	.633	.506	.938
A09	55.40	188.566	.773	.670	.936
A10	55.43	192.872	.621	.460	.938
A11	54.58	203.838	.327	.368	.942
A12	55.34	189.804	.752	.639	.936
A13	55.30	190.123	.748	.679	.936
A14	54.85	195.171	.609	.530	.938
A15	55.11	190.696	.745	.673	.936
A16	54.88	198.039	.483	.490	.940
A17	54.73	200.337	.424	.524	.941
A18	55.53	189.462	.755	.622	.936
A19	54.98	201.609	.340	.395	.943
A20	55.43	190.060	.740	.660	.936
A21	54.89	193.166	.647	.562	.938

接下來要說明的是折半信度的計算，以及分析結果的解讀。

二、折半信度

折半信度係指將問卷分成兩個內容相當的短版問卷，並且計算兩個短版問卷得分的相關係數，此即為折半信度，折半信度可用於估計施測結果的穩定性與問卷的內部一致性程度，折半信度實施時需要可確保被拆成兩半的問卷內容其同質性高，折半信度估計時一般皆視為會低估原有信度，因此需要加以校正，而校正的公式最常用的是為斯布校正公式，若拆成兩半的問卷題目變異數差異太大時，則建議採用盧氏或佛氏校正公式加以校正。若要計算量表的折半信度時，請點選模式中的「折半信度」選項即可，其餘的步驟與計算 α 信度相同。

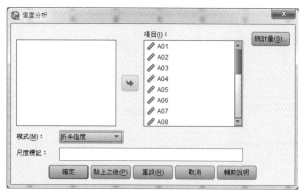

點選確定之後查看結果如下所示。

可靠性統計量			
Cronbach's Alpha 值	第 1 部分	數值	.906
		項目的個數	11a
	第 2 部分	數值	.889
		項目的個數	10b
	項目的總個數		21
形式間相關			.800
Spearman-Brown 係數	等長		.889
	不等長		.889
Guttman Split-Half 係數			.886
a. 項目為\：A01, A02, A03, A04, A05, A06, A07, A08, A09, A10, A11.			
b. 項目為\：A12, A13, A14, A15, A16, A17, A18, A19, A20, A21.			

　　由上述表中可以得知，折半信度的計算結果為0.800，但是因為折半信度一般來說皆為低估，所以需要利用校正公式來加以校正，而最常用的即為斯布校正公式，此校正結果中有等長以及不等長2種選項，因為本分析的範例為21題，其中一半為11題，另一半為10題，所以需選擇不等長的選項，因此校正後的折半信度應為0.889。但斯布校正公式若是在折半項目之間變異數差異甚大時，會有高估的情形，以下述尺度的統計量結果為例，折半信度的第1部分其變異數為65.879，而第2部分的變異數為52.668，這2部分的變異數略有差異，所以需要利用盧氏或佛氏校正公式來校正較為合理，而此時即需要參考Guttman Split-Half係數0.886為折半信度（Flanagan, 1937; Guttman, 1945）。

尺度統計量				
	平均數	變異數	標準離差	項目的個數
第 1 部分	28.42	65.879	8.117	11a
第 2 部分	29.65	52.668	7.257	10b
兩部分	58.07	212.747	14.586	21
a. 項目為\：A01, A02, A03, A04, A05, A06, A07, A08, A09, A10, A11.				
b. 項目為\：A12, A13, A14, A15, A16, A17, A18, A19, A20, A21.				

折半信度為0.800，利用斯布校正公式計算新信度為0.889，結果如下。

$$\rho_{xx'} = \frac{g \times r_h}{1+(g-1) \times r_h} = \frac{2 \times 0.800}{1+(2-1) \times 0.800} = 0.889$$

佛氏及盧氏校正的結果則為0.886，計算結果如下所示，無論是斯布校正公式、佛氏或盧氏校正公式，校正折半信度後(0.889/0.886)一定會比原有折半信度值高(0.800)。

$$r_{xx'} = 2(1-\frac{S_a^2+S_b^2}{S_x^2}) = 2 \times (1-\frac{65.879+52.668}{212.747})$$

$$= \frac{2 \times (212.747-65.879-52.668)}{212.747}$$

$$= 0.886 = \frac{2(S_x^2-S_a^2-S_b^2)}{S_x^2} = 1-\frac{S_d^2}{S_x^2}$$

陸、量表效度分析

APA指出效度的類型一般可以分為內容效度、效標關聯效度及構念效度等三種。為何量表會缺乏效度，主要的原因是：（1）結果變項的操作性定義不當；（2）設計的任務未與操作性定義配合；（3）測驗工具的可信賴性低；（4）其他。而具有效度量表的特徵為：（1）操作型定義具有邏輯上的適當性；（2）工具上的任務與操作性定義配合；（3）工具本身須具有信度。

建構效度的驗證方法包括內部一致性係數法、外在效標分析法、因素分析以及多特質多方法等策略。

一、效度分析的內容

　　如上所述，效度分析主要包括內容效度、效標關聯效度以及建構效度等三大類，以下就內容效度中常使用的專家效度、建構效度中探索式及驗證式因素分析等加以說明。

　　專家效度（expert validity）是指在量表編製的過程中，量表由該領域的多種專家判斷問卷所包含的內容廣度與適切性是否足夠。廣義來說專家效度可視為內容效度的一部分，以下將利用一些範例來說明如何建立量表的專家效度。

（一）專家效度的範例

　　專家效度中，首先量表的編製者要撰寫一份邀請及感謝信函，邀請該領域的專家來判斷問卷內容的適切性，以下即為邀請及感謝信函的範例。

1.邀請及感謝信函

範例 7- 8 邀請及感謝信函

敬愛的教育先進：您好

　　後學正在進行碩士論文研究，為建立本研究工具之專家效度，懇請您於公務繁忙之餘，惠賜卓見。

　　這是一份評量國小高年級學童數位閱讀素養的線上測驗題目，針對線上數位閱讀文本（如附件）所做的命題測驗，本測驗問卷共分為三個部分：第一部分是「個人背景資料」、第二部分是「國小高年級學童數位閱讀素養測驗」及第三部分是「國小高年級學童數位閱讀學習調整策略量表」。其目的在了解填答者的「數位閱讀素養能力」與「數位閱讀學習調整策略運用」，煩請您審閱並加以指正，在此衷心感謝您的支持與協助。

國立屏東教育大學進修暨研究學院

教育視導與評鑑碩士學位學程班

指導教授：陳○○ 博士

研究生：林○○ 敬啟

TEL：XXXX-XXXXXX

中華民國一○二年五月

由上述的範例中可以得知要建立專家效度時，邀請函的內容必須要包括論文的名稱、關鍵字、關鍵字的說明以及量表的結構等內容。建立專家效度時，為了要讓專家更了解量表中各分量表之間的關係，建議將研究計畫中的研究架構、研究目的以及研究問題等相關內容，提供給專家評閱量表時參考，以下為建立專家效度時的研究計畫綱要範例。

2.研究計畫綱要

範例 7-9 研究計畫綱要的參考範例

研究架構

國小高年級學童數位閱讀素養與學習調整策略之相關研究

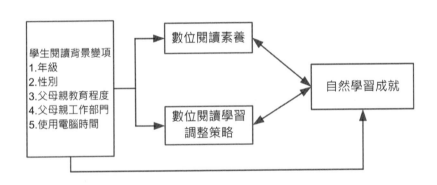

待答問題

為達成本研究目的，提出以下研究問題，做為本研究之研究主軸及假設之依據，研究問題如下所述。

一、<u>數位閱讀素養測驗的難度、鑑別度及內部一致性</u>和<u>數位閱讀學習調整策略量表的內部一致性</u>為何？

二、國小高年級學童<u>數位閱讀素養</u>與<u>學習調整策略</u>表現為何？

三、國小高年級學童<u>數位閱讀素養</u>、<u>數位閱讀學習調整策略</u>與<u>自然科學習成就</u>的相關為何？

四、不同性別學生<u>數位閱讀素養測驗</u>、<u>數位閱讀學習調整策略</u>與<u>自然科學習成就</u>的表現差異為何？

（二）專家效度評定說明

下述所要說明的是建立專家效度時，評定說明的範例，主要分為較簡略的範例7-10以及較完整的範例7-11。

範例 7- 10 專家評定說明範例（1）

1.茲將量表之向度及編製的題目說明如下。請您就每一小題對該向度適用的程度，在適當的□中打V。

2.若有修正意見，懇請您不吝指教，書寫於該題空白處，以為研究者修正之參考。

範例 7- 11 專家評定說明範例（2）

請各位專家評閱問卷時

表達分為1-4個等級，其中4為最能表達，下面的空白處為填寫修正意見用。

清楚分為1-4個等級，其中4為陳述清楚，下面的空白處為填寫修正意見用。

因素為該題所屬因素，假如您認為題目不屬於所列向度時，請圈選5，並請說明所適合因素名稱為何？

最後一個項目為綜合評估，請圈選保留或刪除該項。

表達

1 = 未正確表達

2 = 需要大幅度修改

3 = 需要小幅度修改

4 = 題目能正確表達

清晰程度

1 = 題意不清

2 = 題目需要大幅度修正

3 = 題目需要小幅度修正

4 = 題意清晰

因素

1＝屬於因素1

2＝屬於因素2

3＝屬於因素3

4＝屬於因素4

5＝屬於其他因素，請說明

綜合評估

1＝刪除

2＝保留

二、探索式因素分析

　　Spearman（1904）最早利用探索式因素分析研究智力結構（Exploratory Factor Analysis,EFA），Joreskog（1973）利用因素分析來進行假設考驗（Confirmatory Factor Analysis,CFA）。因素分析可分爲驗證式（CFA）及探索式（EFA）的因素分析，其中探索式的因素分析主要在於了解蒐集資料的潛在意義是什麼？是一種潛在架構之分析或資料簡約的技術，旨在理論的探索或假設之探尋。另外，驗證式因素分析在於考驗根據先前理論所提出的假設，亦即是一種理論驗證的統計方法。量表工具發展初期，EFA比CFA更爲合適，CFA適用於經過嚴謹理論依據的編製過程，驗證階段可利用另一組樣本檢驗先前（EFA）所發展的模式，建立複核效度（cross validation）。

（一）EFA分析前的工作

　　因素分析的階段主要分爲三個：（1）資料準備階段；（2）初始因素抽取階段；（3）轉軸找最佳解的階段。進行探索式因素分析之前，應先以分量表爲分析單位，將各分測驗中不適當之題目刪除，否則可能混淆、破壞或隱藏眞正的因素結構。當相關係數矩陣中如有超過80%小於0.30的係數時，則無因素分析之必要。當相關係數矩陣具有太高的相關係數（>0.85~0.90以上時），亦無法進行因素分析，此時會有多元共線性的問題。

　　要進行探索式因素分析前除了上述注意事項之外，尚需要留意：（1）球形檢定（Bartlett，p<0.05，達顯著水準）；（2）KMO>0.60與MSA>0.50（抽樣適當性指標）；（3）檢查資料是否符合常態性的假設？檢查是否有極端值存在？可利用SPSS功能表中預檢資料的常態性檢定、偏態、峰度等來加以驗證資料是否符合常態性。

　　因素分析比較適用於連續性量尺，如非連續性的次序性量尺，最好使用5~7點的李克特量尺或使用題組來進行分析，另外需要注意的是分析的題目需要有理論基礎或經驗的依據。

　　測驗編製者避免在編寫題目時，針對同一行為套用不同措辭，以避免產生Cattell（1978）所提出的特殊灌水因子（bloated specific）。

　　利用因素分析來發展分量表通常有二種常見的途徑：（1）以分量表為分析單位；（2）以總量表為分析單位。利用分量表為分析單位進行因素分析，可以避免因素身分改變及因素負荷量橫跨的困境，但卻無法了解因素間的結構關係或各題目間的關聯性。利用總量表為分析單位進行因素分析時，可能會有因素負荷量橫跨其他因素的情形發生。

　　因此建議先以分量表為題目分析的單位，以了解這些題目是否測量同一特質的單向度測驗，再以總量表為分析單位來了解各分量表因素之間的關係；或者依假設或理論選擇單一地以分量表為分析單位或以總量表為分析單位來進行因素分析。

（二）因素個數的決定

　　因素個數的決定可以依下述方法來決定：（1）保留特徵值大於1的主成分；（2）陡坡圖考驗；（3）球形(Bartlett)卡方考驗；（4）根據相關理論或文獻決定抽取個數，以驗證一個理論或假設；（5）抽取因素的卡方考驗；（6）使用驗證性因素分析決定因素個數。

（三）因素負荷量的臨界值

　　傳統上研究者均以負荷量大於0.30做為變項是否納入因素的標準，其實，因素負荷量的顯著性會受到樣本大小、變項數與因素個數而定。依照 Hair, Anderson, Tatham 和 Black（1992）的說法，低於 0.40 的因素負荷量太低，0.60 以上則太高。Comrey 和 Lee（1992）指出因素負荷量

判斷的標準可以依下來加以決定0.45~0.55（尚可,20%），0.55~0.63（良好,30%），0.63~0.71（非常好,40%），0.71~（特優,50%）。但要注意的是這些只是一個準則而已，要決定一個變數是否應歸爲一個因素取決於理論而非數據，數據只是佐證而已，有時候因爲抽樣或其他種種因素，得到結果或許稍微不如預期，但也是可接受的。

表 7-1 負荷量顯著臨界值與樣本大小

負荷量	樣本大小(=0.05)	負荷量	樣本大小(=0.05)
0.30	350	0.55	100
0.35	250	0.60	85
0.40	200	0.65	70
0.45	150	0.70	60
0.50	120	0.75	50

資料來源: Hair,Anderson,Tatham & Black（1998）.*Multivariate data analysis*（5th ed.）. Upper Saddle River, NJ: Prentice-Hall.

（四）因素轉軸的方法

　　因素分析中因素轉軸主要分爲正交（直交）轉軸與斜交轉軸等二種。若是進行因素分析的變項是連續變項，可以逐行題目的因素分析，若非連續變項，則需要進行題組的因素分析或者是計算多分相關矩陣後再進行因素分析。此時如果因素間具有相關，可以採用斜交轉軸，否則採用正交轉軸，因素之間的相關多大時需要選擇斜交呢？一般是以0.20爲判斷的標準，若是其因素之間的相關小於0.20要以正交轉軸爲主，相關大於0.20則是以斜交爲因素轉軸策略，但是若是因素的相關太大，大於0.50時則建議考慮刪除不必要之因素。因素抽取的方法大部分皆採用PCF與PAF，而PCF主成分因素分析法是從所有變異數中抽取因素，PAF主軸因素分析法則是從共同變異數中抽取因素，量表編製幾乎主要目的皆是從共同變異中抽取因素，因此強烈建議採用PAF來進行因素的抽取較爲適宜。斜交轉軸的主要策略包括Direct Oblimin、Promax以及Orthoblique，而正交轉軸的主要策略則包括Varimax、Quartimax以及Equamax。

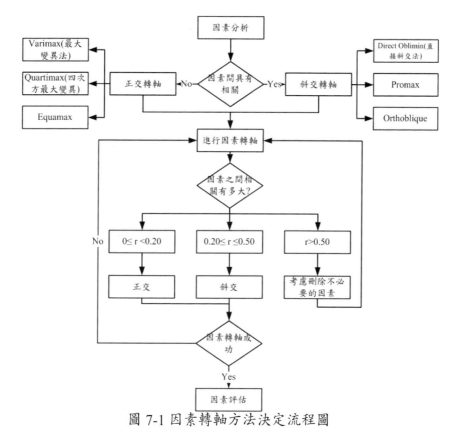

圖 7-1 因素轉軸方法決定流程圖

資料來源: Pett, Lackey, & Sullivan, J. J. (2003).*Making Sense of Factor Analysis:The Use of Factor Analysis for Instrument Development in Health Care Research.* Thousand Oaks, London: Sage Publications, Inc.

（五）因素分析題目篩選原則

　　利用因素分析來進行題目的篩選時，亦即要簡化因素結構，若同一因素上，同時有正向以及反向計分題目時，要先將負向題目加以反向計分，此時若是進行因素分析的結果其因素負荷量小於0.30時，要檢視這些小於0.30因素負荷量的題目在內容領域是否重要？若不重要則刪除為宜，若此題在內容領域上是重要的題目時，仍然可以將這個題目繼續納入因素分析的題目，此時再次檢視各題目的因素負荷量是否大於0.40，若大於0.40時則建議將該題目置於概念內容最接近的因素或者是最可以提高 α 信度的因素內，完成之後檢視所有題目在「題目刪除後的 α 值」，刪除該題後其 α

信度會顯著提高，或刪除該題後會高於量表整體的 α 信度值時，建議將該題刪除，完成之後開始進行因素的命名與解釋。

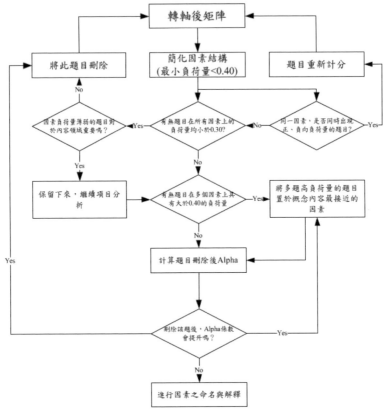

圖 7-2 因素分析題目篩選原則流程圖

資料來源: Pett, Lackey, & Sullivan, J. J. (2003).*Making Sense of Factor Analysis:The Use of Factor Analysis for Instrument Development in Health Care Research.* Thousand Oaks, London: Sage Publications, Inc.

（六）因素分析的刪題原則

教育與心理研究者在進行因素分析之後，可利用下列原則來刪題。

1. 該題在任何一因素上均未出現較高的負荷量。
2. 該題在適當的因素上出現低的負荷量。
3. 該題在錯誤的因素上出現很高的負荷量。
4. 該題在許多因素上都出現很高的負荷量。

　　Epstein（1983）指出相對而言，一個測驗中的理想題目，應與測驗總分具有較高的相關，但要與其他的題目有較低的相關（輻合與聚斂效度，MTMM）。交叉負荷（cross-loading）在因素分析中是不可忽視的問題，何謂存在交叉負荷呢？即在兩個因素上都有超過0.35的負荷量（Babin & Boles, 1998;Barling & Gallagher,1996）。Lambert 和 Durand（1975）指出若預測變數中的交叉負荷係數大於0.30，則可認定此一變數具有預測相依變數的能力。

（七）因素解釋度與有用性

　　在因素解釋程度與有用性部分需要注意的事項為：（1）考慮因素的內容是什麼？（2）這些因素是難度相似的題目所造成的嗎？（3）是反向題目或是題目的格式所造成的嗎？（4）是社會期許效應所造成的嗎？（5）是灌水因素（bloated factors）嗎？

　　Schmitt與Stults（1985）提出只要十分之一的受試者不認真作答而忽視了題目之反向措辭，即會產生所謂的反向題目因素。Kline（1994）指出，測驗編製者容易犯錯的是「只利用題目內涵、因素負荷量來解釋因素」，這些因素只不過是表面效度，應該利用外在效標或者是身分明確的指標因素去驗證這些新因素，以排除這些新因素不是難度因素、灌水因素、反向題因素、社會期許因素等。

（八）因素命名

　　因素的解釋與命名可從以下幾個層面考量：

1. 當初編製題目的理論依據。
2. 若無成熟的理論支持，可在各因素選取3至4個因素負荷量較高者（最好>0.60），仔細研究是否有共同的主題或成分。
3. 可依最高因素負荷量的題目先暫時命名。
4. 根據較高因素負荷量的指標變項進行命名。

　　進行因素命名時，首先檢查每一個因素的因素矩陣，檢視其中有沒有因素負荷量大於0.60，若沒有的話，表示因素解釋困難，此時可以考慮增加題目；若有因素負荷量大於0.60時，檢視這些高因素負荷量的題目是否有共同的概念，並且檢視這些分組的題目與原先設計量表的概念是否相

同，若相同的話，則可以依原先設計的理論因素命名；否則因素命名困難時，考慮刪除該因素後，重新再次進行因素分析。

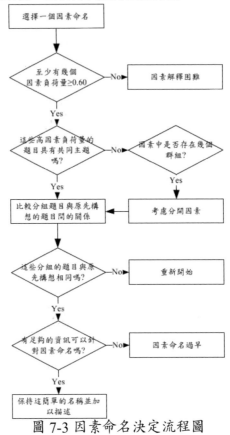

圖 7-3 因素命名決定流程圖

資料來源: Pett, Lackey, & Sullivan, J. J. (2003).*Making Sense of Factor Analysis:The Use of Factor Analysis for Instrument Development in Health Care Research.* Thousand Oaks, London: Sage Publications, Inc.

三、驗證式因素分析

驗證式因素分析係依據理論建構，事前已假設因素之存在與其所包含的項目，而驗證其符合建構的程度。以下將分述驗證式因素分析的主要用途、基本假設、建構信度、抽取變異比以及驗證式與探索式因素分析之比較等部分。

（一）驗證性因素分析主要用途

CFA用於驗證測驗的效度，主要在考驗潛在變項的意義與結構。一般來說，驗證性因素分析可以下列模式表示之。

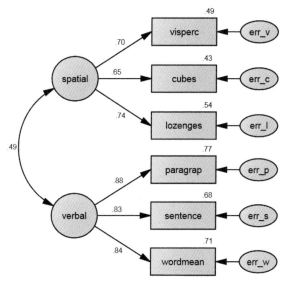

圖 7-4 Factor analysis: Girls' sample Holzinger and Swineford（1939）
Standardized estimates.

上述的模型可以用 $X_{q \times 1} = \Lambda_{q \times n} \xi_{n \times 1} + \delta_{q \times 1}$，其中 $X_{q \times 1}$ 是表示指標變項向量，$\Lambda_{q \times n}$ 代表因素負荷量矩陣，$\delta_{q \times 1}$ 表示測量誤差向量，$\xi_{n \times 1}$ 表示潛在因素向量，方程式可以表示如下圖。

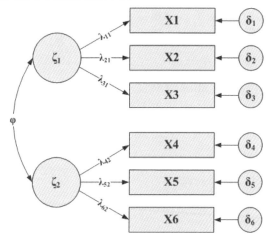

將所有的6個觀察變項表示如下。

$$X_1 = \lambda_{11}\xi_1 + \delta_1$$
$$X_2 = \lambda_{21}\xi_1 + \delta_2$$
$$X_3 = \lambda_{31}\xi_1 + \delta_3$$
$$X_4 = \lambda_{42}\xi_2 + \delta_4$$
$$X_5 = \lambda_{52}\xi_3 + \delta_5$$
$$X_6 = \lambda_{62}\xi_4 + \delta_6$$

若利用矩陣表示,可如下所示。

$$
\begin{bmatrix} X_1 \\ X_2 \\ X_3 \\ X_4 \\ X_5 \\ X_6 \end{bmatrix}
=
\begin{bmatrix} \lambda_{11} & 0 \\ \lambda_{21} & 0 \\ \lambda_{31} & 0 \\ 0 & \lambda_{42} \\ 0 & \lambda_{52} \\ 0 & \lambda_{62} \end{bmatrix}
\begin{bmatrix} \xi_1 \\ \xi_2 \end{bmatrix}
+
\begin{bmatrix} \delta_1 \\ \delta_2 \\ \delta_3 \\ \delta_4 \\ \delta_5 \\ \delta_6 \end{bmatrix}
$$

驗證性因素分析可運用於:(1)同質性測驗考驗(單向度測驗);(2)τ 等值測驗考驗(單向度測驗與相等因素負荷量,但變異數不等);(3)平行測驗考驗(同質性與相等因素負荷量及誤差變異數);(4)嚴格平行測驗考驗;(5)評估建構效度;(6)建構效度考驗等。

(二)驗證性因素分析的基本假設

驗證性因素分析的基本假設包含下列幾項:(1)誤差項的期望值為0;(2)誤差項的變異數等於測量誤差;(3)潛在因素的期望值為0;(4)潛在因素與測量誤差無關。

(三)CFA建構信度與抽取變異比

驗證性因素分析的信度以及效度的計算中,信度可由建構信度(Composite Reliability, CR)來加以表示,至於效度則可利用變異抽取百分比(Average of Variance Extracted, AVE)來表示,公式分述如下。

$$CR = \frac{\left(\sum_{i=1}^{n}\lambda_i\right)^2}{\left(\sum_{i=1}^{n}\lambda_i\right)^2 + \sum_{i=1}^{n}\varepsilon_i}$$

$$AVE = \frac{\sum_{i=1}^{n} \lambda_i^2}{\sum_{i=1}^{n} \lambda_i^2 + \sum_{i=1}^{n} \varepsilon_i}$$

建構信度（CR）代表測量指標是否能夠測量到潛在建構的程度，一般建構信度至少要大於0.70（Hair, 1997）。至於變異抽取百分比（AVE）係潛在建構可以解釋指標變異量的比率，是一種聚斂效度的指標，最好變異抽取百分比要大於0.60（Fornell & Larcker, 1981）。

（四）EFA與CFA之比較

李茂能（2006）指出不論是EFA或者CFA都需實質理論的引導，其分析結果才會有意義與價值，對於實質理論的發展才會有所助益。無疑地，若研究者投入沒理論基礎的向度來進行因素分析，也只能產出沒有意義的向度，故在實際應用上，研究者可能同時會用到EFA以及CFA（Stevens, 1996）。量表發展之初，都會以探索式因素分析探尋最佳的理論向度以及最適切的觀察題目，進行資料潛在向度之分析和資料簡約（data reduction）以確立量表的建構效度，而為了確認量表所含的向度是否與最初探索的向度相同，會另以驗證性因素來探討量表因素結構模式是否與實徵蒐集的資料適配，指標變項是否可以有效地作為因素構念的觀察變項。

四、效度計算實例

以下將探討建構效度的計算實例，以探索式因素分析與驗證式因素分析的範例來說明量表建構效度的建立。

（一）探索式因素分析

以下將以閱讀行為量表為範例來探討探索式因素分析的範例，閱讀行為量表包括21題，進行步驟說明如下。

1.開啟資料檔

首先開啟資料檔（ch07_4.sav），點選「分析」→「維度縮減」→「因子」，如下頁圖所示。

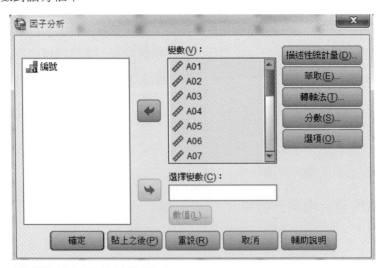

2.選擇變項

接下來會出現因素分析的對話方框,請選擇需要進行因素分析的項目至變數對話方框中。

3.點選描述性統計量的選項

請點選「統計」中,單變量描述性統計量、未轉軸之統計量,「相關矩陣」中之係數、KMO與Bartlett的球形檢定等選項。

4.點選萃取的選項

　　因為本範例的主要目的在於驗證量表的因素,所以建議萃取的選項選擇「主軸因子」,並請點選「陡坡圖」來檢視所萃取出的因素個數為何。

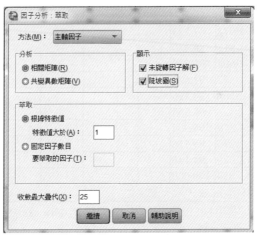

5.檢視結果

　　由下表KMO與Bartlett球形檢定的結果可以得知,因為KMO=0.946大於-0.50,而且球形檢定值達顯著p<0.001,所以可以繼續進行因素分析。

KMO與Bartlett檢定		
Kaiser-Meyer-Olkin 取樣適切性量數。		.946
Bartlett 的球形檢定	近似卡方分配	3185.827
	df	210
	顯著性	.000

　　由下述解說總變異量的表格中可以得知，總共抽取3個因素，第1個因素解釋變異為25.618%，第2個因素解釋變異為20.121%，而第3個因素解釋變異為11.054%，總共可解釋變異為56.792%，雖然未達到60%的解釋量，但因為非常接近60%的解釋量，所以萃取出的3個因素應有其解釋力。

解說總變異量								
因子	初始特徵值			平方和負荷量萃取			轉軸平方和負荷量		
	總數	變異數的%	累積%	總數	變異數的%	累積%	總數	變異數的%	累積%
1	9.965	47.453	47.453	9.560	45.525	45.525	5.380	25.618	25.618
2	2.073	9.872	57.324	1.600	7.620	53.144	4.225	20.121	45.738
3	1.226	5.837	63.162	.766	3.648	56.792	2.321	11.054	56.792
4	.797	3.797	66.958						
5	.686	3.265	70.224						
6	.647	3.083	73.307						
7	.573	2.730	76.036						
8	.564	2.688	78.724						
9	.522	2.484	81.208						
10	.466	2.221	83.429						
11	.446	2.122	85.551						
12	.414	1.972	87.523						
13	.403	1.917	89.440						
14	.338	1.608	91.048						
15	.330	1.572	92.621						
16	.316	1.505	94.126						
17	.300	1.428	95.554						
18	.283	1.349	96.904						
19	.255	1.213	98.116						
20	.216	1.029	99.146						
21	.179	.854	100.000						

萃取法：主軸因子萃取法。

　　由下述的陡坡圖中可以發現與上述的表格中所呈現大約是萃取3個因素。

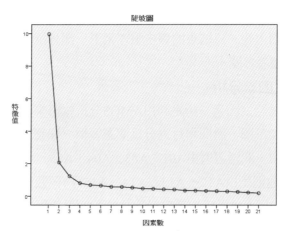

由下述轉軸後的因子矩陣中可以發現，大致可以分為3個因素，但是其中部分的題目有交叉負荷的情形（>0.35），應該要加以處理，不可忽視，才可得到較嚴謹的結果。

轉軸後的因子矩陣a			
	因子		
	1	2	3
A05	.692	.421	
A07	.687		
A03	.678		
A08	.670		
A06	.626	.498	
A09	.619	.482	
A04	.611	.436	
A01	.595	.448	
A18	.582	.523	
A10	.582		
A02	.573		
A20	.562	.488	
A15		.735	
A13	.414	.692	
A21		.681	
A12	.448	.637	
A14		.627	
A17			.780
A16			.698
A19			.663
A11			.583
萃取方法：主軸因子。			
旋轉方法：旋轉方法：含 Kaiser 常態化的 Varimax 法。			
a. 轉軸收斂於 6 個疊代。			

　　分析至此，探索式因素分析初步可以結束，整理結果至建構效度的報告中，爲精簡內容，將結果的報告整理至下一部分撰寫量表編製的報告中，敬請各位讀者參閱。

（二）驗證式因素分析

　　以下進行驗證式因素分析是利用AMOS分析軟體來分析，首先建立驗證的模式圖，如下圖，將閱讀行爲分爲閱讀習慣、閱讀興趣以及閱讀態度等三個潛在變項，閱讀習慣由A01、A03、A04、A05、A06等5個觀察變項組成、閱讀興趣則是由A12、A13、A14、A15等4個觀察變項組成、閱讀態度則是由A17與A19組成，經由描述性統計的偏態與峰度係數得知資料符合常態。

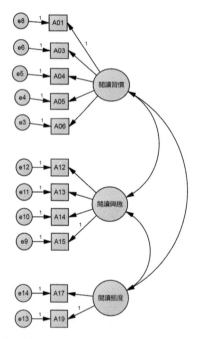

　　接下來進行參數估計，標準化參數估計結果如下，由下圖分析的適配度指標中可以得知，卡方值＝43.056，未達顯著（p=0.383>0.050），RMSEA=0.014<0.080，GFI=0.970>0.950，AGFI=0.951>0.950，表示此模式的資料與模式之適配情形良好，所以適配度指標皆達適配的程度。

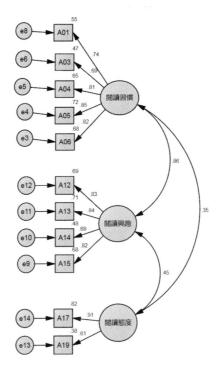

Chi-Squre=43.056(df=41,p=.383),RMSEA=.014,GFI=.970,AGFI=.951

　　本建構模型的建構信度(CR)與變異抽取百分比(AVE)中，閱讀習慣的 CR為0.888、AVE=0.615，閱讀興趣的CR為0.874、AVE=0.636，閱讀態度 的CR=0.742、AVE=0.600，根據Hair(1997)之建議CR值大於0.70是可接受 的門檻，Fornell和Larcker(1981)的建議AVE大於0.60以上。因此本量表三 個分量表皆達到基本門檻，具建構信度以及效度。

柒、量表題目組卷

　　量表的編製以及組卷上需要考慮的因素，可分為以下幾個層面參考。

一、選題的原則
　　經過預試資料分析結果，選題原則主要包括下列幾個方向。

（一）效標導向
　　效標導向（criterion keying）是指選擇與效標相關最高的題目。

（二）歸納導向

歸納導向（inductive）的選題策略是指利用晤談或焦點團體發展題庫，選擇僅在測量單一建構的題目。

（三）演繹導向

演繹導向（deductive）的選題策略是根據理論建構發展題庫，可利用因素分析選擇因素負荷量較高的題目。

若是利用因素分析進行選題，且欲儘量保留原先之測驗架構，可先以分量表為單位進行因素分析，以便正確選出真正同質性的題目，再進行全量表之因素分析。預試樣本選擇具代表性的樣本150人以上（依研究法及研究對象做判斷），題目相關愈小或題數愈多，樣本的人數就需要愈多。

二、量表的長度

量表編製的長度可依下列原則判斷：（1）受試者的年齡，年齡愈長量表的題數可愈多；（2）測驗的時間，時間愈長題數愈多；（3）受試者的程度，若是受試者的認知程度愈高，題數可愈多。

三、題目的編排

題目的編排上，測量相同特質題目編排在一起，盡可能將同一特質的題目組合在一起。

四、作答的說明

作答的說明方面，需包括：（1）測驗的目的；（2）測驗的時間；（3）作答的方法；（4）計分的方式等。

捌、撰寫編製報告

量表編製報告的撰寫是在研究計畫中「研究設計與實施」的章節，其中需要說明的是問卷的基本資料，問卷編製的參考來源、問卷結構分為幾大部分（通常會包括基本變項問卷）、內容效度的專家學者、受試者、問

卷分析的方法，例如：題目分析、測驗分析中的信度與效度分析等內容說明。至於在預試結果則需要說明的是問卷的題數、各向度所包括的題目、填答及計分方式、題目分析的內容及結果、測驗分析包括信度與效度的結果及說明等，以下為量表編製的報告範例。

範例 7- 12 量表編製報告範例

第四節　研究工具

根據研究目的以及相關文獻探討，選擇不同的研究工具加以評量，本研究旨在探討屏東地區國小高年級學童家庭閱讀環境、閱讀行為對閱讀理解能力的相關研究，研究工具主要有3，分別為研究者參考謝美寶（2003）編製之家庭閱讀環境問卷；張真華（2009）、葉雅娟（2012）學童閱讀行為閱卷以及林寶貴、錡寶香（1999）之中文閱讀理解測驗，茲將各研究工具說明如下。

壹、問卷基本資料

研究者根據專家學者所提供之意見加以彙整，復請指導教授加以指導修改，刪除題意不清及不適當的題目，決定刪除題目的標準為「適合」與「修正後適合」，並依專家意見將文字或敘述做適當的修改。

一、專家內容效度評析

問卷初稿經指導教授審閱後，修正成專家效度意見調查問卷，各題目均有「適合」、「修正後適合」和「不適合」選項，並在每題目下方留有欄位供專家填寫或建議意見之用，經專家修改意見，修正形成預試問卷，再經預試修正後，編製成正式問卷之「家庭閱讀環境量表」，共計23題；「閱讀行為量表」，共計21題。

表3-4-1:建立「內容效度」之專家學者名單（按姓氏筆劃排序）

姓名	服務單位及職稱
李○○	□□國小校長
林○○	□□國小主任
涂○○	□□大學副教授
許○○	□□國小老師
張○○	□□大學教授
鄭○○	□□大學副教授

經專家給予的填答意見進行整理和分析，彙整成問卷的專家內容效度

意見，並根據修正意見完成預試問卷定稿。

二、個人基本資料

本研究預試問卷的基本資料是由研究者依據研究狀況需求編製，目的為蒐集受試者之重要背景資料以了解樣本的特質分布情形，包括學童學校背景變項（學校所在視導區、年級）與個人背景變項（性別、是否為原住民、是否為新台灣之子、父親教育程度、母親教育程度、父親職業、母親職業、父母族群、不同社經背景）。

三、家庭閱讀環境量表

經專家建議，本量表分成四個層面，分別是「家人閱讀習慣」、「家人閱讀互動」、「家人閱讀期望」、「家庭閱讀資源」四個向度共23題。

四、閱讀行為量表

本量表經專家效度修訂為三個層面，分別是「閱讀興趣」、「閱讀態度」、「閱讀習慣」三個向度共21題。

貳、預試結果的分析

問卷全部回收後，整理有效問卷資料輸入電腦，以SPSS 21套裝軟體的統計分析程式進行題目分析、因素分析及信效度分析考驗問卷的信度和效度，然後預試據此編製成正式問卷。

一、題目分析

題目分析是用以檢核題向鑑別度，考驗題向是否能鑑別不同受試者的反應程度，以做為選擇題目的依據。首先，分析時先經計分處理，將預試問卷中量表總分在前27%及後27%的得分為高分組與低分組，再進行極端組檢定和題目與總分相關，主要有2個判斷的標準，分別是決斷值以及題目與總分的相關。

（一）決斷值（CR值）：利用t檢定考驗，保留達顯著且決斷值3以上的題目。

（二）題目總分相關（相關係數）：保留達0.40以上的題目。

二、因素分析

將題目分析後選取的題目，要做因素分析前，須先進行KMO取樣適當性檢定與Bartlett球面性考驗，KMO與 Bartlett係在檢定以相關係數矩陣進

行因素分析的適當性，KMO值在0~1之間，其值愈接近1，表示變項間在進行因素分析抽取共同因素的效果愈好（陳新豐，2015）。分析其結果KMO值達0.70以上及 Bartlett球形檢定達顯著值為0.05以下，才適合進行因素分析，再運用主軸因素，以最大變異量進行分析，選取初始特徵值大於1，轉軸後的成分矩陣中因素負荷量大於0.40的題目。

三、信度分析

進行因素分析建立量表的建構效度後，再進行總量表與分量表之信度分析，計算各分量表內部一致性係數（Cronbach's α 以及折半信度）。

參、學童閱讀行為問卷

本問卷係研究者參考（張真華，2009）所編的閱讀行為問卷及葉雅娟（2012）閱讀行為量表改編而成，旨在了解國小學童的閱讀行為，計分採4點量表方式，選項有「非常符合」、「一半符合」、「少部分符合」、「非常不符合」。閱卷分為3個層面共21題，3個層面分別為閱讀興趣、閱讀習慣以及閱讀態度等。

一、各題分配情形如下所示。

1.閱讀習慣：1、2、3、4、5、6、7、8，計8題。

2.閱讀興趣：9、10、11、12、13、14、15，計7題。

3.閱讀態度：16、17、18、19、20、21，計6題。

詳細資料如附錄所示。

二、填答及計分方式

問卷計分採李克特式（Likert）四點量表填答，由受試者依自己實際狀況作答，每題有四個選項，給分方式依序是「非常不符合」得1分、「少部分符合」得2分、「一半符合」得3分、「非常符合」得4分。問卷上得分愈高表示該層面或整體層面運用程度愈佳；反之，得分愈低則表示該層面或整體層面運用程度愈差；整體得分愈高表示閱讀行為愈好；反之，得分愈低則表示閱讀行為愈差。

三、量表之信度與效度

本研究選取一百零一學年度屏東縣長興國小、恆春國小、三地國小、楓港國小、興化國小5所國小五、六年級各一個班級學生為施測對象。總

計發出240份，回收240份，問卷回收率100%，在進行資料登錄後，利用 SPSS 21進行統計分析，篩選出合適的題目，以建立問卷的信度和效度。

四、題目分析

「閱讀行為量表」之題目分析結果如表3-4-2所示。本研究以決斷值、題目與總分相關以及刪題後的 α 值、共同性等進行題目分析。

各題中若有一項判斷指標未符合，便予於刪除。「閱讀行為量表」共有21題，在進行題目分析後，其結果如表3-4-2。依分析結果所有的CR值皆達3.00以上，題目與總分相關係數皆達0.40以上，以及刪題後的 α 值、共同性皆無顯著不佳，故此一量表全部保留。

五、信度分析

進行信度分析結果，學童閱讀行為問卷的 α 值為0.941，折半信度為0.889，表示本量表具有良好的內部一致性，接下來進行因素分析以建立學童閱讀行為的建構效度。

表3-4-2:閱讀行為量表題目分析摘要表

題號	題號內容	CR	r	刪題後 α	共同性	不良指標	刪題結果
A01	只要有空，我就會拿書來看	14.470*	.704	.937	.567	0	保留
A02	我常會用我的零用錢買我想看的書	8.059*	.441	.941	.239	0	保留
A03	我喜歡去圖書館看書或查資料	13.992*	.664	.938	.498	0	保留
A04	我喜歡在家裏閱讀	17.260*	.732	.936	.605	0	保留
A05	我經常閱讀課外書	17.137*	.774	.936	.666	0	保留
A06	空閒時，我會閱讀各種書籍	21.009*	.778	.936	.672	0	保留
A07	看書是我最常打發時間的方法	12.606*	.639	.938	.481	0	保留
A08	我喜歡去逛書局或去圖書館	11.236*	.633	.938	.453	0	保留
A09	老師沒有指定的書，我也會閱讀	19.918*	.773	.936	.661	0	保留
A10	同學向我推薦一本書時，我會找來閱讀	12.769*	.621	.938	.443	0	保留
A11	我覺得讀書不太有用	5.730*	.483	.942	.111	0	保留
A12	我喜歡閱讀各種類型的讀物	19.182*	.752	.936	.629	0	保留
A13	閱讀對我而言是一件愉快的事	18.517*	.748	.936	.626	0	保留
A14	多讀書可以讓我更聰明	12.327*	.609	.938	.426	0	保留
A15	我很喜歡看書，因為可以獲得很多得知識	19.344*	.745	.936	.615	0	保留
A16	我從不主動閱讀課外書籍	8.830*	.483	.940	.242	0	保留
A17	閱讀課外書對我來說是一件很痛苦的事	8.153*	.424	.941	.183	0	保留
A18	不需要父母的催促，我會自己閱讀書籍	15.554*	.755	.936	.638	0	保留
A19	我覺得在下課時間閱讀課外書是最無聊的活動	6.332*	.424	.943	.118	0	保留
A20	我在空閒時，常會閱讀各種書籍	15.962*	.740	.936	.612	0	保留
A21	我覺得閱讀是一件重要的事	12.247*	.647	.938	.480	0	保留

*p<0.05

六、因素分析

　　因素分析能協助研究者進行效度的驗證，在因素分析之前，先檢定各層面題目的KMO與Bartlett球形檢定。KMO代表與該變項有關的所有相關係數與淨相關數比較值。KMO指標介於0至1之間，當KMO值小於0.50時，表示該題目變數間不適合進行因素分析；若是所有題目變數所呈現的KMO指標大於0.80，題目變數間關係是良好的，題目變數間適合進行因素分析，KMO值大於0.90，表示題目變數間的關係是極佳的，非常適合進行因素分析；且Bartlett達0.01的顯著相關，顯示每道題目之間有相關，適合進行因素分析（陳正昌、程炳林、陳新豐、劉子鍵，2011）。分析結果中，KMO與Bartlett球形檢定統計量中，由於KMO值高於.90，且Bartlett球形檢定的顯著性達<0.001，顯示題目整體的取樣適當，適合進行因素分析。

　　主成份法與最大變異量法：以主成份法進行，因子分析萃取時因子個數設定為3個個數，選取特徵值大於1.0以上的因素，再以最大變異法轉軸來進行因素分析，並依據統計分析結果將題目所屬因素做調整，形成確定之分層面題目。將「閱讀行為量表」因素分析過程中，21題因素負荷量皆大於0.50均予以保留。包含三個層面為「閱讀興趣」、「閱讀態度」、「閱讀習慣」，如表3-4-3所示，共計21題。

表3-4-3:閱讀行為量表因素分析摘要表

預試題號	正式題號	閱讀習慣	閱讀興趣	閱讀態度
05	01	.692		
07	02	.687		
03	03	.678		
08	04	.670		
06	05	.626		
09	06	.619		
04	07	.611		
01	08	.595		
18	09	.582		
10	10	.582		
02	11	.573		
20	12	.562		

15	13		.735	
13	14		.692	
21	15		.681	
12	16		.637	
14	17		.627	
17	18			.780
16	19			.698
19	20			.663
11	21			.583
解釋變異量%		25.618	20.120	11.054
累積解釋變異量%			56.792	

範例資料來源：戴秋華（2012）。屏東地區國小高年級學童家庭閱讀環境、閱讀行為與閱讀理解能力之相關研究（未出版之碩士論文）。屏東教育大學教育行政研究所，屏東市。

　　量表問卷的編製在人文社會科學的研究中是相當重要的步驟，因為量表是研究中蒐集資料的主要工具，本章從量表編製的基本概念中開始談起，接下來說明如何編寫量表的題目，建立量表信度與效度的預試樣本，蒐集預試樣本資料後進行題目分析、測驗的信度與效度分析，最後談到整個量表編製的報告在社會科學研究中如何呈現，期待對於人文社會科學研究者有所助益。

自我評量

01.請說明量表問卷型態的種類為何？

02.請問決定一個構念的題數原則為何？

03.請說明量表問卷題目編製的原則？

04.請問如何決定預試樣本的人數？

05.請說明問卷量表的題目分析，其判斷不適當題目的原則為何？

參 考 文 獻

余民寧（2011）。教育測驗與評量：成就測驗與教學評量。台北市：心理出版社。

余民寧、李仁豪（2006）。調查方式與問卷長短對回收率與調查內容影響之研究。當代教育研究季刊，**14**（3），127-168。

李茂能（2006）。結構方程模式軟體**Amos**之簡介及其在測驗編製上之應用。台北市：心理出版社。

周子敬（2006）。八大多元智慧問卷的信、效度分析。教育心理學報，**37**（3），215-229。

郭生玉（2004）。教育測驗與評量。台北市：精華出版社。

陳新豐（2002）。現代測驗的新趨勢--電腦化適性測驗。菁莪季刊，**14**（3），16-28。

陳新豐（2005）。傳統紙筆測驗與線上電腦化測驗試題參數估計差異之比較。教育研究與發展，**1**（3），99-121。

陳新豐（2007）。臺灣學位電腦化測驗研究的回顧與展望。教育研究與發展期刊，**3**（4），217-248。

陳新豐（2015）。量化資料分析。台北市：五南出版社。

簡茂發（1978）。信度與效度。載於楊國樞主編，社會及行為科學研究法。台北市：東華出版社。

魏曼伊（2008）。教育研究另一途徑：網路調查研究。中正教育研究，**7**（2），97-128。

Babin, B.J.,& Boles, J.S. (1998). Employee behavior in a service environment: a model and test of potential differences between men and women. *Journal of Marketing, 62*(2), 77-91.

Barling, J., & Gallagher, D. G. (1996). Part-time employment. In C. L. Cooper & I. T. Robertson (Eds.), *International Review of Industrial and Organizational Psychology, 11*, 241–277.

Berrens, R., Bohara, A., Jenkins-Smith, H., Silva, C., Weimer, D., 2003. The advent of Internet surveys for political research: A comparison of telephone and Internet samples. *Political Analysis, 11*, 1-22.

Bollen, K.A. (1989). *Structural Equations with Latent Variables*. New York, NY: John Wiley & Sons, Inc.

Burns, A. C., & Bush, R. F. (2009). *Marketing Research*(6th ed.). Upper Saddle River, NJ: Prentice Hall.

Campbell, D. T., & Fiske, D. W.(1959). Convergent and discriminant validation by the multitrait-multimethod matrix. *Psychological Bulletin, 56*(2), 81-105.

Cattell, R. B. (1978). *The scientific use of factor analysis in behavioral and life sciences*. New York, NY: Plenum.

Clark, L. A. & Watson, D. (1995).Constructing Validity: Basic Issues in Objective Scale Development. *Psychological Assessment, 7*(3), 309-319.

Cohen, J.(1960). A coefficient of agreement for nominal scales. *Educational and Psychological Measurement, 20*(1), 37-46.

Comrey, A. L. & Lee, H. B. (1992). *A first course in factor analysis*. Hillsdale, NJ: Erlbaum.

Creswell, J. W. (2008). *Research design. Qualitative, quantitative, and mixed methods approaches*. Thousand Oaks, Calif.: Sage Publications, Inc.

Cronbach, L. J.(1951). Coefficient alpha and the internal structure of test. *Psychometrika, 16*(3), 297-334.

Cronbach, L. J., Gleser, G. C., Nanda, H., & Rajaratnam, N. (1972). *The dependability of behavioral measures: Theory of generalizability for scores and profiles*. New York, NY: John Wiley & Sons.

De Ayala, R. J. (2008). *The theory and practice of item response theory*. New York, NY: Guilford Press.

DeVellis, R.F.(2003). *Scale Development: Theory and Applications*(2nd ed.). New York, NY:Sage Publications, Inc.

Dillman, D. (2007). *Mail and Internet Surveys: The Tailored Design Method*(2nd ed.). Hoboken, NJ: John Wiley & Sons.

Flanagan, J. C.(1937). A proposed procedure for increasing the efficiency of objective test. *Journal of Educational Psychology, 28*, 17-21.

Gall, M. D., Gall, J. P., & Borg, W. R. (2007) *Educational research: An introduction*. Boston, MA: Pearson Education.

Gay, L. R., Mills, G. E. & Airasian, P. (2009). *Educational research: Competencies for analysis and applications* (9th ed.). Upper Saddle River, NJ: Pearson.

Glaser, R. (1962). Psychology and instructional technology. In R. Glaser (Eds.), *Training research and education* (pp.1-26). Pittsburgh: University of Pittsburgh Press.

Guadagnoli, E. & Velicer, W.F. (1988). Relation of sample size to the stability of component patterns. *Psychological Bulletin, 103*, 265-275.

Gulliksen, H.(1987). *Theory of mental test*. Hillsdale, NJ: Lawrence Erlbaum Associates.

Hair, J. F., Anderson, R. E., Tatham, R. L., & Black, W. C. (1998). *Multivariate data analysis*(5th ed.). Upper Saddle River, NJ: Prentice-Hall.

Hambleton, R. K., & Swaminathan, H. (1985). *Item response theory: Principles and application*. Boston, MA: Kluwer-Nijhoff.

Hinkin, T. R. (1995). A Review of Scale Development Practices in the Study of Organizations. *Journal of Management, 21*(5), 967-988.

Hoyt, C. (1941). Test reliability estimated by analysis of variance. *Psychometrika, 6*, 153-160.

Joreskog, K. G. (1973), A general method for estimating a linear structural equation system. In A. Goldberger & O. Duncan(Eds). Structural Equation Models in the Social Sciences(pp.85-112). New York, NY:Seminar Press.

Kelly, T. L.(1939). The selection of upper and lower groups for the validation of test items. *Journal of Educational Psychology, 30*, 17-24.

Kenny, D. A.(1979).*Correlation and Causality*. New York, NY: John Wiley & Sons, Inc.

Kerlinger, F. N., & Lee, H. B. (2000). *Foundations of behavioral research* (4th ed.). Holt, NY: Harcourt College Publishers.

Kline, P. (1994). *An easy guide to factor analysis*. New York, NY: Routledge.

Kline, P.(1999). *The handbook of psychological testing* (2nd ed.). London, NY: Routledge press.

Kline, R. B.(2011).*Principles and practice of structural equation modeling*. New York, NY: The Guilford Press.

Lodico M. G., Spaulding, D. T. & Voegtle K. H. (2006). *Methods in educational research: From theory to practice*. San Francisco, CA: Jossey-Bass Wiley.

Lord, F. M.(1980). *Applications of item response theory to practical testing problems*. Hillsdale, NJ: Lawrence Erlbaum Associates.

McMillan, J. & Schumacher, S. (2006).*Research in education: Evidence based inquiry* (6th Ed.). Boston, MA: Pearson Education.

Neuman, W., L. (2003). *Social Research Methods: Qualitative and Quantitative Approaches* (5th ed.). Boston, MA: Allyn and Bacon.

Noar, S.M.(2003). The Role of Structural Equation Modeling in Scale Development. *Structural Equation Modeling, 10*(4), 622-647.

Nunnally, J. C.(1978). *Psychometric Theory*(2nd ed.). New York, NY:McGraw-Hill.

Optiz, M. F., Rubin, D., & Erekson, J. A. (2011). *Reading diagnosis and improvement: Assessment and instruction*. Boston, MA: Allyn & Bacon.

Pett, M. A., Lackey, N. R., & Sullivan, J. J. (2003).*Making Sense of Factor Analysis:The Use of Factor Analysis for Instrument Development in Health Care Research*. Thousand Oaks, London: Sage Publications, Inc.

Price, P. C.(2012).*Research Methods in Psychology: Core Concepts and Skills*.Flat World knowledge.

Rulon, P. J.(1939). A simplified procedure for determining the reliability of a test by split halves. *Harvard Educational Review, 9*, 99-103.

Schmitt, N. & Stults, D. M. (1985). Factors defined by negatively keyed items:

The results of careless respondents? *Applied Psychological Measurement, 9,* 367-373.

Smith, G. T., Fischer, S. & Fister, S. M. (2003). Incremental Validity Principles in Test Construction. *Psychological Assessment, 15*(4), 467-477.

Spearman, C. E. (1904). "General intelligence," objectively determined and measured. *American Journal of Psychology, 15,* 201-293.

Stevens, S. S.(1946). On the theory of scales of measurement. *Science, 103,* 677-680.

Williamson, J.B., Karp, D.A., Dolphin, J.R., & Gray, P.S.(1982). *The research craft: An introduction to social research methods.* Boston, MA: Little, Brown & Co.

您，了没？

趕緊加入我們的粉絲專頁喲！

教育人文 & 影視新聞傳播～五南書香

等你來挖寶

【五南圖書 教育／傳播網】
https://www.facebook.com/wunan.t8
粉絲專頁提供──

・書籍出版資訊（包括五南教科書、
　知識用書，書泉生活用書等）

・不定時小驚喜(如贈書活動或書籍折
　扣等)

・粉絲可詢問書籍事項（訂購書籍或
　出版寫作均可）、留言分享心情或
　資訊交流

封面圖
不定期
會更換

請此處加入
按讚

五南文化廣場

橫跨各領域的專業性、學術性書籍
在這裡必能滿足您的絕佳選擇！

五南全國展售門市

【逢甲店】

【台大店】

【嶺東書坊】

【海洋書坊】

【環球書坊】

【台中總店】

【高雄店】

【屏東店】

國家圖書館出版品預行編目資料

電腦輔助測驗與評量／陳新豐著. ——初
版.——臺北市：五南，2016.09
　　面；　公分
ISBN 978-957-11-8718-1（平裝）
1.教育測驗　2.學習評量　3.電腦應用
521.3　　　　　　　　　105013211

1H1B

電腦輔助測驗與評量

作　　　者 — 陳新豐(259.8)

發 行 人 — 楊榮川

總 編 輯 — 王翠華

主　　編 — 陳念祖

責任編輯 — 李敏華

封面設計 — 陳翰陞　吳詩翎

出 版 者 — 五南圖書出版股份有限公司

地　　　址：106台北市大安區和平東路二段339號4樓

電　　　話：(02)2705-5066　　傳　　真：(02)2706-6100

網　　　址：http://www.wunan.com.tw

電子郵件：wunan@wunan.com.tw

劃撥帳號：01068953

戶　　　名：五南圖書出版股份有限公司

法律顧問　林勝安律師事務所　林勝安律師

出版日期　2016年 9 月初版一刷

定　　　價　新臺幣520元